böhlau

Konservierungswissenschaft ·
Restaurierung ·
Technologie Band 1

herausgegeben von Gabriela Krist

Annemarie Bönsch

Formengeschichte europäischer Kleidung

2. Auflage

Böhlau Verlag Wien · Köln · Weimar

Bibliografische Information der Deutschen Nationalbibliothek: Die Deutsche Nationalbibliothek verzeichnet diese Publikation in der Deutschen Nationalbibliografie; detaillierte bibliografische Daten sind im Internet über http://dnb.d-nb.de abrufbar.

ISBN 978-3-205-78610-8

Coverabbildung:
Lucas Cranach d. Ä., Die Prinzessinnen Sibylla (1515–1592), Emilia (1516–1591) und Sidonia (1518–1575) von Sachsen
© Kunsthistorisches Museum, Wien

Covergstaltung: Michael Haderer
Layout: Bettina Waringer

www.boehlau-verlag.com
2. Auflage 2011
1. Auflage 2001

Gedruckt auf umweltfreundlichem, chlor- und säurefreiem Papier
Druck: Druckerei Berger, Horn

Inhalt

Vorwort der Herausgeberin

Die neue Publikationsreihe „Konservierungswissenschaft. Restaurierung. Technolgie" widmet ihren ersten Band der Kostümkunde, einem Fachbereich, der – wenn man die Kultur- und Kunstgeschichte aber auch die Fachliteratur der Konservierung-Restaurierung betrachtet – nicht immer die verdiente Beachtung fand. Es ist daher umso erfreulicher, dass unsere Reihe mit dieser Publikation startet, haben wir uns doch zum Ziel gesetzt, bisher vernachlässigte Spezialbereiche der Konservierung und der begleitenden Geistes- und Naturwissenschaften für die Kollegenschaft aufzubereiten. Darüberhinaus beabsichtigen wir auch einem breiteren Publikum die Anliegen der Erhaltung und Pflege von Kulturgut zu vermitteln, eine schwierige Aufgabe, die die Autorin Annemarie Bönsch mit der nun vorliegenden Publikation grossartig gemeistert hat.

Gabriela Krist

1 | Griechen

Einleitung, kostümhistorischer Hintergrund

Die Hauptaufgabe der Darstellung der griechischen Kleidung wird es sein, die Gewänder gleichsam von den klassischen Skulpturen zu lösen und sie als selbständige Objekte zu werten. Zum Zentrum der Betrachtung wird demgemäß das klassische Jahrhundert (5. vorchristliches Jahrhundert) auserkoren. Da sich diese Klassik genau genommen auf weniger als ein Jahrhundert beschränkt – zu Beginn des Jahrhunderts sind die Griechen noch mit der Besiegung der Perser beschäftigt und 429 v. Chr. stirbt bereits Perikles, vor Ende des Jahrhunderts (407 v. Chr.) ist der Jüngste der klassischen Tragiker, Euripides, schon tot –, wird es ebenso wichtig sein, die Entwicklung der Kleidung einerseits zum klassischen Höhepunkt hin zu verfolgen und andererseits den Abbau derselben in der hellenistischen Gewandung aufzuzeigen. Damit soll der weit verbreiteten und auch eintönigen Vorstellung, die Kleidung der Griechen bestünde nur aus den klassischen Drapierungen, begegnet werden.

Historische Ereignisse werden dann Erwähnung finden, wenn sie dem Verständnis der Kleidung dienen. Ebenso wichtig ist es, kulturelle Parallelerscheinungen zur Kostümgeschichte anzuführen. Das historische Skelett wird speziell dann von besonderer Bedeutung sein, wenn es darum geht, das griechische Kostüm vom römischen zu unterscheiden. Nicht selten werden griechische und römische Kleidung in ein und denselben Topf geworfen, und selbst den Fachleuten fällt es schwer, hier Unterschiede zu entdecken. Vorerst sei – grob formuliert – angemerkt, dass die römische Geschichte dort beginnt, wo die griechische endet. Schon allein deshalb kann es nicht zielführend sein, Parallelen zum griechisch klassischen Kostüm im römisch klassischen Kostüm suchen zu wollen! Dies vorerst zu einem der simpelsten Unterscheidungsmerkmale. Nach der kostümkundlichen Definition der griechischen Kleidung wird es leichter fallen, das *antike* Kostüm differenzierter zu sehen.

Wollte man versuchen, die landläufige Vorstellung von der Kleidung der Griechen zu erforschen, würde man zu dem Schluss kommen, dass man sich die Griechen mehrheitlich in klassischer Kleidung denkt. Die Personen der klassischen Tragödien beispielsweise – auch die historischen unter ihnen – tragen in der europäischen Vorstellung zumeist klassische Gewänder aus dem 5. vorchristlichen Jahrhundert. Auch wenn sie in der europäischen Tradition aus diesen Tragödien heraustreten, legen sie diese Kleidung nicht ab. Man bedenke, dass viele dieser Gestalten aus den Epen Homers stammen, die im 8. vorchristlichen Jahrhundert entstanden sind. Ilias und Odyssee behandeln ihrerseits wiederum eine Thematik, die zu Ende der mykenischen Epoche im 12. Jahrhundert v. Chr. abgelaufen ist. Zu dieser Zeit waren die Griechen allerdings noch sehr weit von ihrer Klassik entfernt!

Wenn man nun diese Gegebenheiten beachtete und nach den richtigen Gewändern suchen wollte, fände man diese nur sehr fragmentarisch, da die genauere geschichtliche Überlieferung und damit auch die kostümgeschichtliche mit dem 7. Jahrhundert v. Chr. beginnt.

Auf der Suche nach kostümkundlichen Quellen zu den vorklassischen Gewandformen gelangt man unweigerlich zur minoischen Kultur, denn schon vor der Einwanderung der indogermanischen Völker (ionische Wanderung ab 2000 v. Chr., äolische und achaische Wanderung ab 1800 v. Chr., dorische Wanderung zwischen 1300 und 1100 v. Chr.) hatte sich hier eine Hochkultur entwickelt mit dem Zentrum in Knossos. Diese Kultur fand um 1400 v. Chr. ein jähes Ende, während sich auf der griechischen Halbinsel ab 1600 eine erste kulturelle Hochblüte unter starkem Einfluss Kretas entfaltete. Die Basis für diese mykenische Kultur bildete das Großreich der Achaier, deren Kampf gegen Troja Homer in seiner Ilias schildert.

Die Spuren der kretisch-minoischen Kultur sind auch in den Gewändern dieser frühen Griechen nachzuweisen. Agamemnon und seine Kampfgefährten mussten demzufolge den Figuren der Wandmalereien im Königspalast von Knossos ähnlicher gewesen sein als den klassischen Skulpturen. Ähnlich gekleidet muss man sich wohl auch die Gegner der Achaier, nämlich die Trojaner – hier handelt es sich genauer formuliert um den Bund der kleinasiatischen Küstenstädte (Besiedlung durch die Ionier!) unter der Führung Trojas –, vorstellen. Denn der bisweilen zitierte (vorder)asiatische Einfluss auf die ionischen Griechen lässt sich unschwer ebenfalls mit der minoischen Kultur in Verbindung bringen, wenn man bedenkt, dass hier eine Verwandtschaft zu der mesopotamischen und sogar zur ägyptischen Kultur besteht.

Die minoische Kultur bildet demnach das Zentrum und kann deshalb auch unbedenklich als kostümliche Quelle zur mykenischen bzw. trojanischen Kleidung herangezogen werden.

Kostümkundliche Interpretation

Das *minoische Kostüm* und, wie die wenigen Vergleichsbeispiele zeigen, auch die *mykenische Kleidung* sind untrennbar mit der Verwendung nicht gewebter Materialien verbunden. Nicht gewebte Materialien werden gleichsam hochstilisiert. Auch in Zeiten, als das Weben schon bekannt ist, wird speziell repräsentative Kleidung noch im alten Stil hergestellt. Diese Art der Kostümgestaltung lässt sich in Variation auch im mesopotamischen Kulturkreis beobachten, wodurch auch auf dem Gewandsektor die Verwandtschaft dieser Gebiete deutlich wird.

Es sind vor allem die Statuetten der so genannten Schlangengöttinnen, Priesterinnen oder Frauen bei Kulthandlungen, die als Grundlagen der Kostüminterpretation herangezogen werden können. Auffallend ist in erster Linie, dass es sich um mehrere Kostümstücke handelt, die silhouettebildend wirken. Die Körpersilhouette wird gleichsam in einzelne Abschnitte unterteilt, wobei der Horizontalen als Gestaltungslinie eine große Bedeutung zukommt. Besagte Schlangengöttinnen tragen ein Oberteil, einen weitgehend dreidimensionalen Gürtel und einen stufenförmig gegliederten bodenlangen Rock. Diese Dreiteilung wird zusätzlich durch Material- und Farbunterschiede sowie durch Differenzierung in der Ornamentierung bzw. Bordierung erzielt. Es sei darauf hingewiesen, dass sich im klassischen Jahrhundert die Richtung förmlich ändert und aus der Horizontalbetonung eine Vertikalbetonung wird.

Das Problem der minoischen (mykenischen) Kostüminterpretation liegt in der Darstellung der Statuetten, die wie erwähnt als Quelle zur Verfügung stehen. Diese Kleinplastiken wollen mit Sicherheit keine naturalistische Information über die Kleidung geben, daher wird man zu Annahmen gezwungen, die allerdings in einen synchronen wie auch in einen diachronen Bogen eingebettet sein müssen und nicht aus einem gleichsam allgemeinen Kostümzusammenhang gerissen werden sollten und vor allem nicht an modernen Kostümvorstellungen gemessen werden dürfen.

Im Allgemeinen fällt an den minoischen Statuetten zuerst das riesige Dekolleté auf, das den Busen frei lässt. Diese Tatsache wird auch oft genug in der Literatur breitgetreten. Kostümkundlich betrachtet, wird der blanke Busen jedoch zu einem nicht allzu wichtigen Detail. Das *miederartige Leibchen* der Kreterin oder auch der Frau aus Mykene scheint aus einem annähernd rechteckigen Stück

ohne Seitennaht gefertigt zu sein. Das Rechteck wird links und rechts etwa in halber Höhe jeweils an den Schmalseiten so weit eingeschnitten, sodass man die unteren Teile nach innen klappen kann und diese vorne in der Mitte miederartig zu verschließen sind und auf diese Weise ein mehr oder weniger großes Dekolleté ergeben.[1] Die seitliche Begrenzung des Dekolletés und gleichzeitig einen halben kurzen Ärmel bilden an der Schulter angesetzte Teile, die eventuell auch angeschnitten sein könnten. Die immer wieder dargestellten Borten am Oberarm würden allerdings eher auf Nähte[2] hinweisen, da Borten außerhalb der europäischen (westlichen) Mode keineswegs als willkürliche Zierde anzusehen sind, sondern immer etwas zu bedeuten haben. Sie decken eine Naht ab, oder besser: Borten sind eine Naht. Dieses miederartige Leibchen findet ein etwa gleichzeitiges Pendant im Oberteil der bronzezeitlichen Germanin, die allerdings den Miederverschluss als Naht am Rücken trägt und das Dekolleté zu einem horizontalen Halsschlitz gestaltet, der aus dem Verlauf der Schulterlinie ausgespart bleibt.[3] Letztere ist hier allerdings als Stoffbruch gestaltet, was durch die Verbreiterung des kretischen Rechteckes um ein Drittel möglich wird. Im nordischen Bereich sind Kostümfunde erhalten, die es ermöglichen, diese gewebten Leibchen auch schnittlich zu rekonstruieren.

Weniger spektakulär und auch weniger beachtet wird im Allgemeinen der *plastische Gürtel*, der jedoch als wesentliches Kostümstück gelten muss. Das kostümliche Eigenleben des minoischen bzw. mykenischen Gürtels äußert sich in seinem kreisförmigen Querschnitt und in seiner oft zweifachen Umrundung des Körpers. Mit dieser Gestaltung ist im Rahmen der Gesamtsilhouette eindeutig ein Schwerpunkt gesetzt. Der Gürtel hebt sich gezielt von der Körperkontur ab. In der weiteren Entwicklung hin zum klassischen Kostüm wird der Gürtel immer flacher, bis er etwa im 7. Jahrhundert zwar noch kräftig strukturiert erscheint, aber bereits in den Körperumriss hineinfällt. Bis schließlich der klassische Gürtel nur mehr als äußerlich unsichtbares Bindeband zum Festhalten und Drapieren des Gewandes am Körper dient. Der minoische Gürtel hingegen stellt – neben seinen Halterungsfunktionen – eine deutliche Abgrenzung zwischen Oberteil und Rock dar. Es wird damit unterstrichen, für wie wichtig man die Zweiteilung der Kleidung hält.

Der *Rock* wird vom heutigen Betrachter wohl als das interessanteste Kostümstück empfunden. Er reizt vielleicht gerade deshalb zu mannigfachen Interpretationen. Diesen

Große Abbildung 1
Kretisch-minoische Kleidung. An der Taillenlinie zweigeteiltes Gewand, Leibchen mit Spiralwickelrock (darüber Hüftponcho) als gestalterisches Kennzeichen der Verwendung nicht gewebter Materialien. Göttin mit Schlangen, Knossos, um 1600–1580 v. Chr., Museum Heraklion

Textabbildung 1
Mykenische Kleidung.
In Anlehnung an das kretisch-minoische Vorbild Gestaltung des zweigeteilten Gewandes unter Verwendung nicht gewebter Materialien.
Zwei Göttinnen mit Kind, mykenisch, 15. Jahrhundert v. Chr., Archäologisches Museum Athen

Rock als Volantrock bzw. als Stufenrock im modernen Sinn zu klassifizieren wäre nicht richtig. Es handelt sich bei diesem Kleidungsstück vielmehr um eines jener hochstilisierten Gewänder, die aus der Vorwebperiode stammen, die versuchen die alte Technologie zu bewahren. Vermutlich sind es Tierhäute(-felle) oder auch gefilzte Materialien gewesen, die zu dieser eigenartigen Form geführt haben. Man könnte diesen Rock als *Spiralwickelrock* ansprechen, der jedenfalls mit Sicherheit nicht aus Geweben herausgeschnitten worden ist. Filz hingegen franst nicht und hat keine Richtung, besitzt aber auch keine exakte rechteckige Außenbegrenzung (im Falle von historischen Filzen). Will man nun aus einem annähernd runden Ausgangsmaterial – wohlgemerkt ohne auch nur ein Stückchen davon zu vergeuden – einen Rock herausschneiden, bietet sich eine spiralig verlaufende Schnittlinie als optimale Lösung an. Je nach Beschaffenheit der Spirallinie ergibt sich beim Herumwickeln um den Körper ein breiterer oder schmälerer kegelförmiger Rock, der in mehreren Schichten den Körper umgibt. Die Annahme liegt nahe, dass man bei besonderen Prunkkostümen sogar mehrere Spiralen ineinander gewickelt hat. Repräsentation und Luxus versucht man übrigens nicht nur hier mittels Materialüberflusses auszudrücken! In Kreta wird die Außerordentlichkeit eines Gewandes oft noch durch einen über den Spiralröcken getragenen *Hüftponcho* vervollständigt, der nicht selten als Schürzchen tituliert wird.

Die *Wickelschurze der Männer*[4] sind nach demselben Spiralprinzip angelegt, sodass sich in Anbetracht der Kürze des Kostümstücks vielfach ein schräger Rocksaum ergibt. Asymmetrie ist hier gefragt.

Die Loslösung des eigentlich griechischen Kostüms von den minoischen Abhängigkeiten ist gekennzeichnet von der Konzentration auf das Webstück. Dies bedeutet vordergründig besehen einen Übergang von der Bevorzugung der Horizontalen zur Vertikalen als Gestaltungsprinzip.

Um allerdings das *griechische (klassische) Kostüm* tiefer erfassen zu können, muss der heutige Betrachter bemüht sein, seinen modernen Standpunkt zu objektivieren, um das Webstück als selbständiges, unverletzbares Rechteck zu klassifizieren und nicht als mehr oder weniger unbegrenzte Fläche, aus der man gekurvte Schnittteile gleichsam ohne Rücksicht auf Verluste oder Abfälle herausschneiden kann. Es sind vielmehr die Rechtwinkeligkeit der Außenkontur, die sich bis ins Innerste des Webstückes fortsetzt, sowie die Dominanz der Kettfäden – die sich bis ins Unendliche fortsetzen lassen – gegenüber den Schussfäden, die Beachtung finden müssten. Diese Wesenheit des Webstücks in den Gewändern auszudrücken wird zum Thema der griechischen Kleidung erhoben, sie ist unverletzlich und darf nicht zerstört werden.

Es sind nicht gleich die bekannten Faltenwürfe, in denen sich die genannte Thematik auf klassische Art und Weise realisieren lässt, sondern wir finden zunächst beispielsweise *karierte Stoffe*, mit denen sich die rechtwinkeligen Fadenkreuzungen des Webstückes gleichsam spektakulär an die Oberfläche holen lassen, wobei allerdings Vertikale und Horizontale noch gleichberechtigt erscheinen. Ein Parallelbeispiel der Kostümgeschichte kann die Wirkung des Karostoffes bestens demonstrieren: der schottische Tartan. Seit der Eisenzeit wird gleichsam an der Perfektionierung dieser Webstücke gearbeitet und bis heute hat die Faszination des „Schottenkaros“ nicht nachgelassen. Tartan und Kilt zeugen von dem Bestreben, der inneren Struktur des Webstückes durch das kongeniale Karo Ausdruck zu verleihen und gleichzeitig die äußere Kontur der rechteckigen Decke (Plaid) nicht zu verändern (siehe Textabbildung 2).

Textabbildung 2
Webkostüm der vorklassischen Zeit.
Verwendung gewebter Materialien, unterstrichen durch Karomuster. Statuette einer Spinnerin, Ephesos, Ende 7. Jh. v. Chr., Istanbul Museum

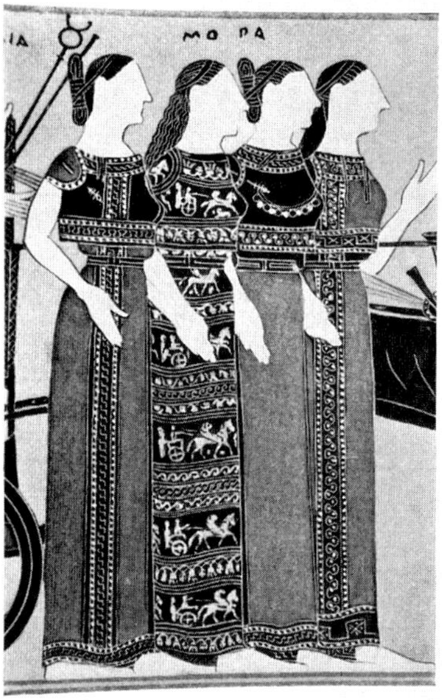

Textabbildung 3
Enger vorklassischer Chiton mit Überschlag. Verwendung gewebter Materialien, akzentuiert durch die (uneingeschränkte) Länge der Stoffbahn. Moiren, Vase des Klitias, sog. François-Vase, um 560 v. Chr., Archäologisches Museum in Florenz

Eine Steigerung des Vertikaleffektes erreicht man im griechischen Bereich etwas später mit einer dekorativen kontrastierenden Webkantengestaltung, die als durchgehende Vertikale vom Halsloch bis zum Gewandsaum erscheint. Ebenso zielführend erscheint es, die Ornamentierung des Webstückes in breiten, sich wiederholenden Streifen zu gestalten (siehe Textabbildung 3).

Im 6. Jahrhundert v. Chr. kommen zur kräftigen Ornamentierung – möglicherweise auf den ionischen Bereich einzugrenzen – gezielt längs gerichtete Faltenpartien, meist vorne und rückwärts in der Mitte des Kleidungsstückes angebracht, die im Gegensatz zu den angrenzenden glatten Stoffflächen stehen, hinzu. Der faltige Vertikalstreifen erzielt denselben optischen Effekt wie die zuvor erwähnte kräftige Webkante (siehe Textabbildung 4).

Als Hauptanliegen der klassischen Gewänder gilt schließlich, die Längsausdehnung der Stoffbahn in der Proportion und im Anlegen des zum Kleidungsstück mutierten Webstückes auszudrücken. Die Möglichkeit zur Herstellung einer unendlich langen Stoffbahn wird in der Kleidung als Überlänge dargestellt, die sich nicht sosehr in Schleppen äußert, sondern als Überlänge an den Schultern, die nach außen umgeschlagen wird und speziell im klassischen Jahrhundert äußerst liebevoll und variantenreich behandelt wird. Diese Beschreibung passt auch schon auf das 6. Jahrhundert. Im 5. Jahrhundert gesellt sich schließlich noch eine gewisse Überweite der Gewänder hinzu, welche die typische, eher gleichmäßige faltige Längsriefelung der klassischen Kleidung ergibt. *Peplos* und *Chiton*, die Oberkleider der Griechen, zeigen sich in dieser Gestaltung mit dem Unterschied, dass das Webstück im Falle des Peplos an der (rechten) Seite offen bleibt und der Chiton mit einer Naht zur Röhre geschlossen wird. Das offene Webstück des Peplos konnte jederzeit auch anders verwendet werden, während die Stoffröhre des Chitons schon etwas kleidungsgebundener erscheint. Ob Peplos oder Chiton, die Öffnungen für den Kopf und die Arme befinden sich an der oberen Kante der offenen oder geschlossenen Röhre, im Gegensatz zu jeglicher europäischer Tradition. Werden nun die Arme hinuntergesenkt, entsteht demzufolge eine Überlänge an beiden Seiten, die mit der Gürtung gleichsam aufgefangen wird, indem die entstandene Überlänge am Saum seitlich über dem Gürtel hochgezogen wird und über den Gürtel fällt. Auf diese Weise kann ein zipfelig schleppender Saum ausgeglichen werden. An den Schultern werden sowohl Peplos als auch Chiton einfach oder auch mehrfach gefibelt, was von der Breite des Gewandes abhängig ist, sodass entweder Ärmellosigkeit oder mehr oder weniger lange Scheinärmel vorgetäuscht werden (siehe große Abbildung 2). Das klassische griechische Männergewand[5] folgt derselben Systematik, wird nur wie auch anderswo den männlichen Tätigkeiten wie Krieg, Jagd oder sonstigen bewegungsintensiven Ortsveränderungen angepasst. Diesen Anpassungsvorgängen fällt verständlicherweise der Überhang fast gänzlich zum Opfer, auch dann, wenn die Männer alltäglich oder feierlich gekleidet sind: Das männliche Kleidungsstück schließt fast ausnahmslos an der Schulter ab, während die Saumlänge von kniekurz bis schleppend variieren kann. Durch den Überhang bedingt, gestalten sich verständlicherweise die Gürtungen bei den Frauen variantenreicher als bei den Männern. Ein weiblicher Chiton (Peplos) wird meist mehrfach gegürtet. Sichtbar bleibt nur die äußerste Gürtung. Diese Tatsache führt für den späteren Betrachter nicht selten dazu, dass er die Existenz verdeckter Gürtun-

Textabbildung 4
Weiter vorklassischer Chiton mit mittiger Faltenpartie zur Betonung der Längsrichtung. Statue der Ornithe, Samos, 555–550 v. Chr., Berlin, Staatliche Museen

gen übersieht. Es sind vor allem die Überhänge, die zu Gürtungsvariationen anregen. Eine Überlänge, die mit einer verdeckten, aber stark fixierenden Taillengürtung unsichtbar angebracht war, darf wohl in den meisten Fällen angenommen werden. Man hat sich diese Anlegungsart vermutlich ähnlich der Technik vorzustellen, wie sie die Japanerinnen an ihrem Kimono praktizieren. Der außen sichtbare prunkvolle Obi des traditionellen Kimonos benötigt nämlich zuunterst eine mit zwei anderen Gürteln fixierte Festbindung des überlangen Kimonos. Die Japanerin bindet zuerst einen schalartigen, elastischen Seidengürtel fest um die Taille und zieht die Überlänge rundum hoch, um sie in einer Querfalte über diesen ersten Gürtel hängen zu lassen.[6] Mit einem zweiten ähnlichen Seidengürtel wird nun die rundum laufende Querfalte niedergebunden. Erst über diesem (später unsichtbaren) Untergrund beginnt das Anlegen des Obi. Im Falle der griechischen Frauenkleidung verdeckte der Überhang die sicherlich auch in diesem Bereich notwendige Untergürtung. Bei den Männern fand bisweilen nur die Untergürtung Verwendung.

Um die Weite des Chitons – speziell bei starker Bewegung – zu bändigen, bedienten sich die Griech(inn)en eines rucksackartig umgelegten, vorne und rückwärts überkreuzten Bandes, Maschalister genannt, das die Weite des Gewandes um den Schultergürtel herum zusammenfasste.[7]

Als Überkleid wird bei Frauen und Männern das *Himation*, eine Stoffbahn in der Dimension ähnlich einem indischen Sari, gewickelt getragen. Die Grundwicklung eines Himations erfolgt unter Rücksichtnahme darauf, dass die rechte Hand Aktionsfreiheit bekommt. Dieses Grundprinzip scheint bei allen Wickelgewändern immer und überall beachtet zu sein.

Das Himation wird in einfacher Stofflage, und zwar in die Diagonale des Rechtecks gezogen, um den Körper gewickelt. Durch die Diagonale ergibt sich eine Schrägfadenlage, wodurch sich das Kostümstück geschmeidiger und elastischer um den Körper legt. Es sei vorweggenommen, dass die einfache Stofflage und die Diagonalrichtung einen deutlichen Unterschied zur römischen Toga signalisieren, obwohl die Wicklungsrichtung ähnlich verläuft. Man erfasst das Himation an einer Ecke mit der linken Hand, postiert diesen Wicklungsanfang an der linken Schulter und lässt die Stoffmasse über den Rücken auf den Boden gleiten – vorausgesetzt, dass man diese Tätigkeit nicht einem speziell ge-

Große Abbildung 2
Peplos (bzw. Chiton) und Himation.
Wickelgewänder mit Betonung der Länge der verwendeten Stoffbahn, die unverletzt, ohne Zuschnitt den Körper umhüllt.
Grabstele der Krito und der Timariste, um 400 v. Chr., Kameiros (Rhodos).
Archäologisches Museum Rhodos

schulten Sklaven oder Sklavin überlässt. Weiters führt man die Stoffbahn über den Rücken zur und um die rechte Körperseite herum (unter oder über dem Arm), um schließlich die verbleibende Länge der Stoffbahn quer über die Vorderseite des Körpers wiederum zur linken Schulter hochzuführen und einen eventuellen Rest des Webstückes über die linke Schulter nach rückwärts zu werfen. Die Kunst liegt hier allerdings nicht in der Kenntnis dieser Wickelrichtung, sondern im meisterlichen und auch individuellen Drapieren der Falten.

Wenn die griechische Frau ihren Kopf bedecken wollte (oder musste), zog sie den oberen Rand des Himations von hinten über den Scheitel hinauf[8], womit sie eine verhüllende, kopftuchartige Wirkung erzielte. Die Römerin hingegen wird die Bedeckung des Kopfes mit einem speziellen schalartigen Kopftuch erreichen, das sie getrennt von ihrem Überkleid (Palla) über den Kopf legt.

Das Himation könnte das urtümlichere Kleidungsstück gewesen sein. Eine Webbahn, in die man sich als einziges Gewand gewickelt hat, ohne darunter zuerst ein Obergewand anzulegen. Als Hinweis darauf könnte die Tatsache gewertet werden, dass die Philosophen[9] – auch im klassischen Jahrhundert – nur im Himation auftraten.

Als funktionsgebundenes Männerkleidungsstück muss die häufig dargestellte *Chlamys* Erwähnung finden. Bekannt ist dieses Überkleid als Reisemantel.[10] Als typisch für diesen Verwendungszweck kann das Faktum gelten, dass der Götterbote Hermes fast ausnahmslos in diesem Kleidungsstück dargestellt wird. Es handelt sich hierbei um ein nicht allzu lang gezogenes Rechteck (gewebte Decke), das man um die linke Schulter legt und an der rechten Schulter fibelt. Die Fibel wird nicht an den Ecken angebracht, sondern etwas weiter innen. Auf diese Weise entsteht nicht nur ein hübscher „Wasserfall" von der rechten Schulter abwärts, sondern mehr Bewegungsfreiheit und Aktionsfreiheit für den rechten Arm. Der Götterbote legt meist den hinaufgerollten Saum auf die linke Schulter, um noch mehr Bewegungsfreiheit zu erlangen, und nicht zuletzt, um seinen Schlangenstab dekorativ unterzubringen.

Die weiblichen und männlichen griechischen *Frisuren* beginnen mit einfach gestalteten Langhaarfrisuren. Die Frauen scheiteln ihr langes Haar in der Mitte und drehen es zu einfachen Flechten zusammen oder stecken es unkompliziert auf.[11] Obwohl das Haar der Männer kürzer gehalten war, mussten diese bei Bedarf Stirnbänder oder auch Haarnadeln verwenden. Noch die Marathonkämpfer werden uns als „Zikadenträger" beschrieben. Die käferförmigen Haarnadeln wurden demnach noch zu Beginn des klassischen Jahrhunderts zur Bändigung der männlichen Haarlänge verwendet. Entsprechend der Haarlänge trugen die Männer auch lange Bärte, die im Laufe der Zeit – wie auch das Haupthaar – immer kürzer wurden, bis der hellenistische Mann schließlich bartlos und mit einer dazu passenden Kurzhaarfrisur erscheint.

Die Frauen stecken ihr langes Haar immer kunstvoller auf und halten es mit Bändern und Haarnetzen fest. Die hellenistischen Frauen entfernen sich immer weiter von den klassischen – statisch natürlich konstruierten – Frisuren. Der Manierismus äußert sich zumeist in einem hoch am Scheitel postierten Knoten, wo er nur mit Mühe festgehalten werden kann.

Welt- und Menschenbild als Basis der Gewandgestaltung

Auf dem Goldhintergrund des perikleischen Zeitalters bewegen sich wahrhaft klassische Menschen, die nicht nur in Politik, Kultur, Kunst und Philosophie Klassisches leisteten, sondern die sich auch ihren Idealen entsprechend kleiden wollten. Demzufolge war es wichtig, sich auch mit der Kleidung keinen Zwang aufzuerlegen, die so wichtige Freiheit auch in der Gewandung zum Ausdruck zu bringen. Bei den Griechen geht es darum, die ganz persönliche Freiheit des Einzelnen im Rahmen einer idealen Demokratie auch in der Kleidung sichtbar werden zu lassen. Dazu ist nichts besser geeignet als das Webstück. Das kunstvolle Produkt des Webstuhls wird in seiner ursprünglichen Wesenheit zum obersten Gestaltungsprinzip erhoben. Es versteht sich, dass für ein Kleidungsstück auch ein ganz bestimmtes Webstück programmiert war. Genauso wenig wie man vom Ballen die benötigten Metragen heruntergeschnitten hat, genauso wenig hat man in das

Webstück hineingeschnitten, um einzelne Schnittteile herauszuschneiden und diese dann wiederum zusammenzuschneidern. Diese brutale Verletzung der inneren und äußeren Struktur eines Gewebes wäre undenkbar gewesen!

Die Verwandlung des Webstückes zur Kleidung passiert immer wieder neu, bei jedem Ausziehen kehrt das Webstück in seine ursprüngliche Gestalt zurück und kann von neuem als Kleidungsstück entstehen, ohne sich an vorgegebene Ärmel, Ausschnitte oder ähnlich festgelegte Kostümdetails halten zu müssen. Die Anbringung am Körper ist jeweils temporär und jederzeit wieder rückgängig zu machen. An den Schultern wird der Chiton zusammengehalten – nicht daran aufgehängt, wie dies dann bei der römischen Tunika der Fall sein wird. Es sind vielmehr die Gürtungen, die eine Fixierung am Körper bewirken. Die Stofffülle wird in Falten drapiert und mit Hilfe von einem oder mehreren Bindegürteln am Körper festgehalten. Einem individuellen und variantenreichen Anlegen der Kleidung waren hier keine Grenzen gesetzt. Dass Form und Bewegung des Körpers in die klassische Gewandgestaltung auf das Harmonischeste integriert erscheinen, braucht nicht hervorgehoben zu werden, denn ebendieser Aspekt wird speziell in der klassischen Plastik deutlich. Wie sehr sich der Körper in der Gewandhülle abzeichnet und wie sehr der Faltenwurf die Bewegung vermittelt, sind bekannte Tatsachen.

In der *hellenistischen Phase* kommt es dann zu einer Zersetzung der klassischen Ideale auf allen Gebieten und damit auch in der Kleidung. Die Freiheit erscheint im wahrsten Sinn des Wortes auf allen Gebieten eingeengt. Die wiederholte Neubildung des individuellen Faltenwurfes wird ersetzt durch teilweise vorgefertigte Kleidung. Die Falten werden beispielsweise von vornherein einplissiert und werden nicht selten von den eigentlichen Gewandfalten gegenläufig überlagert.[12] Die Gürtungsvariationen haben sich auf eine einzige modische Gürtung knapp unter der Brust eingependelt. Die variablen Fibelungsmöglichkeiten an der Schulter sind einer permanenten Ausschnittgestaltung gewichen. Eine häufig dargestellte Möglichkeit zeigt sich in einer glatt am Dekolleté aufliegenden Ausschnittblende, an welche die unzähligen Fältchen des Chitons angenäht zu sein scheinen.[13] Auf diese Weise ist ein vorgefertigtes Hemdgewand entstanden, das bereits Möglichkeiten der europäischen Gewandgestaltung vorwegnimmt (Hemdgewand, Faltentechnik, glatt und eng umschlossene Schultern mit daran gesetzter fülliger Weite, woraus sich in weitestem Sinn in Zukunft Sattel und Mieder entwickeln werden). Ein weiterer Hinweis auf künftige europäische Entwicklungen ergibt sich durch einen ganz speziellen Ärmelansatz: An den oberen Rand der Chitonröhre werden vertikal nach oben weisend Ärmelröhren angesetzt. Es ist anzunehmen, dass die Ansatzlinie des Ärmels immer stärker abgeschrägt worden ist, um das hinderliche Stoffvolumen in der Achselhöhle zu dezimieren. Sowohl die Ausschnittblende als auch die angesetzten Ärmel ergeben schlussendlich ein vorgefertigtes Kleidungsstück, das ein individuelles Anlegen empfindlich einschränkt. Das Oberkleid (Chiton) wird meist in doppelter Ausführung getragen, was eine Zurückdrängung oder sogar einen Verzicht auf die in ihrer Wicklung besonders individuell zu gestaltende Überkleidung (Himation) bedeutet.

Trotz des bedauerlichen Verzichts auf die klassischen, ausgewogenen Gestaltungsformen beinhalten die hellenistischen Gewänder bereits die ersten Anzeichen der Verselbständigung der europäischen (westlichen) Kleidung. Ärmel anzusetzen oder einen Ausschnitt zu fixieren wird als typisches Thema der europäischen Kostümgestaltung noch darzustellen sein.

Bild-Anmerkungen

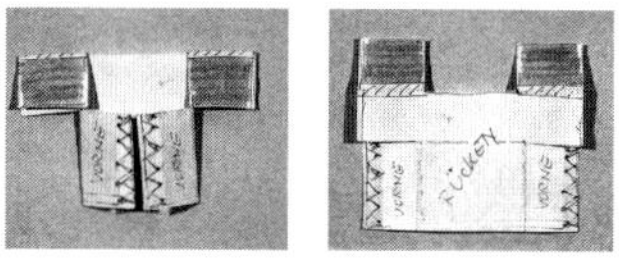

1 Schnittschema für das Leibchen der kretischen Frauenkleidung.
Abbildung: Archiv der Abteilung Kostümkunde an der Universität für angewandte Kunst, Wien

2 Frauen bei einer Kulthandlung, Thera, spätminoisch I, um 1500 v. Chr.

3 Mützel, Hans: Kostümkunde für Sammler. Berlin 1921. 2. Aufl. „Umwickeltracht der Bronzezeit", 1500 v. Chr.

4 Vasenträger, spätminoisch. Knossos

5 Orpheus-Relief, Villa Albani, Rom. Neuattische Kopie nach einem Original aus der Zeit des Phidias. Abbildung: Archiv der Abteilung Kostümkunde an der Universität für angewandte Kunst, Wien

6 Photo: A. Bönsch, Archiv der Abteilung Kostümkunde an der Universität für angewandte Kunst, Wien

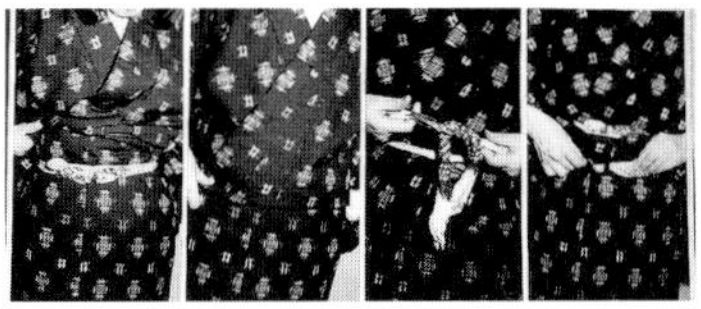

7 Tanzende Mainaden vor Dionysos. Tarent (apulisch), um 410 v. Chr. Abbildung: Archiv der Abteilung Kostümkunde an der Universität für angewandte Kunst, Wien

8 Die verschleierte Braut (der ludovisische Thron), ionische Kunst Großgriechenlands, um 470–450 v. Chr. Abbildung: Archiv der Abteilung Kostümkunde an der Universität für angewandte Kunst, Wien

9 Demosthenes, Kopie nach Polyeuktos (?), 280 v. Chr.; Sophokles, Kopie einer Statue von 340/330 v. Chr. Abbildung: Archiv der Abteilung Kostümkunde an der Universität für angewandte Kunst, Wien

10 Ödipus vor der Sphinx, rotfiguriges Vasenbild, attisch, 450 v. Chr. Abbildung: Archiv der Abteilung Kostümkunde an der Universität für angewandte Kunst, Wien

11 Kyrene, lokale Arbeit, 460–450 v. Chr., Thermenmuseum Kyrene Abbildung: Archiv der Abteilung Kostümkunde an der Universität für angewandte Kunst, Wien

12 Mädchen von Antium, um 300 v. Chr., Rom, Thermenmuseum. Abbildung: Archiv der Abteilung Kostümkunde an der Universität für angewandte Kunst, Wien

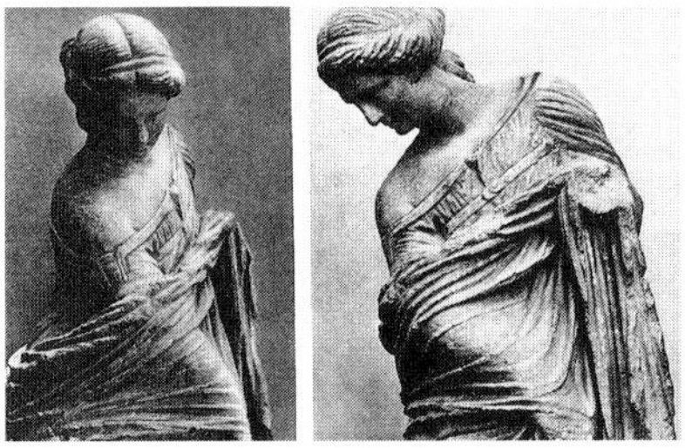

13 Mädchenstatue, hellenistisch (Budapest?). Abbildung: Archiv der Abteilung Kostümkunde an der Universität für angewandte Kunst, Wien

Weiterführende Literatur

Ausgewählt unter dem Aspekt der kostümkundlichen Bildqualität im Sinne einer Formengeschichte der europäischen Kleidung. Aus diesem Grunde überwiegt die kunsthistorische Literatur, die in diesem Zusammenhang als kostümgeschichtliche Primärquelle gilt.

Allgemeine Werke

Belser Stilgeschichte. Stuttgart 1968 ff

Handbuch der Kunstwissenschaft. Begr. F. Burger. Hrsg. A. E. Brinckmann. Berlin (1923 ff)

Kunst im Bild. Holle Verlag, Baden-Baden 1968 ff

Propyläen Kunstgeschichte. Berlin 1923–1932 und 1966–1985 (18-bändige Ausgabe)

Reallexikon zur deutschen Kunstgeschichte. Hrsg. vom Zentralinstitut für Kunstgeschichte. Bd. 1 ff München 1937 ff

Der große Ploetz: Die Daten-Enzyklopädie der Weltgeschichte; Daten, Fakten, Zusammenhänge/begründet von Dr. Carl Ploetz. – 32., neu bearbeitete Auflage. Freiburg im Breisgau 1998

1 Griechen

Kostümkundliche Literatur

Bieber, M.: Griechische Kleidung. Berlin, Leipzig 1928

Bieber, M.: Entwicklungsgeschichte der griechischen Tracht. Berlin 1934, 1967²

Coarelli, F.: Greek and Roman Jewelry. London 1970

Erbacher, K.: Griechisches Schuhwerk. Würzburg 1914

Heuzy, L.: Histoire du costume antique. Paris 1922

Higgins, R.: Greek and Roman Jewelry. Berkely 1980

Houston, M.: Ancient Greek, Roman and Byzantine Costume and Decoration. London 1947

Johnston, M.: Ancient Greek Dress. Chicago 1965

Morrow, K. D.: Greek Footwear and the Dating of Sculpture. Madison, Wis. 1985

Pekridou-Gorecki, A.: Mode im antiken Griechenland. In: Beck's Archäologische Bibliothek. München 1989

Kunsthistorische Literatur mit kostümgeschichtlich brauchbaren Abbildungen

Kreta, Mykene

Marinatos, S. / Hirmer, M.: Kreta, Thera und das mykenische Hellas. München 1976

Matt, L. v., u. a.: Das antike Kreta. Zürich 1967

Griechische Kunst

Andreae, B.: Griechische Kunst. In: Große Epochen der Weltkunst. Freiburg, Basel, Wien 1972

Andronicos, M. / Chatzidakis M. / Vassos, K.: Die Museen Griechenlands. Köln 1976

Arias, P. E. / Hirmer, M.: Tausend Jahre griechische Vasenkunst. München 1960

Boardman, J.: Schwarzfigurige Vasen aus Athen. Mainz 1974

Boardman, J.: Rotfigurige Vasen aus Athen. Mainz 1981

Charbonneaux, J. / Martin, R. / Villard, F.: Das archaische Griechenland. In: Universum der Kunst. München 1969

Charbonneaux, J. / Martin, R. / Villard, F.: Das klassische Griechenland. In: Universum der Kunst. München 1971

Charbonneaux, J. / Martin, R. / Villard, F.: Das hellenistische Griechenland. In: Universum der Kunst. München 1971

Demargne, P.: Die Geburt der griechischen Kunst. In: Universum der Kunst. München 1965

Gerke, F.: Griechische Plastik (in archaischer und klassischer Zeit). Zürich, Berlin 1938

Hekler, A.: Die Bildniskunst der Griechen und Römer. Stuttgart 1912

Langlotz, E. / Hirmer, M.: Die Kunst der Westgriechen. München 1963

Lindner, K.: Beiträge zu Vogelfang und Falknerei im Altertum. Berlin, New York 1973

Lullies, R.: Griechische Plastik. München 1960

Papaioannou, K.: Griechische Kunst. Freiburg, Basel, Wien 1972

Smith, R. R. R.: Hellenistic Sculpture. Harmondsworth (Engl.) 1991

Stewart, A.: Greek Sculpture. New Haven, Conn. 1990

2 | Römer

Einleitung, kostümhistorischer Hintergrund

Bei der Betrachtung der römischen Kostümquellen fällt zunächst auf, dass diese aus verschiedenen Elementen zu bestehen scheinen. Etruskisches, Griechisches und sogar Keltisches lässt sich erkennen. Diese Bausteine zeigen sich oft in einer nahezu manierierten und gleichzeitig spezialisierten Übersteigerung, die den Verdacht aufkommen lassen, dass es sich um eine Art Kostümierung handelt, die in dieser Weise nicht wirklich getragen worden ist. Der Grund dafür ist vermutlich darin zu suchen, dass das Hauptinteresse der Römer ihrem Staat und ihrem Heerwesen galt. Die erstrebenswerteste Karriere suchten die Römer in der Beamten- oder Soldatenlaufbahn. Jede Art von künstlerischem Lebensweg war weniger gefragt. Um das auf diese Weise festgelegte Kräftepotential nicht zu schmälern, übernahm man einerseits schon Geformtes oder man überließ künstlerische Gestaltungen rationellerweise denen, die es besser konnten. Es waren vor allem die etruskische und die griechische Kunst, welche die Römer hervorragend für ihre eignen Zwecke einzusetzen wussten. Die Kostümdarstellungen, die wir zumeist aus den bildenden Künsten beziehen, müssen daher etruskische oder griechische Färbungen aufweisen. Auch die römischen Dichter und Schriftsteller vermögen das Dunkel nicht aufzuhellen, da die zitierten römischen Gewänder abbildungsmäßig meist nicht aufzufinden sind.

Zunächst soll das *Verhältnis der Römer zu den Etruskern* geklärt werden.

„7-5-3 sprang Rom aus dem Ei." Dieses frisch geschlüpfte Rom war vermutlich recht bedeutungslos, wenn man bedenkt, dass es 426 v. Chr. noch als großer militärischer Erfolg gewertet wurde, den Brückenkopf von Veij (Fidenae) zu erobern und dieses Veij nur 20 km von Rom entfernt liegt! Demgegenüber erscheinen die Etrusker, die bereits zwischen 850 und 800 v. Chr. in Italien eingewandert waren, als übermächtig. 396 v. Chr. gelingt es den Römern schließlich Veij einzunehmen und zu plündern. Eine unerwartete und in der späteren römischen Geschichtsschreibung etwas verzerrt dargestellte Hilfe gegen die Etrusker erfuhren die Römer durch die Gallier (Kelten), die 387 v. Chr. bis vor Rom kamen und auf ihrem Weg hierher die etruskischen Heere überwinden mussten. Rom wurde schließlich durch das nächtliche Geschnatter der kapitolinischen Gänse gerettet, die das Herannahen der gallischen Krieger bemerkt hatten. Dieses gerettete Rom war allerdings noch nicht besonders groß. Tatsache ist, dass die Etrusker durch den Einfall der Kelten vor allem in der Poebene einen entscheidenden Verlust ihrer Macht erlitten, sodass sie sich in der Folge mit anderen italischen Völkern gegen die Römer verbinden mussten. Zu Beginn des 3. vorchristlichen Jahrhunderts blieben die Römer schließlich die Sieger. Die Spuren der etruskischen Gewänder in der römischen Kleidung lassen darauf schließen, dass es sich hier nicht nur um kriegerische Kontakte gehandelt haben kann, denn die Grundeinstellung zur Kleidung ist etruskischen Ursprungs und die griechischen Elemente wirken eher aufgesetzt.

Um den *griechisch-römischen Unterschied* herauszufiltern, wird es notwendig sein, die entsprechenden historischen Daten aufzuzeigen. Wie bedeutsam die griechische Kolonie in Kampanien (750 v. Chr. gegründet) und Sizilien gewesen sein mag, geht allein daraus hervor, dass römische Dichter, Schriftsteller und Geschichtsschreiber immer wieder bemüht waren, Rom als griechische Gründung hinzustellen. Besonders das bedeutende Geschlecht der Julier war daran interessiert, seinen Stammbaum bis zu Äneas zurück zu konstruieren. So gesehen ist die Äneis des Vergil (70 v. Chr.–19 n. Chr.) durchaus kein Zufall!

Nun zurück zu den Tatsachen: Wie erwähnt waren die Römer mit den Etruskern beschäftigt, während die Griechen bereits ihr klassisches Zeitalter zu Ende lebten. Dies heißt kostümgeschichtlich betrachtet, dass die aufstrebenden Römer keinen klassischen Griechen mehr angetroffen haben, den sie sich zum Vorbild hätten nehmen können. Hinzu kommt noch, dass sie – im wahrsten Sinn des Wortes – bereits viel zu sehr in der etruskischen Kleidung steckten. Die griechische Kleidung scheint auf die Unzahl der Kopien klassischer Kunstwerke oder auf eventuelle Neugestaltungen dieser Art beschränkt gewesen zu sein. In diesen und auch in anderen Beispielen zeigt sich die Achtung vor der Überlegenheit der griechischen Kunst und Kultur seitens der Römer und andererseits die Präpotenz der Griechen in diesen Bereichen. Die Griechen haben schließlich den geistigen Widerstand gegen die barbarischen Römer nie ganz aufgegeben, was im 7. nachchristlichen Jahrhundert in Ostrom in der Einführung des Griechischen als Amtssprache gipfelt, sodass von einem Heiligen Römischen Reich Griechischer Nation gesprochen werden konnte. Schon lange vorher haben die Römer die Griechen immer wieder bevorzugt behandelt. Als die Römer die griechischen Staaten erobert hatten (196 v. Chr.), wurden diese nicht gleich zur Provinz erklärt, sondern zunächst einmal für unabhängig. Erst nach dem mazedonischen Aufstand (146 v. Chr.) wurde Griechenland zur römischen Provinz „Achaia" gemacht. Der Provinz-Status wurde allerdings 67 n. Chr. von Nero wiederum aufgehoben, indem er Griechenland zum Verbündeten Roms erklärte. Diese griechenfreundliche Tendenz setzt sich beispielsweise fort in der besonderen Vorliebe und Fürsorge weiterer römischer Kaiser für die griechische Reichshälfte (etwa Hadrian 117–138 und Antoninus Pius 138–161).

Die Hochhaltung der griechischen Kunst und Kultur führte dazu, dass man sich im „(Kunst)-Milieu" auch griechisch kleidete. Eine echte Beziehung zu den gewickelten, drapierten und mit Gürteln am Körper festgebundenen Gewändern der Griechen gibt es nicht. Den Römern geht es schließlich nicht mehr um den Ausdruck der persönlichen Freiheit in ihrer Kleidung. Der Römer hat vielmehr seine persönliche Freiheit beim Staat abgegeben und lässt damit operieren. Reglementierungen und Vorschriften dringen bis in die Privatsphäre vor. Der römische Staatsbürger fordert Brot und Spiele und lässt sich regieren. Dazu braucht er förmlich eine „praktische" Kleidung und nicht eine, die er tagtäglich neu (individuell) gestalten muss. Speziell die häusliche und die alltägliche Kleidung ist vorgefertigt und hält (hängt) von selbst am Körper. In seiner Festkleidung hingegen lebt der Römer seine eigenen tradierten (etruskischen) Gewandformen, gepaart mit der Verkomplizierung griechischer Wickeltechniken, aus: Die Toga, die ohnehin nur von denen getragen werden durfte, die das römische Bürgerrecht besaßen, wird dadurch unweigerlich zum selten getragenen Feiertagsgewand. Mit dieser Art von Festkleidung deckt der Römer einen Teil seines Bedarfs an Kunst und Kultur ab.

Kostümkundliche Interpretation

Die *Tunika*, die Oberkleidung des Römers, soll als häufigst getragenes Kleidungsstück zuerst beschrieben (interpretiert) werden. Um Missverständnissen bezüglich der Terminologie vorzubeugen, sollen die Bezeichnungen Unter-, Ober- und Überkleidung, die für die Darstellung der gesamten europäischen Kostümgeschichte Verwendung finden sollen, definiert werden. Mit Oberkleidung ist die mittlere Gewandschicht gemeint, die in der Regel als die wichtigste und tonangebende gewertet wird. Es versteht sich, dass diese raumgreifende Schale der Kleidung bisweilen in die Bereiche der Unterkleidung oder auch in die Überkleidung eindringt. Die Schichten lassen sich nicht immer exakt voneinander trennen, da diese Gliederung aus der neuzeitlichen westlichen Entwicklung resultiert, als deren vorläufiges Endprodukt die heutige Weltmode angesehen werden kann. Besonders im antiken, mittelalterlichen oder außereuropäischen Bereich treten Ungereimtheiten auf. Solange der Mantel nicht als

eindeutige Überkleidung angesehen werden kann und die entsprechenden Kostümstücke gewickelt, gesteckt oder auch hemdartig über den Kopf gezogen erscheinen, wird die Begrifflichkeit der Oberkleidung nicht selten als doppeltes Oberkleid oder auch als unteres und äußeres Oberkleid festgelegt werden müssen. Im Falle der Tunika und später im Mittelalter wird sich diese Hilfskonstruktion als notwendig erweisen. Die Tunika wird in manchen Fällen als unteres Oberkleid zu bezeichnen sein. Es handelt sich dabei grundsätzlich um ein Hemdgewand, das an der Schulter hängt und in der männlichen Ausführung oft frei hängend getragen und nicht immer mit einem Gürtel zusammengehalten wird. Auch die ärmellose Tunika zeigt die Armausgriffe (Armlöcher) an den Seiten und nicht an der oberen Kante der Stoffröhre wie im Falle des griechischen Obergewandes (Peplos, Chiton). Dies bedeutet eine gut sitzende Schulternaht und keine Überlänge an den Seiten, die man nicht erst wie im griechischen Fall mühsam mittels eines Gürtels zu einem gerade verlaufenden Saum zurechtdrapieren muss. Der Römer, der als erstrebenswertestes Ziel die Beamten- oder Soldatenkarriere ansieht, benötigt vielmehr ein unkompliziertes, eher uniformierendes Kleidungsstück, das ihn als neutrales Teilchen im Staat – bei dem er seine persönliche Freiheit abgegeben hat – erscheinen lässt. Die Tunika wird bezeichnenderweise in allen sozialen Schichten getragen. Unterschiede ergaben sich vermutlich in der Stoffqualität und vor allem in der Bordierung, die man zur Kenntlichmachung der Rangordnung benützte. Eben damit rückte man in die Kategorie der Uniform. Der Grieche hingegen machte prinzipielle Unterschiede in der Kostümgestaltung an sich deutlich: Rangunterschiede sind unter den freien Griechen am Höhepunkt der Demokratie nicht gefragt, aber man legte großen Wert darauf, sich von Sklaven und Barbaren abzuheben. Ärmellosigkeit oder Scheinärmel, die sich aus der zusammengesteckten Stoffröhre ergaben, waren gleichsam das Abzeichen des freien Griechen. Sklaven und Barbaren erkannte man an ihren angesetzten engen Röhrenärmeln!

Große Abbildung 1
Die etruskische (römische) Tunika mit der typischen Schulternaht und der seitlichen Bordierung (kniende Figur). Die stehende Figur trägt die Toga picta, wie sie später von den römischen Triumphatoren getragen werden sollte. Vel Saties und sein Sklave Arnza, 2. Hälfte 4. Jh. v. Chr., Vulci, François. Grab; Rom, Villa Albani, Sammlung Torlonia.

Weiters ist der Römer nicht daran interessiert, die innerste Struktur und die Länge der Stoffbahn zu betonen, sondern seine Tunika endet immer und überall an der Schulter.[1,2] Hier gibt es weder bei den Männern noch bei den Frauen eine Überlänge nach oben, die als variantenreicher Überschlag im griechischen Sinn dienen könnte. Die Stoffbahn war schon im Begriffe, zu einer Materialfläche degradiert zu werden. Man steigert diese

Textabbildung 1
Etruskische Tunika mit Seitennaht und seitlichen Armausgriffen. 650–600 v. Chr., Plaque Boccanera, Cerveteri

Einstellung, indem man schon bald an die seitlichen Armausgriffe Ärmel anzusetzen beginnt.

Mit dem Abschluss der Tunika an den Schultern zeigt der Römer deutlich seine stärkere Verbundenheit zu den etruskischen Gewändern. Trotz der Ähnlichkeiten im künstlerischen Darstellungsstil – speziell im 6. vorchristlichen Jahrhundert – zu den griechischen Vasenmalereien weisen die etruskischen Gewänder niemals eine Überlänge an den Schultern auf. Das Gewand ist an dieser Stelle immer zu Ende. Die Bordierung an manchen Kleidungsstücken geht von der Seitennaht direkt in die Einfassung des Armausschnitts über. Dies bedeutet, dass eine Stoffbahn an der Vorderseite des Körpers hochläuft, an der Schulter umgeklappt wird, um schließlich am Rücken bis zum Saum hinunterzulaufen.

Bisweilen bildet die Bordierung auch eine Schulternaht. Diese Schulterborte zeigt an,

Textabbildung 2
Schulternaht an einem etruskischen Hemdgewand in Kombination mit seitlichen Armausgriffen. Um 550 v. Chr., Tomba di Frontoncino,

dass das Kleidungsstück aus einem separaten Vorder- und einem Rückenteil zusammengesetzt ist. Die Frage nach einer urtümlichen Notwendigkeit dieser Borten lässt den Schluss zu, dass es sich früher um kein gewebtes, sondern um ein gefilztes Material gehandelt haben könnte. Die vormaschinelle Herstellung des Filzes führte unweigerlich zu einer Verstärkung des zentralen Bereiches und zu Schwachstellen an den Rändern des erzeugten Materials. In der Mitte eines Filzstückes sind die Faserchen mehrfach übereinander gehäuft, während sie gegen den Rand hin immer schütterer werden. Um nun die Randzonen stabiler zu gestalten, brachte man Verstärkungen an, die schlussendlich als Borten in Erscheinung traten.

Von diesen Borten haben sich auch die Römer nie mehr getrennt. Im Bereich der Tunika (und auch der Toga) wurden die Borten sogar zum Rangabzeichen erhoben, und diese Bedeutung ist ihnen bis in die byzantinische Zeit hinein erhalten geblieben. Der Einsatz der „Clavi" zeigt die Wichtigkeit der ursprünglich rein funktionell bedingten Borten an. Die *tunica laticlavia*, die breit gestreifte Tunika, wurde mit zwei breiten Längsstreifen versehen und war den Senatoren vorbehalten, während die *tunica angusticlavia*, die schmal gestreifte Tunika, als Kennzeichen der Ritter galt. Von diesen langen Streifen blieb im späten Ostrom oft nur mehr ein Quadrat (oder auch ein Kreis) meist in Kniehöhe übrig.

Eine kostümkundlich erwähnenswerte Hemdform, die ebenfalls mit den beschriebenen Streifen in Verbindung steht, ist die *tunica dalmatica*, kurz *Dalmatika* genannt. Hier handelt es sich um eine erweiterte Hemdform: An eine mittlere schmale Stoffbahn wird vom Saum bis unter die Achsel links und rechts, an der Vorder- und Rückseite des Körpers, eine Stoffbahn derart an-

Textabbildung 3
Tunica dalmatica. Spielende junge Leute, 2. Jh. n. Chr., Rom, Grab an der Via Portuense; Rom, Museo Nazionale

gesetzt, dass an der Stelle unserer Seitennaht ein Stoffbruch entsteht. Die Ärmel werden verständlicherweise nicht im Stoffbruch angebracht, sondern an die mittlere schmale Stoffbahn angefügt. Die Nähte, die durch die Erweiterung entstehen, bieten wiederum eine Möglichkeit zur Streifengestaltung. Dieser Ärmelansatz an der mittleren schmalen Stoffbahn wird sich auch zu einem zentralen Bestandteil der europäischen Hemdgestaltung entwickeln. Es war notwendig, die Tunikagestaltung etwas ausführlicher zu beschreiben, da dieses Hemdgewand schließlich die Basis der Kostümentwicklung in Europa darstellen wird. Die europäische Kleidung ist schlussendlich immer ein Hemdgewand geblieben!

Als weibliche Variante der Tunika zeigt sich die *tunica interior*, die als Haus- und Morgenkleid der Römerin gilt. Die Ausgehtunika ist als *Stola* überliefert. In der grundsätzlichen Anlage und in der wesentlichen Konstruktion dieser Kleidungsstücke zeigen sich zur männlichen Ausführung kaum Unterschiede. Die weibliche Tunika ist in der Regel bodenlang, bisweilen aus dünneren Materialien und zumeist einmal gegürtet. Die Trageweise als Doppelhemd setzt sich – im Unterschied zu den männlichen Ausführungen – bis in die byzantinische Zeit fort. Hier verwandelt sich die Stola in das *Kolobium*, das immer größere Armausschnitte aufweist und fallweise den Anschein erweckt, als ob es an den Seiten bis zum Saum geöffnet wäre. Das Kolobium beginnt in der Folge den gewickelten Mantel zu ersetzen. Diese Maßnahme erklärt sich aus der Wertschätzung der Stola als Ehrenkleid. Dieses Gewand bedeutet für die Römerin ungefähr dasselbe wie für den Römer die Toga. Auch dazu ist die Basis in der etruskischen Frauenkleidung zu suchen. Im 5. vorchristlichen Jahrhundert

Textabbildung 4
Tunica interior, Stola mit seitlichen großen Armausschnitten und Palla.
Die liebeskranke Phädra, Anfang 3. Jh., Athen (?), Sarkophag; Agrigent, San Nicola

finden sich in Etrurien schon weibliche Doppelhemdgestaltungen, die spezielle Akzente in der Differenzierung beider Hemden zeigen, wie etwa Farbkontraste oder auch eine deutliche Verkürzung des oberen Hemdes mit starker Saumbetonung. Die *Palla* (das Überkleid der Frauen) hingegen, die in etwa dem griechischen Himation entspricht, besitzt im Vergleich zur Stola weniger Bedeutung. Als verhüllendes Ausgehkleid, das fallweise auch repräsentativen Charakter annehmen konnte, ist die Palla einzustufen. Im Gegensatz zur Griechin verwendet die Römerin einen zusätzlichen Schleier, um im Bedarfsfall ihren Kopf zu verhüllen. Das europäische Mittelalter sollte sich schlussendlich bis in das 15. Jahrhundert von den Spielarten des Kopfschleiers nicht trennen.

Da die Rangordnungen im weiblichen Fall in der patriarchalischen römischen Gesellschaftsordnung nicht existieren, wird einem derartigen Überkleid von vornherein die Wichtigkeit abgesprochen. Andererseits erlaubte es das Schattendasein der Palla, nahezu unbemerkt zu neuen Überkleid- bzw. Repräsentationsformen zu gelangen, während die Männer neben der monströsen Toga bald zu Nebenformen greifen mussten. Schleichende Veränderungen und Nebeneinanderbestehen von Altem und Neuem sowie von unterschiedlichen Neuansätzen sind deshalb zu beobachten, bis man schließlich den Weg zum repräsentativen *Paludamentum* – wie es Kaiserin Theodora[3] auf den Mosaiken von Ravenna trägt – gefunden hat. Während Theodora den Prunkmantel kaiserlich hängend, allerdings noch asymmetrisch wie ihr Gemahl, umgelegt hat, können sich ihre Hofdamen noch nicht dazu entschließen, die alten Wickelmethoden zu vergessen. Sie schlagen die Enden um die Schulter, sie heben den Saum hoch und pressen diesen an sich, oder sie halten den Mantel von innen fest, wie sie es von ihrer alten Palla gewöhnt waren. Vielleicht würde sich sogar die Kaiserin ähnlich verhalten, wenn sie nicht mit beiden Händen ein prunkvolles Gefäß zu halten hätte? Bis Ravenna (6. Jh.), wo sich Männer und Frauenmantel gleichsam im Paludamentum treffen, sind jedoch schon unterschiedliche Ansätze unternommen worden, der alten Frauenpalla zu mehr Ansehen zu verhelfen. Es wurde mit einer uniformierenden Art des Wickelns versucht, die im Wesentlichen vom Wickelgewand immer weiter wegführte. Das Anfangsende blieb stereotyp vorne in der Mitte sichtbar,[4] wo es sich fallweise in ein breites ornamentiertes Band verwandelte, das später nicht selten den Eindruck erweckte, als ob es eine Dekoration des darunter getragenen Kleidungsstückes wäre.[5] Ähnliche (sinnentleerte) Dekorationselemente sind bisweilen noch bis in das 12. Jahrhundert anzutreffen. Ein weiteres erstarrtes Wickelelement geht auf die ursprünglich von der rechten Körperseite quer über die Vorderseite des Körpers zu der linken Schulter hochlaufende Faltenpartie der Palla zurück.[6] Zuerst scheinen die Falten streng parallel verlaufend zu sein und führen in einem gleichmäßig breiten Band zu Schulter und Oberarm, um an der Rückseite des Körpers zu verschwinden. Diese Faltenstruktur konnte wohl nur durch Fixierung der Falten erreicht worden sein. Schließlich geraten die Falten überhaupt in Vergessenheit und man begnügt sich mit einem schräg verlaufenden Saum des äußeren Hemdgewandes, der oft mittels einer Borte akzentuiert erscheint. In (unbewusster) Erinnerung an die breite, schräg verlaufende parallele Faltenpartie wird bisweilen eine zweite Borte – die etwa die obere Begrenzung der Faltenbahn markieren könnte – angegeben.[7] Einen interessanten Schlusspunkt finden diese Kreationen in bandartigen Umwicklungen, die teilweise ein eher unverständlicher (und wohl auch damals unverstandener) Rest von Wickelgewändern sein könnten, die schlussendlich in frühchristlichen Stolen enden. Die letzten Formen dieser Gestaltungen werden nahezu undurchschaubar, wie z. B. die Darstellung der Bortenrückstände auf dem so genannten „Gunthertuch" (byzantinisch, Ende 10. Jh., im Domschatz von Bamberg), wo sogar das Pferd Bortenmanschetten um die Beine trägt![8] Die „menschlichen" Borten des Gunthertuches verlaufen in beachtlicher Breite vorne in der Mitte des unteren Hemdes und umrunden den Saum. In der Längsborte, die bis zur Saumborte reicht, vermutet wohl niemand mehr das ursprüngliche Anfangsende der Palla.

Über die römischen *Frisuren* kann Ähnliches berichtet werden wie über die griechischen. Verfolgt man die Frisuren der etruskischen Männer vom 7. bis zum 4. vorchristlichen Jahrhundert, kann man ebenso wie bei den Griechen eine kontinuierliche Verkürzung von Haupthaar und Bart beobachten. Die nachfolgenden Römer hingegen zeigen sich meist bartlos und mit kurz geschnittenem Haar. Die Titusfrisur kommt in Mode, die den Römer in gleichmäßig kurz geschnittenen Löckchen, die kappenartig vom Scheitel ihren Ausgang nehmen, erscheinen lässt.

Auch die Frauen gestalten ihre Frisuren laufend kürzer. Die frühe Etruskerin trägt ihr Haar geteilt durch einen Mittelscheitel nicht selten wallend bis über die Taille oder auf einfache Weise geflochten oder gedreht, während die Römerin immer kompliziertere Methoden des Aufsteckens erfindet, was unweigerlich im Perückentragen enden sollte. Die Frauen der Kaiserzeit gefielen sich in hoch aufragenden diademartigen Aufbauten über der Stirn in Kombination mit einem bisweilen recht bizarren Nackenknoten. Die Frisur wurde auf diese Weise durch einen quer über den Kopf verlaufenden Scheitel in zwei unabhängig gestaltete Hälften geteilt.[9] Die Frisur erschien in der Rückansicht oft überraschend anders. Später schoben sich die zwei Hälften bisweilen schachtelartig ineinander, sodass schließlich die byzantinischen Ausformungen wulstige Konturen annahmen.

Wenig bedeutungsvoll für die künftige europäische Gewandgestaltung erweist sich das Nationalkleid des Römers: die *Toga*. Auch die Toga tendiert wesentlich stärker in etruskische Bereiche als in griechische.

Große Abbildung 2
Toga mit Sinusbogen über dem rechten Schenkel, dem kleineren Umbo von der Taille zur linken Schulter hochlaufend und dem gürtelartigen Balteus in der Taillenlinie.
M. Porcius Cato, 234–149 v. Chr., Rom, Lateran

Nicht selten wird die *etruskische Tebenna* als Urtoga bezeichnet. Darunter ist ein abgerundetes, ungenähtes, mehr oder weniger gewickeltes, in der Grundform nicht eindeutig festgelegtes, immer wieder unterschiedlich angelegtes Kleidungsstück zu verstehen, das zumeist als Überkleid bzw. auch als Festkleid fungiert. Kontrastierende Bordierungen sind auch hier schon die Regel. Die von den Etruskern übernommene Grundform erfährt bei den Römern eine uniformierende Differenzierung. Scharlach-, Purpur- oder Goldborten, breit oder schmal, werden zur Kennzeichnung bestimmter Rangunterschiede eingesetzt. Sowohl die Borten als auch die abgerundete Form der Toga zeugen wiederum von der römischen Tendenz, das Wesen des Webstückes zu ignorieren und an den tradierten und gleichzeitig kultivierten Formen der gefilzten Materialien aus dem etruskischen Bereich festzuhalten. Die bei der Tunika beschriebenen Eigenschaften des Filzes bestimmen auch die Toga. In diesem Fall ist der abgerundete Umriss des Ausgangsmaterials für die Grundform noch entscheidender gewesen als bei der Tunika. Die abgerundeten Ecken der Kontur bieten jedenfalls nicht die Möglichkeit, das Kleidungsstück in irgendeine Diagonale ziehen zu können, wie das den Griechen mit ihrem rechteckigen Himation ganz organisch gelingt. Da die Römer einmal Erprobtes und Perfektioniertes gerne beibehalten, bleiben sie bei dieser Anlegeweise auch in der Zeit der gewebten Materialien: Die Toga wird niemals im Schrägfadenlauf gewickelt, sondern immer in der geraden Fadenlage. Dies bedeutet, dass sich die Toga bei der Wicklung nicht wie das Himation geradezu elastisch an den Körper schmiegt, sondern dass sie den Körper mit Stoffvolumen schalenartig umgibt. Körperform und Bewegung im Übergewand mitzuteilen sind dem Römer kein Anliegen! Diese Einstellung musste zwingend dazu führen, dass die Toga immer monströser und damit untragbarer wurde. Diese Umstände prädestinierten dieses Kleidungsstück förmlich zum

Textabbildung 5
Tebenna (Urtoga). Grab Francesca Giustiniani, 470–400 v. Chr., Tarquinia

selten getragenen Festgewand. In den Anfangsstadien der Togaentwicklung (Etrusker, Frühzeit der römischen Republik) hingegen fungierte die Toga als Alltagsgewand und sogar als Kampfkleidung des Kriegers. Sie war in den Anfängen vermutlich das einzige Kleidungsstück und wäre somit älter als die Tunika. Wie sehr den Römern ihr Nationalkleid (nur diejenigen, die das römische Bürgerrecht besaßen, durften dieses Ehrenkleid tragen) am Herzen lag, wird in der *Toga picta* deutlich. Diese goldbestickte Purpurtoga hat schließlich den höchstmöglichen „Kleiderrang" erreicht. Nur Imperatoren, siegreiche Feldherren und Konsuln durften dieses Prunkstück anlegen. Dass die Toga im patriarchalischen Staatssystem der Römer eine Männersache war, versteht sich von selbst. Lediglich in der diffusen Frühphase sollen auch die Frauen die Toga getragen haben, während sich die ehrsame klassische Römerin mit ihrem Ehrenkleid, der Stola, deutlich von den Männern abhob. Nur mehr Prostituierte und Ehebrecherinnen zeigten sich in dieser Zeit in der Toga. Wie das zu interpretieren ist, sei dem Leser überlassen!

Die Spätzeit der Toga ist gekennzeichnet durch eine Zunahme des Volumens und eine Verkomplizierung der Wicklung. Die Volumensteigerung erfolgte einerseits durch eine simple Verlängerung des verwendeten Materials und andererseits durch eine nicht so einfach zu durchschauende doppelte Stofflage. Dies bedeutet, dass der Kreis oder die elliptische Grundform einfach zusammengefaltet wurde und sich auf diese Weise das Volumen steigerte. Das Zusammenfalten erfolgte nicht exakt an der Mittellinie, sondern etwas daneben, sodass sich am gebogten Ende zwei übereinander liegende Säume ergaben, die ihrerseits den Hang zur Bordierung unterstützten, da man zwei Saumkanten zur Verfügung hatte, die man mit Borten abschließen konnte. Eine andere Möglichkeit, einen Streifen anzubringen, bot sich entlang des Stoffbruches an der Faltkante, wobei sich dieser Streifen wohl des Öfteren als Naht erwies, an der zwei Stoffteile aneinander gefügt worden sind.

Die Wicklung der Toga kann in diesem Rahmen nur angedeutet werden. Die einfachste Art entspricht sicherlich der bei den Griechen beschriebenen Himationwicklung. Der Versuch, die Togawicklung erklären zu wollen, macht jedenfalls deutlich, wie weit sich der heutige Mensch von der Wickelkleidung entfernt hat! Die Unfähigkeit die Wickelkleidung in ihrem Wesen zu erfassen, gipfelt zumeist darin, diese als primitiv abzutun. Die Schwierigkeit besteht allenfalls darin, dass die Kreativität und die Perfektion einer gewickelten Kleidung heute nicht nachvollziehbar sind und daher nicht existent zu sein scheinen. Die Problematik für den heutigen Betrachter liegt darin, dass die äußere, sichtbare Schicht einer Toga jedenfalls die Raffinesse und die Tricks, die sich darunter befinden, nicht preisgibt. Dazu zählt die optimale Fixierung am Körper, die gleichzeitig jede gewünschte Bewegungsfreiheit zulässt.

Die Toga war mit Sicherheit keine Bandagierung, die den Körper einengte. Bewegungsschlitze, Überweiten wusste man ebenso zu gestalten wie integrierte Taschen (Sinus), Gürtelfunktionen (Balteus) oder auch einkalkulierte Überlängen für Kapuzen (Umbo). Das Anfangsende (Lacinia) der Toga bis zum Schluss des Wicklungsvorganges aufzubewahren, um es als letzte Schicht außen darüber zu wickeln, stürzt den späteren Betrachter in besondere Verwirrung.

Dass diese Perfektion auch für den Römer nicht alltäglich war, beweist die Tatsache, dass man sich mit steigender Verkomplizierung neben der Toga einfacherer Mantelformen bediente. Sowohl im Alltag als auch im überaus wichtigen militärischen Bereich erfand sich der Römer selbstverständlich zweckdienliche Mantelformen wie etwa das soldatische *Sagum*, das schlussendlich zur Ausformung und zur Wertschätzung der viel späteren Kreismäntel beigetragen hat, die im byzantinischen Bereich (z. B. Justinian, 527 bis 565, auf den Mosaiken von Ravenna) bereits zum Kaisermantel aufgestiegen waren und die Toga von dieser höchsten Position verdrängt hatten.

Textabbildung 6
Paludamentum (kreisförmiger Mantel) über kniekurzer Tunika als formelles Kaisergewand.
Kaiser Justinian und sein Gefolge, 532 begonnen, 547 geweiht, S. Vitale, Ravenna

Welt- und Menschenbild als Basis der Gewandgestaltung

Die Hintergründe, die zu dieser Zersetzung des römischen Nationalkleides geführt haben, können in diesem Rahmen nur angedeutet werden. Es sei nur an die wichtigsten Fakten erinnert, die zur Schwächung des römischen Imperiums beigetragen haben. Wenn wir bereits im Jahre 260 davon hören, dass Kaiser Gallenius eine Krise – sein Vorgänger war vom Perserkönig gefangen genommen worden – überwunden hat, indem er die Alemannen besiegte und gegen die Goten auf der Balkanhalbinsel gekämpft hat, und dass er auch die Sache mit den Christen wiederum in den Griff bekommen hat, dann sind damit schon die „Hauptfeinde" definiert: die nordischen Völker, die östlichen Völker und die Feinde im eigenen Land. Zeitweise konnte die Reichsmacht zwar wiederhergestellt werden, aber das Ende war nicht aufzuhalten. Eine weitere Schwächung nach außen muss wohl auch in der Teilung in West- und Ostrom (395) gesehen werden. Die germanische Unterwanderung Westroms fand schließlich ihren Abschluss in der Absetzung des Romulus Augustulus durch den Germanen Odoaker (Ende Westroms 476). Anzumerken bleibt noch, dass Ostrom als christliches Reich, in dem das Christentum Staatsreligion war, anzusehen ist. Der Bund der germanischen Staaten im Mittelmeerraum ist schließlich auch gegen Ostrom angetreten. Nach Justinian ist der zunehmend stärkere Zerfall des Reiches nicht mehr aufzuhalten. Eine weitere Gefahr entstand durch das kriegerische Vorgehen der Araber (Islam), die bereits 642/43 das Perserreich erobert hatten und über Nordafrika bis Spanien (711) vordringen sollten und von dieser nordafrikanischen Standlinie aus in den Mittelmeerraum vorgestoßen sind. Ostrom existierte oft nur mehr innerhalb der Mauern von Konstantinopel.

Dieser historische „Ausflug" war notwendig, um einerseits die Ursachen für das Ende der antiken (griechischen und römischen) Kleidung verständlich zu machen und andererseits die Bausteine, aus denen sich die mittelalterliche Kleidung bilden wird, anzukündigen.

Die Schwerpunkte, die der Römer in seiner Kleidung setzte, waren derart angelegt, dass sich fremde Einflüsse leicht integrieren ließen. Mit den Griechen verglichen, hatte eine Säkularisierung, eine Abflachung, eine Zurückdrängung der individuellen Kreativität eingesetzt, was sich im Bereich der Kleidung in einer leicht durchschaubaren Signalwirkung (Uniformmechanismen) gleichsam auf neutralem Untergrund darstellte. Dieser Standpunkt erwies sich im Rahmen der Vielfalt der Provinzen des Imperiums als sehr nützlich. Eine Parallele zur Kleidung lässt sich in diesem Zusammenhang im römischen Theater finden. Der Gottesdienstcharakter des griechischen Theaters mutierte in einem gewaltigen Säkularisierungsvorgang zum mehr oder weniger aufwändigen Spektakel, an dessen Realisierung sich ein ehrsamer Römer die Hände nicht beschmutzte. Man überließ dieses wenig angesehene Genre den Sklaven und anderen Untermenschen und man kaufte schlussendlich die fertigen Produktionen. Hier konnten sich die großen Gattungen, wie Tragödie und Komödie, nie wirklich durchsetzen. Die nötige Breitenwirkung erlangten nur die Pantomimenspiele. In Rom selbst erreichte man damit auch die untersten Bevölkerungsschichten, die besonders in der Wahlwerbung sehr wichtig genommen wurden, und in den Provinzen beeindruckte man damit die anderssprachigen Völker, denn der Pantomimus kommt in seiner tänzerischen und musikalischen Ausdruckskraft ohne Sprache aus. Der Pantomimus wurde im gesamten Imperium verstanden. Hier lässt sich ein ähnliches neutrales Grundschema erkennen, wie es auch in der Gewandgestaltung zu bemerken war. Auch im Bereich des Theaters ließ sich das Lokalkolorit besser einbauen als in einem sprachlich fixierten Drama.

Ähnlich den Kleidern übernahmen die Römer von den Griechen auch den fixfertigen Theaterbau, der sich in Griechenland in einer passenden Landschaftsstruktur gleichsam organisch, den Bedürfnissen entsprechend, entwickelt hatte. Die fertige Architektur, die ursprünglich mit dem geeigneten Bergeshang gleichsam verwachsen war, errichtete man nun mit amphitheatralischen Rängen in der Ebene, von der Landschaft losgelöst, als selbständiges Theatergebäude. Damit war der Theaterbau ebenfalls neutralisiert und konnte an jedem beliebigen Ort errichtet werden, ebenso wie sich auch die Tunika auf jede beliebige menschliche Schulter hängen hat lassen und auf diese Weise bereit war, aus dem Konglomerat des Imperiums brauchbare gewandmäßige Einflüsse aufzunehmen.

Bild-Anmerkungen

1 Tomba dei Leopardi, Tarquinia, 2. Viertel 5. Jh. v. Chr. Abbildung: Archiv der Abteilung Kostümkunde an der Universität für angewandte Kunst, Wien

2 Abukir, Kunst des römischen Ägypten, Mitte 3. Jh. n. Chr. Abbildung: Archiv der Abteilung Kostümkunde an der Universität für angewandte Kunst, Wien

3 Kaiserin Theodora, 6. Jh., Ravenna, San Vitale

4 Verkündigung, 432–440, Rom, Santa Maria Maggiore. Abbildung: Archiv der Abteilung Kostümkunde an der Universität für angewandte Kunst, Wien

5 Prozession der Jungfrauen, drittes Viertel 6. Jh., Ravenna, San Apollinare Nuovo. Abbildung: Archiv der Abteilung Kostümkunde an der Universität für angewandte Kunst, Wien

6 Aelia Flaccilla, um 400.
Abbildung: Archiv der Abteilung Kostümkunde an der Universität für angewandte Kunst, Wien

7 Siehe Anmerkung 5

8 „Gunthertuch",
Ende 10. Jh., Byzanz,
Bamberger Domschatz.
Abbildung: Archiv der Abteilung Kostümkunde an der Universität für angewandte Kunst, Wien

9 Römische Kunst in Spanien,
Ende 1. Jh., Barcelona.
Abbildung: Archiv der Abteilung Kostümkunde an der Universität für angewandte Kunst, Wien

2 Römer

Etrusker:

Kostümkundliche Literatur

Bonfante, L.: Etruscan Dress. Baltimore 1975

Cristofani, M. / Martelli, M.: L'oro degli Etruschi. Novara 1983

Hampel, Lucie: Über die Bekleidung der Etrusker. In: Lenzinger Berichte, Heft 21, Mai 1966

Kunsthistorische Literatur mit kostümgeschichtlich brauchbaren Abbildungen

Bianchi Bandinelli, R. / Giuliano, A.: Etrusker und Italiker vor der römischen Herrschaft. Die Kunst Italiens von der Frühgeschichte bis zum Bundesgenossenkrieg. In: Universum der Kunst. München 1974

Bloch, R.: Die Kunst der Etrusker. Stuttgart 1966

Ducati, P.: Die etruskische, italo-hellenistische und römische Malerei. In: Geschichte der italienischen Malerei in Einzeldarstellungen. Wien 1941

Ducati, P.: Etruskische Plastik. Novara 1942

Matt, L. v. / Moretti, M.: Kunst und Land der Etrusker. Zürich 1969

Moretti, M.: Etruskische Malerei in Tarquinia. Köln 1974

Pallottino, M.: La peinture etrusque. In: Les grandes siècles de la peinture. Genf 1952

Pallottino, M.: Etruskische Kunst. Zürich 1955

Pallottino, M.: Etrusker. In: Leben in Italien. Anno VIII, Nr. 24, Bergamo 1957

Richardson, E. H.: Etruscan Votive Bronzes. Mainz 1983

Römer:

Kostümkundliche Literatur

Balsdon, J. P. V. D.: Roman Women. Their History and Habits. New York 1962

Goette, H. R.: Studien zu römischen Togadarstellungen. Mainz 1990

Oehler, H.: Untersuchungen zu den männlichen römischen Mantelstatuen. Der Schulterbauschtypus. Berlin 1961

Sebesta, J. L. / Bonfante, L.: The World of Roman Costume. The University of Wisconsin Press. Madison 1994

Wilson, L. M.: The Roman Toga. Baltimore 1924

Wilson, L. M.: Clothing of Ancient Romans. Baltimore 1938

Kunsthistorische Literatur mit kostümgeschichtlich brauchbaren Abbildungen

Bianchi Bandinelli, R.: Rom. Das Zentrum der Macht. Die römische Kunst von den Anfängen bis zur Zeit Marc Aurels. In: Universum der Kunst. München 1970.

Bianchi Bandinelli, R.: Rom. Das Ende der Antike. Die römische Kunst in der Zeit von Septimius Severus bis Theodosius I. In: Universum der Kunst. München 1971

Bendazzi, W. / Ricci, R.: Ravenna: Mosaics, Art History, Archeology, Monuments, Museums. Ravenna 1987

Brenk, B.: Spätantikes und frühes Christentum. In: Propyläen Kunstgeschichte, Suppl. vol. 1. Berlin 1977

British Museum, Department of British and Medieval Antiquities. Guide of the Roman Britain. London 1951

Grabar, A.: La Peinture Byzantine. In: Les grandes siècles de la peinture. Genf 1953

Grabar, A.: Byzantinische Mosaiken. In: Unesco Sammlung der Weltkunst. Bd. 13. München 1959

Grabar, A.: Die Kunst des frühen Christentums. Von den ersten Zeugnissen christlicher Kunst bis zur Zeit Theodosius I. In: Universum der Kunst. München 1967

Grabar, A.: Die Kunst im Zeitalter Justinians. Vom Tod Theodosius I. bis zum Vordringen des Islam. In: Universum der Kunst. München 1967

Maiuri, A.: Pompejanische Wandbilder. Berlin 1938

Maiuri, A.: La Peinture Romaine. In: Les grandes siècles de la peinture. Lausanne 1953

Matt, L. v.: Die Kunstsammlungen der biblioteca apostolica Vaticana. Rom, Köln 1969

Meer, F. van der / Mohrmann, Ch.: Bildaltlas der frühchristlichen Welt. Amsterdam 1959

Noll, R.: Die Kunst der Römerzeit in Österreich. Salzburg 1949

Oakeshott, W.: Die Mosaiken von Rom. Wien, München 1967

Obermayer, Au.: Kelten und Römer am Magdalensberg. Wien 1971

Rice, D. T.: Kunst aus Byzanz. München 1959

Saverkina, I. I.: Römische Sarkophage in der Eremitage. Berlin 1979

Simson, O. G. von: Sacred Fortress: Byzantine Art and Statecraft in Ravenna. Chicago 1988

Volbach, W. F.: Frühchristliche Kunst der Spätantike in West- und Ostrom. München 1958

Volbach, W. F.: Elfenbeinarbeiten der Spätantike und des frühen Mittelalters. Mainz 1976

Wessel, K.: Koptische Kunst. Die Spätantike in Ägypten. Recklinghausen 1963

Wheeler, M.: Römisches Afrika in Farben. München 1968

Wilpert, J.: Die römischen Mosaiken und Malereien der kirchlichen Bauten vom 4. bis zum 13. Jahrhundert. Bd. 1–4. Freiburg im Breisgau 1916

Zaloscer, H.: Portraits aus dem Wüstensand. Wien 1961

Zaloscer, H.: Die Kunst im christlichen Ägypten. Wien 1974

3 | Mittelalter

Einleitung, kostümhistorischer Hintergrund

Um das Mittelalter (10.–15. Jahrhundert) in seiner Bedeutung für die Entwicklung der europäischen (westlichen) Kleidung erfassen zu können, wird es notwendig sein, die geschichtliche Ausgangsposition zu verdeutlichen. Da die mittelalterlichen Gewänder nicht selten als langweilige gleich bleibende Hemdkittel angesehen werden, wird es umso wichtiger sein, die Interpretation auf mehreren Ebenen zu versuchen. Das 15. Jahrhundert wird getrennt als spezielle Einheit betrachtet werden, da es wichtig erscheint, die Überschneidungen von Mittelalter und Neuzeit, die in diesem Säkulum stattfinden, gesondert hervorzuheben.

Ausgangsposition

Zunächst fällt auf, dass die konsequente und starke Einheitlichkeit, die sich vorerst in der mittelalterlichen Startposition der Gewandentwicklung zeigt, wahrscheinlich dadurch zustande gekommen war, dass die vielen Menschen und Völker, die zum Untergang der Antike beigetragen hatten, eine ähnliche Einstellung zur Kleidung zeigten, was auch ähnliche formale Ausbildungen ergeben hatte. Es waren nicht nur die nordischen Völker, sondern auch die Völker des Ostens, die ein körpernahes, funktionsbedachtes Gewand bevorzugten, und diesen Einflüssen gegenüber begegneten die Römer, wie beschrieben, recht empfänglich. Das Funktionieren der Gewänder im Norden und im Osten hängt mit der Lebensweise dieser Menschen, nämlich mit dem Nomadisieren, mit dem Reitervölkertum und nicht zuletzt mit Vertriebenwerden durch andere Völker zusammen. Auch die raueren klimatischen Verhältnisse haben das Ihrige zu der Hemdkittel-Hosen-Kleidung beigetragen. Skythen, Parther, Perser, Sassaniden, später die osmanischen Türken sowie die germanischen Völker und die Kelten haben schließlich die Zersetzung der südlichen Kleidung der antiken Stadtkulturen verursacht. Die opportunistische Gewandeinstellung der Römer den eroberten und zu erobernden Völkern gegenüber beschleunigte diesen Vorgang. Erwähnenswert erscheint in diesem „funktionellen" Zusammenhang auch der Schwerpunkt, den die Römer mit ihrer Soldatenkleidung setzten. Die Wichtigkeit des Heeres und damit auch der soldatischen Kleidung gipfelt in der Tatsache, dass der höchste Rang, der in der Imperatorenkleidung zu vergeben war, der Ausstattung des siegreichen Feldherrn zukam, der in einer gleichsam „vergoldeten" Soldatenkleidung auftritt. Da der römische Krieger – unabhängig von seinem Rang – auf wallende voluminöse Gewänder verzichten musste, hat die Hochschätzung der kniekurzen Tunika nicht lange auf sich warten lassen. Damit war man den östlichen und nordischen Völkern schon sehr nahe gekommen. Unterstützt wird dieses Faktum noch durch die Übernahme der östlichen oder nordischen Hose, die unter der kniekurzen Tunika des römischen Soldaten (bis hinauf zu den Feldherren) quasi als Unterhose hervorlugt. Kriegs-, Nomaden-, Reiter-, ja sogar Hirten- und Bauernkleidung treffen sich hier im Bereich des Zweckdienlichen. Geadelt sehen wir den kniekurzen Hemdkittel – vervollständigt durch Purpurbeinlinge – in der nun nicht mehr speziell soldatischen Verwendung durch den Kaiser (z. B. Justinian), der darüber das voluminöse kreisförmige Purpur-Paludamentum trägt. Dieses breite Fundament, auf dem sich die mittelalterliche, mitteleuropäische Kleidung zu entwickeln begann, sollte schließlich bis zum 12. Jahrhundert halten. Hier beginnt gleichsam eine europäische Verselbständigung, die auch eigene kultivierte Gewandformen hervorzubringen vermochte.

Das Ende der antiken Welt, die Zeit der Völkerwanderung und das Vordringen des Islam hatten den alten Kulturraum der Mittelmeerländer und das neu entstehende Mitteleuropa derart durchgeschüttelt, dass es etwa bis zum 9. Jahrhundert gedauert hat, bis alle Beteiligten ihre endgültigen Wohnsitze erreicht hatten. Zur Beruhigung der Situation hatten nicht zuletzt die Franken beigetragen. Sie waren es, die als letztes nordisches Volk mit dem römischen Imperium in Berührung gekommen waren und ihre unverbrauchten Reserven dem verworrenen Kräftespiel entgegensetzen konnten. Mit der Kaiserkrönung Karls des Großen am Weihnachtstag 800 in Rom und mit der damit verbundenen Gründung des „Heiligen Römischen Reiches Deutscher Nation" war die Veschiebung des politischen und kulturellen Schwerpunktes in mitteleuropäische Bereiche besiegelt worden. Dies bedeutet jedoch keinen Bruch mit den Resten antiker Kultur, denn unter Karl z. B. wurde antike Bildung groß geschrieben! Dieser antiken Bildung konnte man allerdings nur mehr in der byzantinischen Prägung habhaft werden, denn auch das erstarkende Papsttum leitet sich nicht unmittelbar von der römischen Antike her, sondern hat als oströmisches Dukat (Justinian) einiges von der byzantinischen Dominanz abbekommen. Diese Spuren waren selbst dann nicht mehr auszulöschen, als es 1054 zum Bruch zwischen dem Papst in Rom und der Ostkirche gekommen war.

Die Gründung des Heiligen Römischen Reiches Deutscher Nation bedeutete jedoch keine Garantie für einen Dauerfrieden. Diese mittelalterliche Reichsidee von einem einheitlichen Europa musste immer wieder mit Kriegen akzentuiert werden. Schon 843 war es im Vertrag zu Verdun zur Teilung des Frankenreiches in germanisches und romanisches Sprachgebiet gekommen. Die vielen Kriege und Streitigkeiten anzuführen, die das Werden und das Bestehen des mittelalterlichen Europa begleiteten, sind im Einzelnen für die kostümkundliche Interpretation nicht von Bedeutung. Dass es galt, einzelne Stämme dem Reich einzuverleiben, dass Feinde von außen abzuhalten waren, dass die Normannen ihre Raubzüge begannen, dass Papst und Kaiser in Streit gerieten, dass es Thronstreitigkeiten gab usw., muss im Detail vernachlässigt werden.

Auf ein Kulturereignis muss allerdings speziell hingewiesen werden: auf die Ausbreitung und Konsolidierung des Christentums in Europa. Einen gewissen Zusammenhalt der mittelalterlichen Kultureinheit bildete nicht zuletzt diese, nicht immer ganz friedliche, Christianisierung Mitteleuropas.

Kostümkundliche Interpretation

Textabbildung 1
Unterschiedliche Ausformung der weltlichen und geistlichen Kleidung zur Zeit Justinians. Kaiser Justinian und sein Gefolge, 532 begonnen, 547 geweiht, S. Vitale, Ravenna

Der kostümkundlichen Interpretation mittelalterlicher Gewänder soll ein Faktum vorangestellt werden, das sich aus der Erstarkung und Wertschätzung des Christentums ableiten lässt. Es fällt auf, dass die geistlichen Würdenträger auf den erwähnten Mosaiken von Ravenna deutlich anders gekleidet sind als die weltlichen Honoratioren und auch anders als der Kaiser (Justinian). Der spätere Betrachter nimmt diese Tatsache meist als unreflektierte Gegebenheit hin. Die geistlichen Herren tragen lange und weite Hemdgewänder, während die weltliche Elite, wie auch der Kaiser, in die kniekurze enge Tunika gekleidet sind (siehe Textabbildung 1). In der weiteren Entwicklung kommt es zu einer Verschiebung der Wertigkeiten. Die aus der römischen Antike tradierte Hochschätzung des Soldatengewandes, die in der kurzen kaiserlichen Tunika ihren Niederschlag gefunden hat, soll in der mittelalterlichen Zukunft von der langen liturgischen Albe, die schlussendlich auch der „erstarkte" Papst trägt, abgelöst werden.

Die Herrscher des 9. und 10. Jahrhunderts scheinen sich mit der langen Tunika noch nicht besonders angefreundet zu haben, wie die Bildquellen zeigen. Die meist sitzend dargestellten Potentaten zeigen sich fast immer noch mit hochgerutschten Gewandsäumen und lassen ihre mit kostbarsten Borten gewickelten, in Beinlingen steckenden Waden sehen.

Erst im 12. Jahrhundert sollte sich die Bodenlänge in der Herrscherkleidung endgültig durchsetzen. Und es waren nicht nur die Herrscher in dieser inzwischen etablierten Feudalgesellschaft, welche die langen Gewandsäume annahmen, sondern auch die gesamte ritterliche Oberschicht hüllte sich in lange, bisweilen überlange Gewänder. Diese ritterliche Gesellschaft hatte eine neue Aufgabe gefunden: Mit dem erstarkten Christentum hatten Papst und Kaiser sich zumindest von 1096 bis 1291 ein gemeinsames Ziel gesetzt, die Kreuzzüge. Man fühlte sich nun stark genug, um die „heiligen Stätten der Christenheit" von den Heiden zurückzugewinnen. Detailliertere historische Daten werden für die mittelalterliche und auch für die weitere europäische Kostümgeschichte nur insofern von Wichtigkeit sein, als sie eine Verschiebung im europäischen Kräftespiel bedeuten. Ein kostümgeschichtliches Faktum sei damit vorweggenommen: Derjenige, der in Europa die Macht besitzt, setzt auch die Akzente in der Entwicklung der Kleidung.

Textabbildung 2
Frühmittelalterliche Herrscherkleidung aus dem 9. Jahrhundert. Karl der Kahle, 870, Saint-Denis (?), Codex Aureus von Sankt Emmeram in Regensburg. München, Bayerische Staatsbibliothek

12. Jahrhundert

Die kostümliche Erstarkung der mitteleuropäischen Kleidung zeigt sich zunächst in einer Übertreibung in der Formgebung. Akzente werden gesetzt und müssen sich auch durchsetzen. Etwas Neues muss immer erst auf sich aufmerksam machen, um angenommen und damit auch verbreitet werden zu können. Es findet eine manierierte Verlängerung und eine Verengung der Kleidung statt. An der männlichen und an der weiblichen Oberkleidung, die nun schon eine selbständige kostümgeschichtliche Bezeichnung bekommen hat, an der *Cotte* (in der deutschen Minnedichtung eigentlich: rôc) stauen sich gleichsam die Falten, nicht nur am Hemdstock, sondern auch an den Ärmeln. Der tradierte Fixierungspunkt der Hemdgewänder, lang oder kurz, ob im Norden, Osten oder im antiken Mittelmeerraum, war die Schulternaht, die ein Hängen an der Schulter erlaubte. Der Gürtel brachte eine zusätzliche Fixierungsmöglichkeit. Nun schafft man die Möglichkeit, durch die Verengung der Röhren eine flächige Fixierung um den Körper und auch um die Arme zu erreichen. Hemdstock und Ärmel stecken gleichsam am Körper fest. Die Bewegungsmöglichkeit ergibt sich durch die Überlänge am Hemd selbst und an den Ärmeln. Durch diese beachtliche Überlänge, gepaart mit der Engheit des Gewandes, entstehen jede Menge Querfalten, die nicht nur für die Maler (Handschriften) und Bildhauer eine darstellerische Möglichkeit bedeuteten, sondern die auch eine tatsächliche Kostümfunktion beinhalteten. Besonders an der Schulter, am Ellbogen und an der Taille bilden die zusammengeschobenen Querfalten eine Art Gelenkstelle, die Bewegungsfreiheit gewährt. Von der Taillenlinie abwärts bis zum Saum hin zeigen sich hingegen jede Menge Längsfalten. Einerseits lässt sich damit die Bewegungsfreiheit für die Beine in die Cotte integrieren, und andererseits lässt sich in der kostspieligen Materialfülle die hohe soziale Stellung des Trägers zum Ausdruck bringen. Den plötzlichen Übergang von den Querfalten des Oberkörpers zu den üppigen Längsfalten des Rockes hat man vermutlich durch das An- und Einsetzen von Keilen, besser von Kreissektoren bis zum Halbkreis oder vielleicht sogar darüber hinaus, erreicht. Wir haben davon keine Überlieferung und können nur aus späteren Funden rückschließen. Den Materialwert wusste man außerdem durch die Verwendung von kunstvollen brettchengewebten Borten, die alle Gewandkanten und Säume zierten, zu steigern.

Die Verengung der Cotte brachte jedoch ein weiteres kostümtechnisches Problem mit sich. Man musste sich um Verschlüsse kümmern, da man in die engen Hemden ohne diese nicht hineingelangen hätte können.

Im Bereich des Oberkörpers hat man sich vermutlich mit den Längsnähten geholfen, die man nicht endgültig zunähte, sondern mit einer temporären Schnürung ausgestat-

Textabbildung 3
Das verengte Oberteil hat einen Verschluss notwendig gemacht. Seitlich geschnürte Frauen-Cotte, 12. Jahrhundert. Die Geometrie, 1200, Kloster Aldersbach. Abbildung: Archiv der Abteilung Kostümkunde an der Universität für angewandte Kunst, Wien

tet hat, sodass man die anzukleidende Person – ähnlich einem Mieder – in ihre Cotte einschnüren konnte. Die zweite Problemzone bezüglich des Verschlusses ergab sich im Halsbereich. Einerseits sollte die knappe Passform um die Schultern nicht zerstört werden und andererseits musste man mit dem Kopf durch den Halsausschnitt hindurchschlüpfen. In der Tradition der römischen Tunika kannte man nur den quer verlaufenden Halsschlitz, der gerade so weit geöffnet war, dass man den Kopf durchstecken konnte und das Hängen des Gewandes an der Schulter dadurch nicht gestört wurde. Nun suchte man eine enge Fixierung des Gewandes um den Schultergürtel und um den Corpus zu erreichen. Die Öffnung der Schulternaht im antiken Sinn war nun nicht mehr tragbar. Man wagte sich an die bewusste Gestaltung des Halsloches mit dem Ziel des genauen Anpassens an die anatomische Gegebenheit. Eine Möglichkeit ergab sich in der Annahme eines zu kleinen kreisförmigen Halsausschnittes, der dazu zwang, einen Halsschlitz anzubringen, um das Durchschlüpfen des Kopfes zu erlauben. Dieser Schlitz ließ sich nun entweder mittels einer Brosche öffnen und schließen, oder man kippte die Ecken einfach nach außen um, sodass mit Absicht ein einfacher Kragen entstand, der sich zumeist farblich oder materialmäßig kontrastierend abhob.

Eine Variante ergab sich durch das Abschneiden dieser Kragenecken, wodurch sich ein V-förmiger Ausschnitt bildete, den man meist mit den erwähnten kostbaren brettchengewebten Borten besetzte und auf diese Weise gleichzeitig eine Kantenfestigung dieser sehr beanspruchten Gewandzone erreichte. Spuren dieser bewussten Ausschnittgestaltung lassen sich bereits im 11. Jahrhundert feststellen.

Einen weiteren Fixierungspunkt erkannte man im Ärmelansatz. Die Cotte des 12. Jahrhunderts erhält nicht zuletzt ihre exakte Anpassung im Bereich des Schultergürtels durch beinah zu enge Armlöcher. Daran sitzen die beschriebenen im Bereich des Oberarms überengen, überlangen Ärmelröhren, die an der Schulter durch die zusammengeschobenen Querfalten gleichsam ein Gelenk bilden, um Spielraum für die Armbewegung zu geben. Diese Ärmel verwendet man aber auch zur Akzentuierung der Gesamtsilhouette. Nicht nur im Bereich des Hemdstocks unterstreicht man den engst umschlossenen Oberkörper durch den weit ausschwingenden Rockteil, sondern auch im Ärmel wird dieses Gestaltungsprinzip wiederholt: Der den Oberarm aufs engste umschließende, Querfalten bildende Ärmel endet in einer immens weiten Manschette, deren Saum nicht nur bodenlang, sondern vielfach am Boden schleppend gestaltet erscheint. Die Überlänge der Cottenärmel wird übrigens in die Körperbewegung mit einbezogen. Die erweiterten Manschetten werden nicht immer schleppend getragen, sondern bisweilen um den Unterarm herumgeschlungen (siehe große Abbildung 1) oder auch von der anderen Hand erfasst und gehalten. Diese übertriebene Eng-Weit-Silhouette des 12. Jahrhunderts erweist sich als eine absolute Neuheit in der bisherigen Kostümentwicklung und darf somit als Ausdruck der Verselbständigung, der Ablösung von den Traditionen der römischen Spätantike bzw. von Byzanz angesehen werden.

Die Cotte zeigt sich jedenfalls als Schwerpunkt der Gewandgestaltung. Alle anderen Kleidungsstücke treten in den Hintergrund. Der Mantel erscheint derart dezimiert, dass er den Blick auf die Cotte nicht verdecken kann (siehe Textabbildung 3). Unter der Cotte wird offensichtlich dann eine zweite Cotte getragen, wenn die eigentliche äußere Cotte mit den langen weiten Schleppärmeln ausgestattet ist und den Blick auf den nackten Unterarm freigeben würde, wird dort ein zweiter langer enger Ärmel sichtbar (siehe große Abb. 1). Bisweilen zeigt sich auch im erwähnten V-Ausschnitt ein darunter liegender Halsschlitz, der auf ein unterhalb getragenes Gewand schließen lässt (siehe Textabbildung 4).

Textabbildung 4
Bortenbesetzter V-förmiger Ausschnitt der Cotte, darunter kantenbesetztes Halsloch mit Schlitz (Hemd, „Chainse").
Thronende Madonna, um 1160, Zülpich-Hoven, Kloster Marienborn

GRAMMATICA
PRISCIANUS
Per me scribendi patet ars recte
loquendi

Männer- und Frauenkleider unterscheiden sich im 12. Jahrhundert in der zugrunde liegenden Konstruktion noch nicht voneinander. In der Materialwahl und in der Ausgestaltung wird ein Unterschied erkennbar gewesen sein, ebenso in der Länge und Üppigkeit des Gewandsaumes. Die Männer trugen bodenlange bis knöchellange Cotten, während die Frauen überlange Cotten bevorzugten, in deren Saum sie förmlich drinnen stehen. In der Ritterdichtung wird dieses Umspielen der weiblichen Füße mit dem Gewandsaum immer wieder poetisch zum Ausdruck gebracht.

Die Selbständigkeit der mitteleuropäischen Kostümentwicklung wird wohl dadurch besonders unterstrichen, dass die Bezeichnung dieses Kostümstückes nun nicht mehr umschrieben oder mit einem lateinischen Ausdruck belegt werden muss, sondern dass sich mit „Cotte" (rôc) eine eigene Bezeichnung gebildet hat. Der Ausdruck leitet sich vom altfränkischen „Kotta", was so viel wie Obergewand bedeutet, her.

Große Abbildung 1
Männer- und Frauenkleidung im 12. Jahrhundert. Der eng umschlossene Oberkörper wird mit Überweite und Überlänge des Rockes sowie der Ärmelendigungen kontrastiert.
Die Grammatik und der Grammatiker Priscianus, 1200, Kloster Aldersbach.
Abbildung: Archiv der Abteilung Kostümkunde an der Universität für angewandte Kunst, Wien

13. Jahrhundert

Die etwas ungestümen Kostümentwicklungen des 12. Jahrhunderts werden im 13. Jahrhundert ausgeglichener, harmonisch, fast klassisch. Es sieht so aus, als ob man auf allen Gebieten die noch etwas ungelenke, neu entdeckte mitteleuropäische Selbständigkeit nun mit dezenteren, aber perfekteren Formen zum Ausdruck bringen wollte. Um die Mitte des 13. Jahrhunderts lässt sich förmlich so etwas wie ein gesamteuropäischer klassisch vollendeter Stil beobachten, der auch die Gewandentwicklung nicht ausgenommen hat. Man war frei geworden im Gestalten, da man nun auch die arabischen Wissenschaften und Künste genauso verarbeitet hatte wie auch die normannischen Einflüsse. Auf eine historisch-politische Parallele sei hingewiesen, auf die Persönlichkeit Friedrichs II. (1215–1250), Sohn Kaiser Heinrichs VI. und der normannischen Prinzessin Konstanze, der Erbin von Sizilien. Friedrich war nicht nur deutscher Kaiser und König, sondern auch König von Sizilien und Jerusalem. Fallweise trug Friedrich auch die eiserne Krone der Lombardei und die burgundische Krone. Neben seinen politischen Betätigungen, die nicht mehr oder minder grausam abliefen, wie dies in seiner Zeit üblich war, hören wir von Friedrich als hochgebildetem Mann und als feinsinnigem Künstler. Mit Friedrich allerdings scheint auch die klassische, mittelalterliche Hochblüte erreicht und gleichzeitig beendet zu sein. 1268 wird sein

Sohn Konradin (der letzte Staufer) in Neapel enthauptet, und damit beginnt das Interregnum, die „kaiserlose, die schreckliche Zeit". Fast gleichzeitig endet auch der letzte Kreuzzug, ebenfalls eine beachtenswerte Zäsur. Damit sei angedeutet, dass sich in der zweiten Hälfte des 13. Jahrhunderts Neuerungen vorbereiten, die sich allerdings erst im darauf folgenden Säkulum kostümhistorisch auszuwirken beginnen.

Die zentrale Stellung der *Cotte*, mit deren Hilfe man im 12. Jahrhundert die mitteleuropäische Verselbständigung nachdrücklichst und spektakulär demonstrierte, wird nun im wahrsten Sinn des Wortes gelockert. Die Gegensätze von eng und weit werden ausgeglichen, was jedoch durchaus keinen Rückschritt zu bedeuten hat, da man die Anpassung an Hals- und Schultergürtel beibehält und es versteht, auf den (quer)faltigen Ärmelansatz zu verzichten, um diesen durch komplizierteren Zuschnitt und eine raffinierte Nahtführung zu ersetzen. Das harte Aufeinandertreffen von Quer- und Längsfalten an der Taillenlinie wird nun durch ausgeklügelte Keilkonstruktionen gemildert, sodass die Oberweite noch knapp umschlossen erscheint, während der Kleidsaum in üppigen Falten ausschwingt. Zur Erinnerung an die schmale Taille des vorangegangenen Jahrhunderts trägt man am Anfang oft noch einen tailleneinengenden Gürtel.

Textabbildung 5
Cotte mit knappem Sitz um Hals, Schultern und Oberweite. Radikale Erweiterung zum Saum hin. Synagoge, Südportal der Kathedrale Notre-Dame in Straßburg, um 1230

Große Abbildung 2
Ärmelloser Surkot mit darunter getragener langärmliger Cotte für Mann und Frau.
Herr Werner von Teufen, nach 1300, Miniatur aus der Manesse-Liederhandschrift, Fol. 69 r.

Die Lockerungen lassen es nun auch zu, das Zusammenspiel der zwei übereinander getragenen Cotten weiter auszubauen. Es entwickelt sich eine betont kreative Doppelkleidgestaltung im Oberkleidbereich. Es ergeben sich förmlich zwei gleichwertige Cotten, die man nun auch bezeichnungsmäßig auseinander zu halten versucht. Offensichtlich wurde für die langärmlige Form – ob sie nun unterhalb oder von außen sichtbar als oberkleidmäßiges Kleidungsstück getragen worden ist – der Name Cotte weiterverwendet, während das äußere Hemdgewand, das man mit kürzeren und auch weiteren Ärmeln ausstattete oder das überhaupt ärmellos gearbeitet war, vermutlich als *Surkot* (mittelhochdeutsch sorkôt) bekannt wurde. Diese oberkleidmäßige Doppelkleidgestaltung musste bisweilen auch das Überkleid ersetzen, da die Kreismäntel in die Repräsentation abgedrängt waren. Zu diesem Zweck wurde der Surkot aus festerem Stoff genäht und nicht selten mit Pelz gefüttert. Dies bedeutet aber, dass in dieser Zeit das überkleidmäßig verwendete Kostümstück, besagter Surkot, hemdartig über den Kopf gezogen werden musste und man nicht so einfach in die Ärmel hineinschlüpfen konnte, wie das der neuzeitliche Mensch mit seinem Mantel zu tun pflegt. Trotz dieses Desinteresses an einem Überkleid in modernem Sinn lassen sich bereits Ansätze zu diesem aufspüren.

Es ist vor allem der Repräsentationsmantel, der *Tasselmantel*, der – zwar noch im Rahmen des tradierten Radmantels – Veränderungen zeigt. Das von Byzanz überlieferte Paludamentum wurde auf der rechten Schulter geschlossen, der mittelalterliche Tasselmantel hingegen vorne in der Mitte. Dies bedeutet nicht

Textabbildung 6
Tasselmantel (Repräsentationsmantel) für Mann und Frau. Kaiser Otto I. und Kaiserin Adelheid, 2. Hälfte 13. Jh., Meißen, Dom, Hoher Chor

nur ein einfaches Verschieben des Schulterverschlusses, sondern vielmehr eine bewusste Akzentuierung des Mittelverschlusses. Zu diesem Zweck brachte man links und rechts je eine Tasselscheibe an, die mit dem Tasselband zusammengehalten wurde. Diese Konstruktion trug schlussendlich dazu bei, dass man den Radmantel nun nicht mehr asymmetrisch um die Schulter tragen konnte, sondern dass man ihn exakt symmetrisch vom Rücken her über beide Schultern hängen musste, wobei das Tasselband, wenn immer möglich, mit dem rechten Zeigefinger gehalten wurde, und zwar indem der Finger regelrecht in das Band eingehakt wurde (siehe Textabbildung 6). Auf diese Weise hat man das Gewicht des Mantels im wahrsten Sinn des Wortes in den Griff bekommen; eine typische Geste, die im 13. Jahrhundert in den kostümkundlichen Quellen europaweit immer wieder anzutreffen ist. Bleibt noch anzumerken, dass der Tasselmantel kunsthistorisch sicherlich wichtiger ist (z. B. Stifterfiguren in den Domen) als kostümgeschichtlich, da er hier auf die repräsentativen Gewandformen eingeengt erscheint.

Unter all dieser Kleiderpracht trugen Männer und Frauen vermutlich noch ein Wäschehemd, das mehr oder weniger den Cottenschnitt wiederholte.

Das Grundkonzept der männlichen und weiblichen Kleidung war noch immer dasselbe. Die Unterschiede beschränkten sich auf die Materialwahl und auf die Ausgestaltung.

Das weibliche Kennzeichen der Cotte war nach wie vor die Überlänge. Es war nicht das Dekolleté, der Busen, die schmale Taille oder die breite Hüfte, die zur Darstellung des Femininen eingesetzt wurden, sondern das Spiel mit dem kostbarst besetzten, in Länge und Breite überdimensionierten Gewandsaum (siehe auch Textabbildung 6). Die weiblichen Bewegungen resultieren gleichsam

Textabbildung 7
Überlange Frauenkleidung und knöchellange Männerkleidung als mittelalterliches Signal für „männlich" und „weiblich".
Herr Meinloh von Sevelingen, nach 1300, Miniatur aus der Manesse-Liederhandschrift, Fol. 120 v.

aus diesem Faktum. Die Konzentration der Trägerin auf diese Gewandzone durfte nie nachlassen. Man war permanent damit beschäftigt, den Gewandsaum in weiblicher Manier zu bewältigen. Auch in der gesamten Silhouette wirkte sich die Überlänge aus. Es ist schlussendlich sehr bestimmend für die Kontur einer gewandeten Gestalt, ob die Falten eines Kleides am Boden aufstehen, oder ob sie im Falle eines bodenscheuen Saumes frei hängend in Erscheinung treten, wie dies die männliche Variante der Cotte und des Surkot (siehe Textabbildung 6 und 7) deutlich macht.

Textabbildung 8
Erhaltenes Originalgewand mit angesetzten Keilen. Auf dieser Art von Keilkonstruktion basieren alle mittelalterlichen Hemdgewänder. Cotte des Bocksten-Mannes, 14. Jh., Varberg Museum. Abbildung: Archiv der Abteilung Kostümkunde an der Universität für angewandte Kunst, Wien

Männliche und weibliche Hemdgewänder unterscheiden sich weiters durch einen bisher unerwähnt gebliebenen Akzent: durch den männlichen Reitschlitz. Besonders dann, wenn lange Hemdgewänder aktuell waren (auch schon im 11. und im 12. Jahrhundert), musste das Hemd vorne und rückwärts geschlitzt werden, um dem Mann die Möglichkeit zu geben, im Krieg, im Turnier, auf der Jagd und nicht zuletzt im Alltag auf dem Pferd optimal sitzen zu können. Die Frauen mussten viel weniger oft das Pferd benützen, und dann ritten sie im Damensitz auf eigens geschulten Pferden. Der Reitschlitz wurde auf diese Weise zum männlichen Attribut und ist auch im Rahmen der Gesamtsilhouette dementsprechend hervorgehoben worden. Vor allem bot sich die Möglichkeit, den Schlitz an der Vorder- und Rückseite des Gewandes reversartig nach außen zu schlagen, um den kostbaren Futterstoff sehen zu lassen (siehe Textabbildung 7).

An dieser Stelle sei, stellvertretend für die Keilkostüme überhaupt, ein technisches Detail erwähnt. Der Schlitz wurde nicht simpel eingeschnitten oder eine etwaige Naht offen gelassen, sondern an den Schlitz wurde rechts und links jeweils ein oft recht breit dimensionierter Keil angesetzt. Durch diesen Trick konnte der mittelalterliche Schlitz, im Gegensatz zu seinen modernen Nachfahren, nicht auseinander klaffen. Der Gesamteindruck der faltigen Cotte wurde dadurch nicht zerstört.

Im selben Zuschnitt, nur ärmellos, war auch das *Wappenkleid* des Ritters gefertigt. Dieses Kostümstück trug der im Krieg oder im Turnier kämpfende Ritter über seinem Kettenhemd. Die Farben und die Wappen, welche die Oberfläche des Wappenkleides schmückten, zeigten an, wer sich unter der sehr stark vermummenden Schutzkleidung befand. Ein weiterer, vielleicht wichtigerer Zweck kommt diesem ärmellosen Hemdgewand noch zu: Es wehrte die Sonneneinstrahlung auf das darunter liegende metallene Kettenhemd ab. Dies wird besonders in südlichen Breiten (Kreuzzüge) von besonderer Wichtigkeit gewesen sein. Außerdem ließ sich die Position von eventuellen Plattenverstärkungen am Kettenhemd mit dem Wappenkleid tarnen. Da auch die *Kriegskleidung des Ritters* im 13. Jahrhundert gleichsam einen klassischen Höhepunkt erreicht hat, wird es notwendig sein, die erwähnten Kleidungsstücke kostümkundlich zu komplettieren. Das Material des Kettenhemdes bestand aus unzähligen geschmiedeten, verschweißten oder vernieteten Eisenringlein. 200.000 Ringe waren nötig, um den langärmligen, mit angearbeiteten Fäustlingen und Kapuze ausgestatteten Ringelpanzer herzustellen. Das Gewicht ist mit 12 bis 15 kg anzusetzen. Diese Schutzpanzerung des europäischen Reiterkriegers soll von den Kelten aus dem 1. vorchristlichen Jahrhundert stammen, von hier hätte sich die Verwendung dieser Kriegskleidung in den Vorderen Orient ausgebreitet. Der Ringelpanzer hatte gegenüber dem Plattenpanzer den Vorteil, dass sich der Krieger damit frei bewegen konnte, auch wenn Ärmel, ein Rockteil und eine Kapuze vorhanden waren. Mit dem antiken Brustpanzer ließ sich wegen der Starrheit des Materials nur der Brustkorb (bezeichnenderweise nannten die Griechen ihren Brustpanzer Thorax!) schützen. Schultergelenke, Hals und Hüftgelenke mussten daher weitgehend ungeschützt bleiben. Kam nun ein Ritter mit der Stichwaffe des Feindes in Berührung, verfestigten sich die Ringe durch den Druck an der betreffenden Stelle zu einer abwehrenden Fläche. Trotzdem kam es bisweilen zu einem Durchstechen des Kettenhemdes. In diesem Fall gab es die bösesten Verletzungen mit sicherem tödlichem Ausgang, da die zerfetzten Ringe in die Wunde hineingestochen wurden. Man versuchte die Situation mittels darunter getragener gepolsterter Wämser zu mildern. Diese vermutlich sehr häufig getragenen Kleidungsstücke sollten im 14. Jahrhundert aus dieser Zweckgebundenheit in die modische Oberkleidung des Mannes aufsteigen. Davon wird noch zu berichten sein. Zu seinem eisernen Hemd trug der Ritter auch Beinlinge (Strümpfe) aus dem Ringelmaterial. Die Kapuze sah man meist durch einen Helm mit kostbarster Helmzier, dem Kennzeichen des betreffenden Ritters, komplettiert. Um sich gegen die raue und harte Struktur des Ringelmaterials zu schützen, setzte der Ritter unter der Kapuze eine gepolsterte Leinenhaube – die *Bundhaube*[1] – auf, die man unter dem Kinn mit Bändchen schließen konnte.

Als kennzeichnend für die neue selbstsichere Kostümauffassung des 13. Jahrhunderts müssen auch die *Kopfbedeckungen der Frauen* angesehen werden. Es handelt ich hierbei um verschiedene Einzelteile, die in variablen Kombinationen angelegt wurden: das *Gebende*, der oder das *Schapel*, der *Schleier* und die *Rîse*. Bisher verwendete man ein einziges rechteckiges Kopftuch(-schal) in unterschiedlichen Dimensionen und Proportionen (die Tradition aus der Antike ist unverkennbar), das in mehr oder weniger individueller Manier über den Kopf gelegt oder gewickelt wurde. Die Anlegetechnik entsprach zweifellos der Kategorie der Wickelkostüme. Nun aber, bevor noch echte dreidimensionale Kopfbedeckungen entstehen konnten, wurde das ursprünglich einheitliche Tuch zunächst in die oben genannten Einzelteile zerlegt. Damit teilte man gleichzeitig die Wicklung in stereotype Abschnitte, wobei die Technik des Wickelns immer mehr zurückgedrängt erscheint.

Schließlich wurde das *Gebende*, das sicherlich früher tatsächlich „gebunden" war, nur mehr als Röhre, ähnlich unseren Schlauchhauben, gestaltet und auch auf diese Weise angelegt. Die Proportion dieser Röhre, die sich zu den Schultern hin beispielsweise trichterförmig erweitern konnte, zeigt sich variabel. Das Gebende konnte ebenso gut aus einer breiteren Borte gefertigt sein, die, zum Ring geschlossen, das Gesicht knapp umrahmte. An die Oberfläche der Kopfbedeckung drang das Gebende ohnehin nicht, da es – ähnlich der doppelten

Textabbildung 9
Gebende und Schapel (in Kronenausführung), Markgräfin Uta, Naumburger Dom, 1250–1260

Große Abbildung 3
Schutzkleidung des mittelalterlichen Reiterkriegers. Kettenhemd mit Kapuze und Fäustlingen, Ringelbeinlinge („Eisenhosen"), Topfhelm mit Helmzier; darüber das Wappenkleid.
Der Herzog von Anhalt, nach 1300, Miniatur aus der Manesse-Liederhandschrift, Fol. 17r.

Oberkleidgestaltung – quasi als Unterhaube getragen worden ist, sodass seine eher unfertige Erscheinungsform offensichtlich nicht weiter störend empfunden wurde. In der erwähnten Zerlegung der Wickelform kommt dem Gebende der Anteil der Vertikalwicklung zu.[2] Das Gebende umfasst den Kopf senkrecht vom Scheitel bis unter das Kinn und übernimmt auf diese Weise das Abdecken und den Schutz der Ohren.

Die horizontale Richtung wird durch das *Schapel* gestaltet. Es handelt sich hierbei um das Stirnband, den Stirnreif, der vom einfachen Blumenkranz bis zur Krone reichen kann (siehe große Abb. 2, 3,Textabbildung 9). Der ursprünglich textile Charakter des Schapels, der sich später immer mehr versteifte, steht jedenfalls außer Zweifel. Mit dieser doppelten Kopfbedeckung hatte man jedenfalls das immer während Problem der Bedeckung des Kopfes auf eine zweckdienliche Art gelöst: Stirn, Ohren und Wangen waren somit ohne Bewegungseinschränkung und ohne funktionsmindernde Gesichtsverdeckung bekleidet.

Unter oder auch über das Schapel legte man meist frei hängend den Schleier (siehe große Abbildung 2, Textabbildung 4, 6). Die Grundform des Schleiers war vermutlich nicht immer quadratisch oder rechteckig, denn die in den Abbildungen immer wieder dargestellte wellige Erscheinungsform des Saumes lässt sich eher mit abgerundeten Grundformen erreichen. Kostbarste Kantengestaltungen sollten nicht nur den Luxus demonstrieren, sondern sie stellten gleichzeitig auch eine sinnvolle Beschwerung der Ränder dar, die den wunderschönen Fall und auch das nötige Gewicht zur Fixierung des hauchzarten Gewebes am Kopf lieferten. Die Definition der *Rîse* hingegen lässt sich nicht eindeutig festlegen. Dass die Rîse Hals und Kinn bedeckte, steht außer Zweifel. Dass sie aber als zweiter Schleier (Kopftuch) von einer Schläfe zur anderen über das Kinn geführt worden ist, kann nicht belegt werden. Bisweilen wird wohl auch das vergrößerte Gebende zur Verdeckung der Halspartie gedient haben. Modisch aktuell wird die Rîse ohnedies erst im 14. Jahrhundert werden.

14. Jahrhundert

Die klassische Hochstimmung (auch im Gewandbereich) des 13. Jahrhunderts war genau betrachtet mit Friedrich II. zu Ende gegangen. Mit dem späten Mittelalter (1250–1492) beginnt ein Auflösungszeitalter, das den Aufstieg der Neuzeit vorbereitete. Die abendländische Einheit begann sich aufzulösen und die Universalmächte mussten ihren Niedergang erleben. Die Macht war nicht mehr in den Händen des Kaisers oder des Königs. Vieles trugen die sieben Kurfürsten in ihrer maßlos egoistischen Haltung zur Aushöhlung des Reiches bei. Als Resultat dieses Machtverfalls darf wohl das Wachstum und die Bedeutungssteigerung der Städte angesehen werden. Die Schwäche des Reiches verhalf zuerst den italienischen Städten zur Verselbständigung und trug schließlich in der zweiten Hälfte des 14. Jahrhunderts zur losgelösten Erstarkung Burgunds bei. Die Detailereignisse der Historie sind in diesem Jahrhundert für die Kostümgeschichte zu vernachlässigen. Einige markante Daten müssen trotzdem festgehalten werden. Vor allem soll daran erinnert werden, dass mit dem Begründer der habsburgischen Dynastie – mit Rudolf I. – die Probleme weder gelöst erscheinen, noch die Macht der Habsburger begründet war. Es waren vielmehr die Luxemburger (Gewinn der reichen böhmischen Erblande durch Heirat), die es verstanden, Macht und Kultur zu vereinen und Prag zum Zentrum des Geschehens zu machen. Ein gewisser Glanz fiel dabei auch auf Habsburg und Wien. Karl IV. von Luxemburg (1346–1378), der 1355 zum Kaiser des Deutschen Reiches gekrönt worden war, gab seine Tochter (Katharina von Böhmen) Rudolf IV. dem Stifter (1339–1365, 1358 Herzog) zur Frau. Er gründete, dem Vorbild seines Schwiegervaters folgend, nach Prag auch in Wien eine Universität. Seine Leistungen für den Stephansdom sind allgemein bekannt.

Diese geringe Auswahl an historischen Daten soll andeuten, dass Europa in kleine Einheiten zerfallen war. Die Erklärung dieser vordergründig geschichtlichen Ereignisse wird nach Darstellung der kostümlichen Tatsachen im Kapitel „Welt- und Menschenbild als Basis der Gewandgestaltung" verständlich gemacht werden, wenn die Kleidung mit der Auffassung des mittelalterlichen gradualistischen Weltbildes einerseits und mit der nominalistischen Auffassung andererseits in Verbindung zu bringen sein wird.

Frauenkleidung

In diesem Jahrhundert muss erstmalig die Frauenkleidung von der Männerkleidung getrennt beschrieben werden, da es hier nicht mehr um geschlechtsneutrale Hemdkittel geht, die sich nur in der Materialwahl und in der Ausgestaltung unterscheiden. In diesem Säkulum hat sich das Grundkonzept der

Frauenkleidung von dem der Männer getrennt. Ab der zweiten Hälfte des 14. Jahrhunderts werden unterschiedliche Wege beschritten. Manche Kostümhistoriker wollen sogar wissen, dass diese so genannte „große europäische Trachtenwende" punktförmig 1368 stattgefunden hätte. Analog dem Zerfall des mittelalterlichen einheitlichen Europa in kleine selbständige Teile, ist auch im Kostümbereich ein Wegstreben aus einem ursprünglich gegebenen Zusammenhalt zu beobachten. Der erste Schritt dieser Detailverselbständigung musste notwendigerweise eine markante Unterscheidung in Männer- und Frauenkontur sein, ganz im Gegensatz zu der tradierten Auffassung von einer in der Gewandsilhouette wenig unterschiedenen Spezies „Mensch" des frühen Mittelalters. Individuell unterschiedene Menschen sind jedoch auch jetzt noch nicht gefragt.

In der Frauenkleidung entdeckt man Gestaltungselemente, welche die gesamte künftige europäische (westliche) Kleider(mode)geschichte durchziehen werden. Es schien zunächst wichtig, sich im Gewandbereich im Darstellen von Weiblich und Männlich zu üben. Man entdeckt erstmalig ein eminent wichtiges Detail der weiblichen Mode: das Dekolleté. Der vergrößerte und vertiefte Halsausschnitt schließt nun in einem großzügigen Bogen auch die Schultern mit ein. Mit dem Dekolleté ergibt sich die damals sehr willkommene Notwendigkeit, auch den Busen, die schmale Taille und die breite Hüfte mit dem Kleid knappest umfassen zu müssen, denn andernfalls würde das große Dekolleté keinen Halt finden und könnte nicht entsprechend am Körper fixiert werden. An androgynen Ausdrucksformen war man

Textabbildung 10
Cotte im 14. Jh.
Körperbetonende Linienführung mit großem, durch Borten akzentuiertem Dekolleté.
Detail der Miniatur „Samson und Dalila" aus dem zweiten Teil der Wenzelsbibel, ausgehendes 14. Jh.

Große Abbildung 4
Suckenie mit Dekolleté, übergroßen Armausschnitten und hüftbetonendem Gürtel. Darunter wird die Cotte getragen.
Detail der Miniatur „Thamar und Ammon" aus dem zweiten Teil der Wenzelsbibel, ausgehendes 14. Jh.

im 14. Jahrhundert schließlich nicht mehr interessiert! Die technische Durchführung dieser Modellierung erreichte man mit raffinierten Formnähten, die sich aus der starren Keiltechnik heraus entwickeln ließen.

Die Vorliebe für das weite und überlange Rockvolumen hat man beibehalten und hat es ab diesem Zeitpunkt zum Privileg der Frauen gemacht. Das gesteigerte Rockvolumen unterstrich die Akzentuierung von Busen, Taille, breiter Hüfte und schwangerem Bauch. Letzteres Formelement ist damals als das markanteste weibliche Kennzeichen erschienen, das bei den Männern garantiert nicht vorkam. Kommt noch hinzu, dass die jungen Frauen vermutlich meist schwanger waren, wenn Kinder zu haben das Ziel der weiblichen Karriere war und man mit der damaligen Kindersterblichkeit kalkulieren musste. Der schwangere Körper entsprach also durchaus der Idealvorstellung von der Frau (diese Silhouette sollte erst im 15. Jahrhundert extrem zum Ausdruck kommen). Beine zu zeigen konnte bei den beschriebenen Zielsetzungen kein Thema der Frauenkleidung darstellen. Die Beine waren sozusagen den Männern vorbehalten und galten jahrhundertelang – in unterschiedliche Hosenformen gesteckt – als Erkennungszeichen des Mannes.

Die Anpassung an den Körper machte die *Cotte* wiederum zum Hauptkleidungsstück (siehe Textabbildung 10). Die Figurbetonung provozierte geradezu eine Schichtenreduzierung. Der weibliche Surkot wurde derart dezimiert, dass im Extremfall nur mehr ein auf der Hüfte sitzender Rock übrig blieb. Die weniger radikalen Varianten könnte man mit der Bezeichnung *Suckenie* belegen. Die schon im 13. Jahrhundert weggelassenen Ärmel des Surkot wurden jetzt zu riesigen Armlöchern erweitert, die den Blick auf die körpernachzeichnende Cotte freilassen sollten. Zwischen den ausgeweiteten Armlöchern blieb oft nur mehr ein schmales Band erhalten, das den weit ausschwingenden Rock nicht wirklich an der Hüfte festzuhalten vermochte. Diesen technischen Mangel hat man freudig aufgegriffen, um mit einem kostbaren, plastisch strukturierten Gürtel die Hüfte zu betonen. Den Gegenpol bildete nicht selten eine kontrastierende kostbare Borte, die als oberer Abschluss der Suckenie das Dekolleté einfasste.

Dass der Mantel lediglich der Repräsentation vorbehalten blieb, versteht sich in dieser figurzeigenden Epoche von selbst. Der klassische Radmantel des vorhergehenden Jahrhunderts, der Tasselmantel, wurde zum so genannten *Nuschenmantel* reduziert, der nur mehr aus einem Kreissektor bestand und auf der Brust mit der Nusche (Brosche) geschlossen wurde. Dieser dezimierte Mantel war so geschrumpft, dass er den Blick auf die neu gewonnene Figur, zumindest en face, nicht verdeckte. Das Desinteresse der Frauen an diesem Kleidungsstück rührt vielleicht auch daher, dass dieser Nuschenmantel kein spezifisches weibliches Kennzeichen war, da er auch von den Männern zu Repräsentationszwecken verwendet worden ist.

Textabbildung 11
Nuschenmantel und Kruseler als Kopfbedeckung.
Epitaph von Johann und Gudula von Holzhausen, 2. Hälfte 14. Jh., Frankfurt am Main, Dom

An den weiblichen *Kopfbedeckungen* hat sich nur scheinbar wenig geändert. Die beschriebenen Einzelteile des 13. Jahrhunderts sind erhalten geblieben, nur hat sich eine Tendenz zur Dreidimensionalität herausentwickelt: Die Ränder – vor allem des Schleiers – wurden mit „gekrausten" Rüschen besetzt, die abgesteift erschienen und oft in mehreren Reihen angeordnet waren. Von diesem gekräuselten Besatz stammt auch der Name: *Kruseler* (siehe Textabbildung 11). Der Kopfschleier umrahmte das Gesicht nun nicht mehr im lockeren Wasserfall, sondern bildete eine hufeisenförmige Einrahmung des Gesichtes, die im Schulterbereich umgeknickt werden musste, um in die horizontale Schulterumfassung übergehen zu können. Auf diese Weise hat man den Weg zur dreidimensionalen, plastischen Verselbständigung der Kopfbedeckung beschritten. Da man das Dekolleté fallweise auch bedeckt tragen wollte, kam der *Rîse* in diesem Jahrhundert eine gesteigerte Bedeutung zu (siehe große Abbildung 4).

Männerkleidung

Die neue männliche Kleidung des 14. Jahrhunderts allein auf die geänderte Kriegskleidung zurückführen zu wollen, muss sich als unrichtig erweisen. Es wird wohl eher die neue, nach männlichen Akzenten suchende Mode gewesen sein, die eine Annäherung der Männerdomäne „Krieg" mit der Privatkleidung gesucht hat. Speziell der Lentner-Harnisch, dessen Außenschicht mit Stoff oder Leder gestaltet war und dessen Innenseite Eisenplatten verstärkten, erweckt eher

Große Abbildung 5
Modische Form der Schecke (Jacke).
Einfluss auch auf die Kriegskleidung.
Sturz des Saulus vom Pferd, 1365–1375,
Singertor (Lünette), Stephansdom, Wien

den Eindruck einer modischen Jacke als einer kriegerischen Schutzkleidung. Wo immer auch diese *Schecke* (Jacke) hergeleitet wird, ist unwichtig, die modische Tendenz des 14. Jahrhunderts muss wohl auch in der Männerkleidung bestrebt gewesen sein, das Gewand an den männlichen Körper heranzubringen und gleichzeitig die Männerbereiche Krieg und Jagd zu integrieren. Es besteht kein Zweifel, dass die Zielsetzungen von Kriegs- und Jagdkleidung der nun geforderten Körpernähe entgegenkamen. Dies war allerdings schon im 13. Jahrhundert der Fall gewesen, als man den Druck des Kettenhemdes einerseits und die Wucht der Hiebe andererseits mit einer jackenartigen Polsterung unter dem Ringelpanzer abzufangen bestrebt war. Erwähnenswert erscheinen auch die nicht berittenen Soldaten, die statt des Kettenhemdes nur die gepolsterte Panzerung trugen. Wie sehr man nicht einfach die Kriegsjacken zu Modejacken gemacht hat, zeigt die Entwicklung der Männercotte in der ersten Hälfte des 14. Jahrhunderts. Dieses Kleidungsstück wurde nicht nur fortschreitend enger, sondern auch kürzer. Um die Mitte des Jahrhunderts ist der Hemdsaum bereits knapp über dem Knie angelangt. Kurz und eng war die ehemalige Cotte geworden und das Verschlussproblem stellte sich abermals. Wegen der Kürze war es nun nahe liegend, das enger gewordene Kleidungsstück nicht mit einem Halsschlitz und mit einer separaten Taillenschnürung zu versehen, sondern eine durchgehende, vom Halsloch bis zum Saum reichende verschließbare Öffnung anzubringen. Damit war aus dem Hemd eine Jacke geworden. Über dieses Kleidungsstück wissen wir genau Bescheid, da ein Originalstück bis in unsere Zeit erhalten geblieben ist: die Schecke des Charles de Blois. Das Kleidungsstück ist mit 1364 zu datieren. An diesem Original ist deutlich zu erkennen, dass die vordere Öffnung gleichzeitig als temporäre Naht eingesetzt worden ist. Die Verschlusskanten verlaufen – entgegen unseren Vorstellungen – im Sinne einer stark formenden Naht. Ähnlich zeigt sich die Situation auch an den Ärmeln. Vom Handgelenk bis über den Ellbogen verläuft ein Knopfverschluss, mit dessen Hilfe der Unterarm nachgeformt wird (vergleiche auch große Abbildung 5). Der

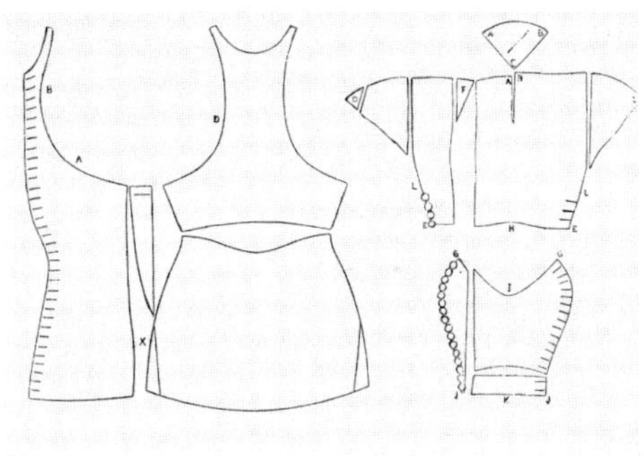

Textabbildung 12
Schnitt der Schecke des Charles de Blois.
Vor 1364. Lyon, Musée Historique des Tissus.
Abbildung: Archiv der Abteilung Kostümkunde an der Universität für angewandte Kunst, Wien

Ärmelansatz ist zu einer heute kaum nachvollziehbaren Perfektion gediehen. Obwohl die Schecke an der Taille und im Ärmelbereich vollkommen eng sitzt, kann der Arm an der Schulter in jede gewünschte Richtung bewegt werden. Die Ärmelansatznaht ist tief in das Oberteil hineinverlegt und übernimmt auf diese Weise zusätzlich körpermodellierende Funktion. Die Armkugel, die allerdings noch immer in alter Manier nur durch eingeschobene Keile gebildet wird, ist, naiv ausgedrückt, verkehrt herum eingesetzt. Auf diese Weise wird die Bewegungsfreiheit für den Arm trotz extremer Engheit optimal garantiert, da sich die Bewegungsweite in der Achselhöhle befindet, ohne jedoch Falten zu werfen, da der Verlauf der in der Ärmelansatznaht zusammengefügten Kurven dieses Problem berücksichtigt. Eine bemerkenswerte, zukunftsweisende Neuerung befindet sich am Rücken in der Taillenlinie: Hier verläuft eine bis dahin völlig unübliche formende Quernaht. Dadurch passt sich der Rücken des Kleidungsstückes exakt den anatomischen Gegebenheiten an. Eine technische Lösung, die erst voll im 16. Jahrhundert zum Tragen kommen wird.

Die Schecke wurde im 14. Jahrhundert auf halbe Schenkellänge verkürzt. Dies bedeutet eine völlig neue „Kürze", die nun die Beine des Mannes an die Oberfläche der Kleidung holt. Die Beine werden gewissermaßen sichtbar getragen, und das nicht nur in der Kriegs- und Jagdkleidung, sondern auch in der Privatkleidung.

Die *Bekleidung der Männerbeine* sollte ab diesem Zeitpunkt zum Kardinalthema der Männerkleidung überhaupt erhoben werden. Die Hose sollte zum Kennzeichen des Mannes werden, wie der lange und weite Rock zum Charakteristikum der Frauen.

Wie zäh solche Grundhaltungen sein können, beobachten wir noch heute in dem Faktum, dass Frauen zwar bereits Hosen tragen, Männer aber noch immer keine Röcke!

Die endgültige Ausbildung der Männerhose ist dem Beginn der Neuzeit vorbehalten geblieben. Im 14. Jahrhundert genügte noch eine Verlängerung der Beinlinge nach oben, da die Halbschenkellänge der Schecke die gefährlichen Stellen abdeckte: Die Hose musste im Schritt noch nicht voll geschlossen sein. Trotzdem erschienen die technischen Lösungen problematisch, da man noch wenig Übung darin hatte, die Beinlinge weit über das Knie hinaufzuziehen, dort zu befestigen und diese auch noch oberkleidmäßig zu gestalten. Die Byzantiner hatten die kniekurze Tunika zwar hoffähig gemacht und die Purpurbeinlinge zum Kennzeichen des Kaisers erhoben (siehe Textabbildung 1), aber die Zone über dem Knie war in diesem Fall noch nicht auf der kostümlichen Bildfläche erschienen. Die nun zu bewältigende Situation wäre ungefähr mit unelastischen Strümpfen zu vergleichen, die man zu einem Minikleid anziehen wollte. Genähte oder gestrickte Beinlinge wurden am Oberschenkel so weit als möglich hinaufgeführt, vorne meist noch im spitzen Winkel verlängert und entweder am Bund der *Bruche* (Wäschehose) oder an einem unter der Schecke getragenen Gürtel (ähnlich einem schmalen Strumpfbandgürtel) mit Bändchen festgemacht (angenestelt). Genauso hatte man vermutlich auch die erwähnten Ringelpanzerbeinlinge des 13. Jahrhunderts (damals als Eisenhosen bezeichnet) fixiert.

Diese modische Silhouette wurde von den Männern ebenso wenig wie von den Frauen durch verhüllende *Überkleider* verdeckt. Der genannte Nuschenmantel kam nur als repräsentatives Kleidungsstück zum Einsatz. Die Funktion der Überkleider für kalte Tage wurde durch wattierte, gefütterte Schecken und mehrfach übereinander gezogene Beinlinge erfüllt. Man vervollständigte diese nicht sehr befriedigende Überkleidlösung mit Hilfe der Kopfbedeckung. Die *Gugel* wurde gewissermaßen aus der Allgegenwart in den modischen Bereich emporgehoben. Schon die Kelten und Römer kannten beispielsweise den *Cucullus*. Auch den mittelalterlichen Hirten und Bauern war die Gugel bekannt und sie ist auch über das 14. Jahrhundert hinaus präsent geblieben. Modisch aktuell war sie allerdings nur in der Männermode des 14. Jahrhunderts. Es handelt sich hierbei um eine Art Kragenkapuze, die Kopf, Hals, Schultern und auch teilweise den Oberkörper bedeckt. Die Gugel sollte in der ihr zugewiesenen Überkleidfunktion nicht allzu viel von der modischen Erscheinung des Mannes verhüllen.

Schnitttechnisch handelt es sich bei der Gugel um eine schlauchhaubenartige Röhre, die zunächst mit einer Naht, die von der Stirn über den Scheitel verlief und später mit einer zusätzlichen Naht, die vom Kinn über den Hals abwärts führte, geschlossen wurde und die an dem die Schultern umfassenden Ende kräftig erweitert und verlängert zu sein scheint. Aus erhaltenen Originalen und aus den Mönchskapuzen ist abzulesen, dass die Gugel und ihre Verwandten (wie auch schon der Cucullus) keine Quernaht im Halsbereich besaßen, sondern nur die besagten Längsnähte. Eine Gugel hat demnach keinerlei Ähnlichkeit mit unserer Auffassung von einem Cape mit drangesetzter Kapuze (Quernaht), sondern eher einer in der Proportion veränderten Schlauchhaube.

Textabbildung 13
Die Gugel als modische Männerüberkleidung des 14. Jahrhunderts. Provenzalisches Minnegericht, Miniatur aus dem 14. Jh.
Abbildung: Archiv der Abteilung Kostümkunde an der Universität für angewandte Kunst, Wien

Welt- und Menschenbild als Basis der Gewandgestaltung

An dieser Stelle soll nun Zwischenbilanz über die mittelalterlichen Kostümauffassungen gemacht werden.

Obwohl die Neuzeit erst 1492 mit der Entdeckung Amerikas beginnen wird, soll das 15. Jahrhundert vorläufig ausgeklammert werden, da dieser wichtige Zeitabschnitt, in dem sich Mittelalter und Neuzeit überlagern, einer speziellen Betrachtung unterzogen werden muss und in einem eigenen Kapitel dargestellt wird. Auf die Bedeutung des antiken Erbes für die abendländische Kultur ist schon mehrfach verwiesen worden. Kostümkundlich betrachtet ist es die Disposition zum Hemdgewand, die von der westlichen Kultur als richtunggebend weiterverfolgt worden ist. Die europäische Kostümgeschichte ist schlussendlich eine Geschichte der Hemdgewänder, auch wenn wir das heute vielleicht nicht mehr wahrhaben wollen. Aber auch ein moderner Mantel ist nichts anderes als ein vom Halsloch bis zum Saum aufgeschnittenes Hemdgewand, verglichen etwa mit der Perfektion und Kreativität mongolischer Mantel(Kaftan)gewänder, die auch von den heutigen Westländern überhaupt nicht oder nur mühsam begriffen werden können.

Neben diesen unleugbaren Traditionen hat sich dennoch einiges „Bodenständige" eingeschlichen, wenn es auch zunächst nur der Modus der Aufarbeitung der Vorgaben war.

Im Bewusstsein dieser Vorzeichen soll nun doch die mittelalterliche (mitteleuropäische) Basis der Gewandgestaltung aufgespürt werden. Es war zunächst die mitteleuropäische Einheitlichkeit der Entwicklung auf allen Linien, die bis etwa 1250 aufgefallen ist. Diese Zäsur markiert auch die Trennung zwischen Gradualistischem und Nominalistischem Mittelalter, zwischen Romanik und Gotik. Diese Zuordnung gilt nicht zuletzt für die Geschichte der mittelalterlichen Gewänder.

Einheitliche, geschlechtsneutrale, anatomieverschleiernde Hemdgewänder sind der Ausdruck der gradualistischen Weltauffassung geworden. Die Auffassung, dass die gesamte Welt ein fest gefügter, sicherer Stufenbau ist, in dem auch die Menschen in einer gottgewollten Ordnung ihren (zunächst akzeptierten und in keiner Weise hinterfragten) Platz haben, hat auch die mehr oder weniger einheitliche Form von europäischen Hemdkitteln für die nicht unterschiedene Spezies „Mensch" hervorgebracht. Es darf jedoch nicht vergessen werden, dass es schließlich diese großartige Einheitlichkeit war, die eine europäische Selbstfindung, eine Loslösung vor allem von der Antike vorbereitet hat.

Auch der Dualismus von Diesseits und Jenseits versteht sich noch eingebettet in die gradualistische Konstruktion. Der Mensch nimmt sein diesseitiges Leben, ohne Murren und ohne es verändern zu wollen, mit der sicheren Aussicht auf ein (reales) Jenseits an. Daraus musste wohl ein gewisses Desinteresse am Diesseits resultieren, dem die neutralen Hemdkittel genauso zuzuordnen sind wie die romanischen Äußerungen der bildenden Künste oder die lateinisch gesungenen, von Klerikern gespielten Kirchenraumspiele. Diesseitig und lebensnah war nicht gefragt, der Blick war auf das Jenseits gerichtet. Diese Einstellung sollte ihr Ende in der nominalistischen Weltauffassung finden. Ein Riss ging nun durch den Stufenbau. Diesseits und Jenseits wurden nun als gegensätzlich empfunden. Der Mensch fühlte sich verlassen und verunsichert. Das Jenseits wurde zwar noch nicht geleugnet, aber der Mensch musste aus eigener Kraft (vorläufig noch mit Gottes Hilfe) erst darum kämpfen. Zweifel tauchten auf. In den Passionsspielen war es nun nicht mehr der triumphierende Christus, der vor die Menschen hintrat, sondern der qualvoll leidende, der in detailreich dargestellten Marterszenen den zweifelnden Zuschauer durch menschliche Annäherung aufrütteln sollte. Dies geschah selbstverständlich in der Landessprache – gesprochen und nicht mehr lateinisch gesungen – und nicht zuletzt dargestellt von gleichgestellten Menschen und nicht mehr von Distanz gebietenden Klerikern. Das Interesse an den Details einer unmittelbaren, realen Umwelt erfuhr eine ungeahnte Steigerung bis in den bekannten Manierismus hinein. Man schmorte trotz allem im eigenen Saft und die Schlange begann sich in den eigenen Schwanz zu beißen. Der Stufenaufbau schien zwar durchlöchert und Mauern zwischen Diesseits und Jenseits wurden aufgerichtet, aber man hatte es noch nicht gewagt, die Ruine zu verlassen. Der Ausdruckswert eines gotischen Doms wäre für diese Situation eine kongeniale Demonstration. Der Detailreichtum, die Auflösung der eigentlichen Materie, das penetrante Wiederholen der Motive und nicht zuletzt das realistisch Himmelstrebende der großen Kontur zeugen von dieser nominalistischen Geisteshaltung, in der die „Dinge" nur mehr bloße Namen zu haben scheinen.

Diese Grundhaltung zeigt sich auch in der spätmittelalterlichen (nominalistischen, gotischen) Kleidung. Man richtet den Blick zwar auf die „menschliche" Welt und führt dementsprechend eine geschlechtliche Trennung der Kleidung durch, findet aber noch keine Übereinstimmung von Funktion und Form, da die neue Thematik noch fehlt, und verliert sich auf diese Weise im Detail.

Bild-Anmerkungen

1 Bundhaube, Maciejowski Bibel.
Abbildung: Archiv der Abteilung Kostümkunde an der Universität für angewandte Kunst, Wien

2 Joachim und Anna, 2. Viertel 13. Jh., Norwegen. Abbildung: Archiv der Abteilung Kostümkunde an der Universität für angewandte Kunst, Wien

Weiterführende Literatur

3 Mittelalter

Kostümkundliche Literatur

Evans, J.: Dress in medieval France. Oxford 1952

Brüggen, E.: Kleidung und Mode in der höfischen Epik des 12. und 13. Jahrhunderts. Heidelberg 1989

Brüggen, E.: Die weltliche Kleidung im hohen Mittelalter. Anmerkungen zu neueren Forschungen. Beiträge zur Geschichte der deutschen Sprache und Literatur 110. 1988

Crowfoot, E. / Pritchard, F. / Staniland, K.: Textiles and Clothing c.1150-c.1450. Medieval Finds from Excavations in London. Museum of London 1992

Egan, G. / Pritchard, F.: Dress Accessories c.1150-c.1450. Medieval Finds from Excavations in London. London 1991

Fingerlin, I.: Die Gürtel des hohen und späten Mittelalters. München, Berlin 1971

Geijer, A., u. a.: Drottning Margaretas gyllene kjortel. I Uppsala Domkyrka. Stockholm 1985

Grew, F. / Neergard, M. de: Shoes and Pattens. Medieval Finds from Excavations in London: 2. Museum of London 1988

Hägg, I.: Die Textilfunde aus dem Hafen von Haithabu. In: Berichte über die Ausgrabungen von Haithabu. Nr. 20 und 29. Hrsg. von Kurt Schietzel. Neumünster 1984 und 1991

Herrero Carretero, C.: Museo de Telas Medievales. Monasterio de Santa Maria la Real de Huelgas. Madrid 1988

Klesse, B.: Seidenstoffe in der italienischen Malerei des vierzehnten Jahrhunderts. In: Schriften der Abegg-Stiftung Bern, Bd. 1. Bern 1967

Kühnel, H.: Mentalitätswandel und Sachkultur. Zur Entstehung der Mode im 14. Jahrhundert. Menschen, Dinge und Umwelt in der Geschichte. Neue Fragen der Geschichtswissenschaft an die Vergangenheit (Sachüberlieferung und Geschichte 3). Sankt Katharinen 1989

Kühnel, H. (Hrsg.): Alltag im Spätmittelalter. Graz, Wien, Köln 1986[3]

Kühnel, H.: Bildwörterbuch der Kleidung und Rüstung. Vom alten Orient bis zum ausgehenden Mittelalter. Stuttgart 1992

Piponnier, F. / Mand, P.: Se vêtier au Moyen Age. Paris 1995

Post, P.: Die französisch-niederländische Männertracht. 1350–1475. Berlin 1910

Purrucker, B.: Hochmittelalterliche Bauernkleidung. Quellen und Probleme der Rekonstruktion. WuK (Abkürzung für: Waffen- und Kostümkunde. Zeitschrift der Gesellschaft für historische Waffen- und Kostümkunde. München, Berlin u. a. O. 1959ff. Davor: Zeitschrift für historische

Waffenkunde. Berlin 1897–1920. Als: Zeitschrift für historische Waffen- und Kostümkunde. Berlin 1921–45. Als: Mitteilungen der Gesellschaft für historische Waffen- und Kostümkunde. Berlin 1955–59) 1989 und 1990

Radszus, G.: Die Zeichensprache der Kleidung. Untersuchung der Symbolik des Gewandes in der deutschen Epik des Mittelalters. Ordo, Studien zur Literatur und Geschichte des Mittelalters und der frühen Neuzeit. Hrsg. Ulrich Ernst. Hildesheim, Zürich, New York 1985

Rohde-Lundquist, E.: La Mode et sa vocabulaire de le mode féminine au moyen age. Göteborg 1950

Schlabow, K.: Textilfunde der Eisenzeit in Norddeutschland. Göttinger Schriften zur Vor- und Frühgeschichte Bd. 15. Neumünster 1976

Sronkova, O.: Die Mode der gotischen Frau. Prag 1955

Wilckens, L. von: Terminologie und Typologie spätmittelalterlicher Kleidung. Veröffentlichung des Instituts für mittelalterliche Realienkunde Österreichs 10. Krems 1988

Glasfenster

Aubert, M.: Le vitrail français. o. O. 1958

Frodl-Kraft, E.: Die Glasmalerei. Wien, München 1970

Frodl-Kraft, E.: Die mittelalterlichen Glasgemälde in Wien. Bd. I. Graz, Wien, Köln 1962

Frodl-Kraft, E.: Die mittelalterlichen Glasgemälde in Niederösterreich. Wien 1972.

Kieslinger, F.: Gotische Glasmalerei in Österreich bis 1450. In: Denkmäler deutscher Kunst. III Sektion-Malerei. Wien o. J.

Marchini, G.: Le vetrate italiane. Milano 1956

Buchmalerei

Boeckler, A.: Deutsche Buchmalerei. Königstein im Taunus o. J.

Braziller, G. (Hrsg.): Old Testament Miniatures (= Maciejowski Bibel – Anm. d. Autorin), Introduction and Legends by Sidney C. Cockerell, Preface by John Plummer. New York o. J.

Hansen, W.: Kalenderminiaturen der Stundenbücher. Mittelalterliches Leben im Jahresablauf. München 1984

Lejeune, R. / Stiennon, J.: Die Rolandsage in der mittelalterlichen Kunst. 2 Bde. Brüssel 1966

Pächt, O. / Thoss, D.: Die illuminierten Handschriften und Inkunabeln der Österreichischen Nationalbibliothek. Französische Schule. In: Denkschriften der Österreichischen Akademie der Wissenschaften Bd. 118. Wien 1974

Pächt, O. / Thoss, D. / Jenni, U.: wie oben. Holländische Schule. Wien 1974

Porcher, J.: Französische Buchmalerei. Recklinghausen 1959

Randall, L.: Images in the time of gothic Manuscripts. Berkley, L. A. 1966

Rothe, E.: Buchmalerei aus 12 Jahrhunderten

(Bestände aus Mecklenburg, Berlin, Sachsen, Thüringen). Berlin 1965
Salmi, M.: Italienische Buchmalerei. München o. J.
Unterkirchner, F.: Abendländische Buchmalerei (Miniaturen aus den Handschriften der Österr. Nationalbibliothek). Graz, Wien, Köln 1967
Walther, I. F.: Sämtliche Miniaturen der Manesse-Liederhandschrift. Aachen 1981

Wandmalerei

Demus, O.: Romanische Wandmalerei. München 1968
Lanc, E.: Die mittelalterlichen Wandmalereien in Wien und Niederösterreich. In: Corpus der mittelalterlichen Wandmalereien Österreichs. Österreichische Akademie der Wissenschaften. Wien 1983

Skulptur

Bauch, K.: Das mittelalterliche Grabbild. Figürliche Grabmäler des 11. bis 15. Jahrhunderts in Europa. Berlin, NY 1976
Grzimek, W.: Deutsche Stuckplastik 800–1300. Berlin 1975
Kahsnitz, R.: Die Gründer von Laach und Sayn. Fürstenbildnisse des 13. Jahrhunderts. Ausstellungskatalog des Germanischen Nationalmuseums, Gerhard Bott (Hrsg.). Nürnberg 1992
Mrusek, H. J. / Beyer, K. G.: Drei sächsische Kathedralen. Merseburg, Naumburg, Meißen. Dresden 1976
Sauerländer, W. / Hirmer, M.: Gotische Skulptur in Frankreich 1140–1270. München 1970

Bildteppiche

Baldass, L.: Die Wiener Gobelinsammlung. 5 Bde. Wien 1920
Denny, N. / Sankey, J. F.: The Bayeux Tapestry. (Collins) 1966
Göbel, H.: Die Wandteppiche. 4 Bde. Leipzig 1928
Heinz, D.: Europäische Wandteppiche I. Von den Anfängen der Bildwirkerei bis zum Ende des 16. Jahrhunderts. In: Bibliothek f. Kunst- und Antiqutätenfreunde Bd. 37. Braunschweig 1963
d'Hulst, R. A.: Flämische Bildteppiche (14.–18. Jahrhundert). Brüssel 1961
Jobe, J. (Hrsg.): Das große Buch der Tapisserien. Düsseldorf 1965
Kurth, B.: Die deutschen Bildteppiche des Mittelalters. 3 Bde. Wien 1926
Plourin, M. L.: Historia del Tapiz en Occidente. Barcelona 1955
Stenton, F.: The Bayeux Tapestry. Köln 1973

Kunsthistorische Literatur mit kostümgeschichtlich brauchbaren Abbildungen

Frühes Mittelalter bis 12. Jahrhundert (inkl.)

Barral I Altet, X. / Avril, F. / Gaborit Chopin, D.: Romanische Kunst. Bd. 1. Mittel- und Südeuropa 1060–1220. In: Universum der Kunst. München 1983

Barral I Altet, X. / Avril, F. / Gaborit Chopin, D.: Romanische Kunst. Bd. 2. Nord- und Westeuropa 1060–1220. In: Universum der Kunst. München 1984

Braunfels, W.: Die Welt der Karolinger und ihre Kunst. München 1968

Bullough, D.: Karl der Große und seine Zeit. Wiesbaden 1966

Busch, H.: Germania romanica. Wien, München 1963

Cutler, A. / Spieser, J. M.: Das mittelalterliche Byzanz. 725–1204. In: Universum der Kunst. München 1996

Decker, H.: Italia romanica. Wien, München 1958

Deuchler, F.: Die Burgunderbeute. Bern 1963

Durilat, M. (Einf.): Hispania romanica. Wien, München 1962

Durilat, M. (Einf.): Romanische Kunst. In: Große Epochen der Weltkunst. Freiburg, Basel, Wien 1983

Durilat, M. (Einf.): Die Kunst des frühen Mittelalters. In: Große Epochen der Weltkunst. Freiburg, Basel, Wien 1987

Gantner, J./ Pobé, M./ Roubier, J.: Gallia romanica. Wien, München 1955

Grabar, A. / Nordenfalk, C.: Das frühe Mittelalter. Vom 4. bis zum 11. Jahrhundert. Genf 1958

Grodecki, L. / Mütherich, F. / Taralon, J. / Wormald, F.: Die Zeit der Ottonen und Salier. In: Universum der Kunst. München 1973

Hubert, J. / Porcher, J. / Volbach, W. F.: Frühzeit des Mittelalters. In: Universum der Kunst. München 1968

Hubert, J. / Porcher, J. / Volbach, W. F.: Die Kunst der Karolinger. In: Universum der Kunst. München 1969

Kutzli, R.: Langobardische Kunst. Die Sprache der Flechtbänder. Stuttgart 1974

Legner, A. / Hirmer, A. und I.: Deutsche Kunst der Romanik. München 1982

Palol, P. / Hirmer, M.: Spanien. Kunst des frühen Mittelalters. München 1991

Schmitt, L.: Romanische Kunst. Ramerding 1974

Schnitzler, H.: Rheinische Schatzkammer. Die Romanik. Düsseldorf 1959

Stoll, R. Th. / Roubier J.: Britannia romanica. Wien, München 1966

Tuulse, A.: Scandinavia romanica. Wien, München 1955

13. und 14. Jahrhundert

La Cattedrale di Amiens. Presentazione di P. Dubois. Novara 1942

Avril, F.: Buchmaleri am Hofe Frankreichs 1310–1380. München 1978

Bachleitner, R. / Kodera, P.: Der Wiener Dom. Wien 1965

Bazin, G.: Primitifs français. Paris o. J.

Beenken, H.: Der Meister von Naumburg. Berlin o. J.

Derscenyi, D.: Bilderchronik. Chronica de gestis hungarorum „Wiener Bilderchronik". (Facsimile mit Textband). Budapest 1968

Erlande-Brandenburg, A.: Frühzeit der Gotik. 1260–1380. In: Universum der Kunst. München 1988.

Erlande-Brandenburg, A.: Gotische Kunst. In: Große Epochen der Weltkunst. Freiburg, Basel, Wien 1984
Grodecki, L.: Chartres. In: Musée de grandes architectures. Paris 1963
Haas, W.: Der Bamberger Dom. Königstein im Taunus 1973
Kaiser Heinrichs Romfahrt. Die Bilderchronik von Kaiser Heinrich VII. und Kurfürst Balduin von Luxemburg 1308–1313. Hrsg. F. J. Heyen. München 1978
Krasa, J.: Die Handschriften König Wenzels IV. Wien 1971
Künnsberg, Eberhard Freiherr v.: Der Sachsenspiegel. Leipzig o. J.
Laclotte, M.: Die französischen Primitiven. Hersching 1972
Martin, K.: Minnesänger. Baden-Baden 1953
La Cattedrale di Rouen. Presentazione die J. Lafond. Novara 1942
Sauerländer, W.: Das Jahrhundert der großen Kathedralen. 1140–1260. In: Universum der Kunst. München 1990
Schubert, D.: Von Halberstadt nach Meißen. Bildwerke des 13. Jahrhunderts in Thüringen, Sachsen, Anhalt. Köln 1974
La Cathédrale de Sens. o. O., o. J. (um 1940)
La Cathédrale de Strasbourg. Einleitung von J. Walter. Novara 1943

4 | 15. Jahrhundert

Überlagerung von Mittelalter und beginnender Neuzeit

Einleitung, kostümhistorischer Hintergrund

In diesem Jahrhundert wird immer wieder, zumindest im kostümhistorischen Bereich, ein neuer Anlauf versucht, um anfallende Probleme zu lösen, man landet aber ebenso oft in einer Sackgasse. Viele der Lösungsversuche beinhalten bereits einen Ansatz zu den kostümlichen „Erfindungen" und „Entdekkungen" der Neuzeit. Es fehlt aber in jedem einzelnen Fall die nötige Kraft zur Durchführung einer grundlegenden Neuerung. Man beschränkt sich viel lieber auf Oberflächlichkeiten, auf Detailgestaltungen, die nicht an die Substanz der Silhouette greifen. Diese Lappalien lassen sich dann auch leicht wieder verändern und man beginnt wiederum von vorne, ohne der Lösung der Probleme nahe gekommen zu sein.

Ohne blasphemisch sein zu wollen, drängt sich ein Vergleich aus der Kirchengeschichte auf. Die Glaubensspaltung war schon zu einem bedrohlichen Problem geworden, als man das Konzil zu Konstanz (1414–1418) einberufen hatte. Es kam dabei zwar nicht zu einer inneren Reform der Kirche – was in etwa den ungelösten Gewandproblemen entspräche –, aber man hatte recht modern anmutende Details entdeckt und nahezu gelöst: Das Konzil zeigt sich nämlich national aufgegliedert und demokratische Tendenzen sind eingedrungen! In Martin V. (Papst von 1417–1431) leuchtet noch einmal das „eine" christliche Abendland auf. Er zeigt sich als letzter Papst zur geistigen Welt des Mittelalters gehörig. – Genauso lässt sich die Situation der Kleidung interpretieren. Zu einer echten inneren Reform, zu einer Änderung der Grundeinstellung kommt es nicht. Zukunftsweisende Detailerfolge werden wiederum verschüttet. Alles wird noch einmal überstrahlt von einer mittelalterlichen Einheitlichkeit, die allerdings unweigerlich in einen manieristischen Formenkodex (Burgundische Mode) abgleitet. Mit dem Hinweis auf die Burgundische Mode ist ein Mechanismus aufgedeckt, der fortan die europäische Mode kennzeichnen wird. Derjenige, der im europäischen Kräftespiel die Hauptrolle spielt, wird auch den modischen Ton angeben. Auf dieses Muster wird in den folgenden Jahrhunderten immer wieder hinzuweisen sein.

Zur burgundischen Dominanz müssen einige historische Daten in Erinnerung gerufen werden. In diesem Jahrhundert zeigt sich eine Schwäche des Reiches nach innen und außen. Unter Friedrich III. (1440–1493) beginnt die Zahl der Fehden zwischen Fürsten und Städten anzusteigen. Nach außen gehen wichtige Gebiete verloren. In Böhmen und Ungarn etablieren sich nationale Könige. Im Westen kommt es zu einem Machtanstieg des Herzogtums Burgund. Diese Entwicklung zu größerer Macht und Selbständigkeit beginnt schon 1363. Neben dem (nicht immer friedlichen) Erwerb bedeutender deutscher Reichslehen bringen die Herzöge auch Brabant, Limburg, Holland, Seeland, Hennegau und Luxemburg an sich. Auf dieser soliden Basis konnte sich eine Blüte der Wirtschaft und der Künste und nicht zuletzt die kostümliche Dominanz entwickeln. Karl der Kühne (1467–1477) und sein Hof sollten zum modischen Vorbild für ganz Europa werden. Seine Tochter Maria wird mit dem damaligen Erzherzog Maximilian (Sohn Friedrichs III.) vermählt. Dadurch gewinnt das Haus Habsburg die Niederlande und die Freigrafschaft Burgund. Ein auch heute noch bedeutsames Ereignis. Denn mit der reichen Braut kamen auch die wertvollen burgundischen illuminierten Handschriften (damals Weltspitze) in die Bibliothek (heutige Österreichische Nationalbibliothek) des nachmaligen Maximilian I. Speziell als kostümgeschichtliche Quellen bedeuten diese Buchmalereien einen unschätzbaren Wert (siehe Textabbildung 7).

Kostümkundliche Interpretation

Zu Ende des 14. Jahrhunderts befanden sich die europäischen Gewänder in einer typischen Sackgasse. Man stand mehr oder weniger ohne funktionierende Überkleidung da. Die Begeisterung für die unterschiedliche männliche und weibliche Anatomie hatte eine Konzentration auf die eng anliegende Oberkleidung gebracht. Alles andere wurde vernachlässigt. Zu Beginn des 15. Jahrhunderts hat man nun versucht, diese Situation zu verbessern. Das Ergebnis war eine Überkleidung, die einerseits vom Konzept her dem Mittelalter angehört und andererseits Ansätze in sich birgt, die eine neuzeitliche Vorgangsweise erkennen lassen. Man kreierte ein Kreishemd, das zwar der mittelalterlichen doppelten Oberkleidgestaltung verbunden bleibt, das aber trotzdem in einer äußerst tatkräftigen Maßnahme gleichsam zwei tradierte Kleidungsstücke in eines zusammenfasst, nämlich den repräsentativen Kreismantel (Tasselmantel, Nuschenmantel) und das Hemdgewand (Cotte, Surkot). Dieser

Textabbildung 1
Kreishemd mit vier radialen Einschnitten. Die mittleren Teile werden um den Körper mit einem Gürtel festgehalten. Symbolische Darstellung des Mondes aus einem Liber de septem signis, einer Darstellung der Planeten als Reiter, erste Jahrzehnte des 15. Jahrhunderts, süddeutscher Meister. Abbildung: Archiv der Abteilung Kostümkunde an der Universität für angewandte Kunst, Wien

Schritt lässt sich folgendermaßen erklären: Mit dem Kreismantel hat man sich eindeutig in die Kategorie der Überkleidung begeben, was einer vielleicht noch unbewussten, aber neuzeitlichen Trennung zwischen Unter-, Ober- und Überkleidung entspricht.

Die schnittliche Technologie bezüglich des neuen Kreishemdes ist für Männer- und Frauenkleidung gleich. Die frühesten Formen dieser Art bestehen einfach aus einem Kreis, der an vier Stellen radial – aber nicht ganz bis zum Mittelpunkt – eingeschnitten wird, sodass der Kreis in vier Sektoren aufgeteilt erscheint.[1, 2] Nun wird der Kreis im Durchmesser an der Mittellinie zweier gegenüberliegender Teile gefaltet. Diese Linie verläuft durch das Halsloch hindurch über die Schultern und weiter über die Arme bis zu den Händen hin. Diese Teile des Kreises bilden demnach die Ärmel. Die restlichen zwei Teile bedecken vorne und rückwärts den Corpus und werden meist durch einen Gürtel in der Taillenlinie zusammengefasst. Es besteht nun die Möglichkeit, die Einschnittkanten offen zu lassen oder mit einer Naht aneinander zu fügen. Die Silhouette des auf diese Weise entstandenen Kreishemdes zeigt sich an der Schulterlinie schmal und nimmt nach unten hin immens an Weite zu.

Mit gesteigertem Volumen dieses Gewandes versucht man demzufolge in der ersten Jahrhunderthälfte die Überkleidsituation zu retten. Unterhalb bleibt man allerdings der körpernahen Linie treu. Es hat sich dadurch förmlich ein Dualismus ergeben, der eine harte Unterscheidung des inneren und des äußeren Oberkleides nach sich gezogen hat. Das harmonische Zusammenspiel beider Kleider ist verloren gegangen. Sie sind nun

zu Gegensätzen geworden und beginnen sich in Richtung Oberkleid und Überkleid zu entwickeln. Man begibt sich in eine neue Gewandsituation, gestaltet diese aber noch mit den alten Mitteln. In der zweiten Jahrhunderthälfte sollte sich dieser Formenkatalog als unzureichend erweisen und man fand sich abermals in einer Sackgasse. Diesmal überspitzte man die Probleme jedoch derart, dass man die Lösungen gleichsam erzwungen hat. Die Schnabelschuhe sind ein gutes Beispiel für die damalige Situation. Die Spitzen dieser Schuhe sind zusehends spitzer und länger geworden, sodass sie mehr oder weniger von selbst abzufallen begannen (siehe Textabbildung 2, große Abbildung 2).

Die bisher angeführten Entwicklungen sind sowohl in der Frauen- als auch in der Männermode anzutreffen. Da, wie schon für das 14. Jahrhundert ausführlich beschrieben, seither die Trennung in Männer- und Frauenkleidung stattgefunden hat, gibt es neben den oben dargestellten Gemeinsamkeiten auch eine gesteigerte Aktivität in Richtung Geschlechtertrennung in der Kleidung.

Große Abbildung 1
Kreishemd mit der typischen schmalen Schulterpartie in männlicher und weiblicher Ausführung. Bären- und Saujagd, Bildteppich, 2. Viertel des 15. Jahrhunderts, Arras (?). Abbildung: Archiv der Abteilung Kostümkunde an der Universität für angewandte Kunst, Wien

Männerkleidung

Das *überkleidartige Kreishemd* wird noch in der mittelalterlichen Tradition folgendermaßen „männlich" ausgestaltet: mit längeren Säumen, wenn es um Repräsentation geht, in unterschiedlichen Verkürzungen, wenn es sich um Alltags-, Kriegs-, Jagd- oder Reitkleidung handelt. Das Gewicht dieser Silhouette liegt jedenfalls, bedingt durch den kreisförmigen Zuschnitt, am weit ausschwingenden Saum. Eine Wiederholung dieses oft durch Pelzbesatz noch beschwerten Saumes bildet die Gestaltung des Ärmels. Auch hier liegt das Volumen nicht an der Schulter, sondern am unteren Ende. Flügelärmel, Beutelärmel, Sackärmel etc. sind das Ergebnis der oft sehr erfinderischen Gestaltungsvarianten in diesem Bereich, besonders in der ersten Jahrhunderthälfte. Von phantasievoll ausgezaddelten, am Boden schleifenden Monsterärmeln für repräsentative Zwecke reicht die Palette bis zu verengten Halbärmeln, die etwa für die Jagd Verwendung gefunden haben. Die Konzentration auf die Ärmel bedeutet eine Realisierung der zitierten Detailvorliebe der spätgotischen Mittelalterphase. Man klammert sich förmlich an unverfänglichen Äußerlichkeiten fest.

In der zweiten Jahrhunderthälfte, in der Zeit der eigentlichen Burgundischen Mode, fällt die Vorliebe für die großen Ärmelformen der Volumsreduktion des Kreishemdes zum Opfer. Die knappe Oberkleidsilhouette ließ sich nicht länger unter den üppigen Falten

Textabbildung 2
Hüftkurzes, körpernahes Kreishemd der zweiten Jahrhunderthälfte (Burgundische Mode). Der Wappenkönig überreicht dem Herzog von Bourbon acht Wappen, René d'Anjou, Le Livre des Tournois, um 1460–1465.
Abbildung: Archiv der Abteilung Kostümkunde an der Universität für angewandte Kunst, Wien

des Überkleid-Hemdes verstecken. Man versuchte die Glockenfalten dieses Gewandes an die Kontur des Oberkleides heranzubringen. Das Überkleid erscheint dadurch zwar wiederum in seiner Funktionstüchtigkeit eingeschränkt, ist aber immerhin als selbständiges, darunter liegende Schichten abdeckendes Kostümstück – wobei besonders am Ende des Jahrhunderts oft nur der Wille vorhanden ist, das darunter liegende Kostümstück tatsächlich abzudecken – erhalten geblieben. Die Annäherung an den Körper hat freilich zu einem Verlust des Kreiszuschnittes geführt. Da die Selbstsicherheit des Renaissancemenschen nun nicht mehr so weit entfernt war, musste die Schulterlinie nicht mehr gotisch schmal gehalten werden, sondern sie begann über die anatomische Schulter hinauszuwachsen. Zu diesem Zweck wurden die Glockenfalten in eine mittige vordere und in eine ebensolche rückwärtige Gruppierung zusammengefasst, die V-förmig auseinander strebend zu den Schultern hochführte und mittels der Schulternähte fixiert wurde. In der Taillenlinie erscheinen die Falten zwecks Modellierung einer schlanken Taille zu einer schmalen Bahn zusammengeschoben und sind unsichtbar fixiert. Der meist zur Röhre geschlossene und der Anatomie angenäherte Ärmel erhält seine Bewegungsweite durch Falten an der Schulterhöhe, wodurch ein kugeliger Ansatz an der Schulter entsteht. Damit war eine zukunftsweisende Technologie entdeckt: Man war nun im Stande, mit Hilfe von Falten die Körperform nachzumodellieren. Die formenden, im Oberkörperbereich meist fixierten Falten machten vermutlich einen Verschluss erforderlich. Den Verschluss, der wahrscheinlich vorne in der Mitte vom knapp sitzenden Halsloch bis zum Saum des Gewandes verlief, versteckte man allerdings noch in den Tiefen des Faltenverlaufes, um den Eindruck des tradierten Hemdgewandes nicht zu zer-

Textabbildung 3
An den unteren Rand der Schecke angenestelte, vorne unverschlossene Beinlinge. Jünglinge beim Civettino-Spiel, ca. 1420, florentinisch. Florenz, Uffizien.

stören. Eine radikalere Lösung war zu diesem Zeitpunkt noch nicht möglich. Diese Mantelgewänder kamen in verschiedenen Längen vor, wobei gegen Ende des Jahrhunderts der Saum in noch nie da gewesene Höhen hinaufgeschoben worden war und auf diese Weise das Hosenproblem in ein akutes Stadium geraten war (siehe Textabbildung 2).

Auch die männliche *Oberkleidung* hat mitgeholfen, das Hosenproblem zuzuspitzen. Die mittels Formnähten knapp sitzende Schecke aus dem 14. Jahrhundert war nicht aus dem männlichen Kleidungsrepertoire verschwunden, sie war lediglich durch die modisch aktuelleren Kreishemden verdeckt. Ihre Halbschenkellänge wurde allerdings schon zu Beginn des Jahrhunderts beachtlich verkürzt, sodass der Saum der Schecke nunmehr in Hüfthöhe endete. Ansonsten hatte sich die Schecke kaum verändert. Sie unterschied sich demnach – die Technologie betreffend – deutlich vom damals darüber getragenen äußeren Oberkleid, dem eben beschriebenen Kreishemd, das in der neuartigen Faltentechnologie gefertigt war, während die Passform der Schecke durch Formnähte erreicht wurde. Die Schecke des 15. Jahrhunderts wurde bisweilen durch die Bevorzugung des faltigen Obergewandes in eine Art Unterkleidungsfunktion, die jedoch nicht unserer heutigen Vorstellung von Wäsche entspricht, abgedrängt. Hier hatte sie allerdings eine wichtige Funktion zu erfüllen. Durch die Verkürzung des Saumes einerseits und durch die knappe Passform andererseits

Textabbildung 4
Mützenartig und schlauchhaubenähnlich aufgesetzte Gugel. Das Martyrium des hl. Thomas von Canterbury. Flügelszene des Thomas-Altars, begonnen 1424, Meister Francke (nachweisbar 1400–1425). Hamburg, Kunsthalle

wurde die Schecke zum idealen „Aufhänger" für die Beinlinge.[3] Früher hatte man die Beinlinge an dem Bund der Unterhose oder an einem unter der Cotte getragenen Gürtel befestigt. Jetzt aber bot sich der untere Rand der Schecke dazu an, die Beinlinge daran mit Bändchen festzubinden (anzunesteln). Der taillenenge, knappe Sitz der Schecke konnte dem Zug der Beinlinge standhalten. Diese Methode bot nun auch die Möglichkeit, die Beinlinge nicht punktförmig anzuhängen wie früher, sondern die Befestigung über eine längere Strecke auszudehnen. Dadurch wurde es auch möglich, die Beinlinge rückwärts in der Mitte durch eine Naht zu verbinden, was in etwa einer Hüfthose, die vorne nicht geschlossen war, entsprach. Die Maßnahme, die Hose vorne mit einem Latz zu verschließen, blieb der beginnenden Neuzeit vorbehalten. Durch das ganze 15. Jahrhundert hindurch trug man die Beinlinge vorne unverschlossen, sodass in einem dreieckigen Ausschnitt die Unterhose (Bruche) zu sehen war.

Sogar die *Kopfbedeckung* machte eine typisch spätgotische, d. h. ins Manierierte abgleitende Entwicklung durch. Es läuft quasi auf eine mehr oder weniger untragbare Verselbständigung der Kopfbedeckung hinaus, die förmlich als wichtigste Aufgabe die Vervollständigung der spätgotischen Silhouette zugeteilt bekommt und viel weniger der Bedeckung des Kopfes dienlich ist.

Den Ausgangspunkt bildet die Gugel des 14. Jahrhunderts. Die schlauchhaubenartige Kragenkapuze zeigt sich nun erstaunlich variabel. Man setzt sie nun nicht mehr „normal" auf, sondern erklärt die ehemalige Gesichtsöffnung zur Hutweite und setzt die Gugel wie eine Haube auf. Um dem Ganzen einen besseren Halt zu geben und auch um eine dreidimensionale, plastische Form zu erreichen, rollt man den Rand ein und stopft ihn bisweilen sogar wulstartig aus (siehe große Abbildung1, Textabbildung 3). Das Schulterende der Gugel lässt man oft hahnenkammartig in die Höhe stehen. Variationen entstehen durch die Verwendung von lappigem bzw. abgesteiftem Material oder durch die Veränderung der Dimensionierung. Eingerollt, umgeklappt, eingestülpt, drapiert tritt dieses obere Ende der neu arrangierten Kopfbedeckung in Erscheinung. Gezähnt, gelappt, gebogt zeigen sich die Ränder dieser variationsfähigen Kopfbedeckung (siehe Textabbildung 3).

Dazu kommt noch, dass man des Öfteren zwei dieser Gugeln übereinander aufsetzte, die eine in alter schlauchhaubenartiger Manier und darüber die oben beschriebene haubenartige Variante (siehe Textabbildung 4). Obwohl diese Kopfbedeckungen manchmal einem Turban ähneln, haben sie mit dem Kopfbund der osmanischen Türken nicht das Geringste zu tun, noch sind sie eine Nachahmung desselben.

In der zweiten Jahrhunderthälfte schmilzt das Volumen der Kopfbedeckung. Eine Variante des haubenartigen Typus hat sich offensichtlich weiterentwickelt. In besagtem Fall hat man die ehemalige Schulteröffnung der Gugel wesentlich verkleinert und geschlossen, sodass tatsächlich eine Art Haube entstanden ist. Diese Restgugel wurde nun noch kleiner und auch steifer. Auf diese Weise entstand eine blumentopfartige Kopfbedeckung, die laufend an Volumen verloren hat. Das Endprodukt war ein viel zu kleiner Kegelstumpf, der am Scheitel des Mannes postiert wurde und seine Bedeckungsfunktion des Kopfes nicht mehr erfüllen konnte (siehe große Abbildung 2).

Als Abrundung dieser Silhouette diente auch die *Fußbekleidung*. Die Schuhe besaßen schon im 13. Jahrhundert eine leichte Spitze. Bis zum Ende des 15. Jahrhunderts wurden sie schließlich immer mehr zugespitzt. Auch wurde die Spitze immer länger (siehe Textabbildung 2, große Abbildung 2). Bleibt hinzuzufügen, dass die Schuhe absatzlos, mit einer durchgehenden Sohle, eher fragil gefertigt waren. Das leichte Schuhwerk fand seine Ergänzung in den so genannten *Trippen*. Darunter sind Pantoffel zu verstehen, die entweder aus Holz oder auch aus Leder gearbeitet sein konnten. Diese Unterschuhe waren zumeist mit zwei Absätzen ausgestattet. Man stand eben wie auf einer Brücke darauf, da sich der eine Absatz unter dem Ballen und der andere unter der Ferse befand. Unterschuhe und Schuhe entsprechen der doppelten Oberkleidgestaltung und ergänzen auf diese Weise die mittelalterliche Gewandauffassung.

Frauenkleidung

Bezüglich des *überkleidartigen Kreishemdes* gelten die in der Männerkleidung angeführten Fakten mit weiblichen Zusätzen. In diesem Zusammenhang wäre zunächst die Position des Gürtels zu nennen, mit der man es schafft, weibliche oder männliche Akzente zu setzen. Für die Frauen bedeutete die Üppigkeit der Kreishemden zunächst eine Verdeckung der eben erst errungenen Weiblichkeit im Kostüm. Es war schlussendlich das erwähnte Schwangerschaftsideal, das sich auch mit dem Kreishemd zum Ausdruck bringen lassen musste. Die mächtigen Glockenfalten der ersten Jahrhunderthälfte wurden daher knapp unter der Brust mit einem Gürtel zusammengefasst. Unterhalb des Gürtels entfalteten die keilförmigen Falten ihr steigerungsfähiges Volumen zur Betonung des Bauchumfanges. Diese Silhouette wurde durch die Andersartigkeit der Männerkleidung zusätzlich unterstrichen. Die Männer trugen nämlich einen eventuellen Gürtel – im Falle des Kreishemdes – an der Hüfte (siehe große Abbildung 1). Dies ergab eine neue, deutliche Distanzierung von Mann und Frau, trotz des verhüllenden Effektes der Kreishemden.

Die Notwendigkeit der Kreation der eben beschriebenen Überkleidvariante war im Falle der Frauen ebenso gegeben wie im Bereich der Männerkleidung. Die dezimierte Suckenie des ausgehenden 14. Jahrhunderts war nicht im Stande, die Überkleidfunktion zu erfüllen wie die Männer-Gugel. Zierformen der Suckenie, die im 15. Jahrhundert noch anzutreffen sind, kommen speziell in der „Heiligen-Kleidung" zum Einsatz.[4] Es ist daher Vorsicht geboten bei der Quellenbeschaffung, denn die Kostümierung der weiblichen Heiligen auf den Altarbildern entspricht nicht immer der gewandlichen Realität. Hier muss auf ein immer wieder verwendetes kostümliches Ausdrucksmittel hin-

Textabbildung 5
Kreishemdartiges äußeres Oberkleid (in mittelalterlicher Doppelkleidanordnung) in Überkleid- bzw. in Repräsentativfunktion. Die Verlobung des Arnolfini, 1435, Jan van Eyck, (1380–1440?)
Abbildung: Archiv der Abteilung Kostümkunde an der Universität für angewandte Kunst, Wien

Große Abbildung 2
Robe der Burgundischen Frauenmode.
Das mittelalterliche Doppelkleid ist zu Ende des 15. Jahrhunderts zu einem einzigen Kleidungsstück geworden. Der König von England (Heinrich VI.) unterstellt beim Abschied seine Gemahlin dem Schutz seiner Mutter und des Herzogs von Gloucester, 1448, „Histoire de Helayne" von Jean Wauquelin.
Abbildung: Archiv der Abteilung Kostümkunde an der Universität für angewandte Kunst, Wien

gewiesen werden: Antiquierte Gewandformen kommen beharrlich dann zum Einsatz, wenn es darum geht, Feierlichkeit, Luxus, hohen Stand u. Ä. zum Ausdruck zu bringen. Ein Beispiel für diese Tatsache wäre in etwa die Geschichte des (weißen) Brautkleides.

Das faltenreiche äußere Kreis-Oberkleid wird wie auch bei den Männern in der zweiten Jahrhunderthälfte an die Körperform herangeführt. Die daraus entwickelte Robe (siehe große Abbildung 2) zeigt sich weitgehend faltenlos. Eventuell verbliebene Falten werden zunächst noch vorne in der Mitte dezimiert zusammengeschoben. Etwas ausladender und zeitlich länger halten sich die Falten an der Rückseite der Robe, wo sie jedenfalls bald der Anlass sein sollten, das Kleid an der Taillenlinie quer durchzuschneiden, um die Falten an ein glattes Oberteil anzusetzen. Die Robe wird häufig noch mit dem schon in der ersten Jahrhunderthälfte verwendeten Gürtel, der zusehends öfter technische Probleme abzudecken hat, getragen. Im Falle gelungener Lösungsversuche oder bei der Verwendung der vorderen Faltenpartie ließ man den Gürtel einfach weg. Eine zukunftsweisende Neuentdeckung gelang im Bereich der Dekolletégestaltung. Das schon bekannte V-förmige Halsloch weitete man bis zum tiefen und breiten Dekolleté aus, das bis an die Schultern und bis zur hoch sitzenden Taille reichte. Kontrastierend eingerahmt entwickelte sich dieses „V" zum Blickfang der Gesamtsilhouette. Der Grund des „V" war angefüllt mit einem oft stark kontrastierenden Dreieck. Dieses andersartige Dreieck sollte ein Hinweis auf eine darunter getragene Cotte (Oberkleid) darstellen. Die Ärmel der Robe waren hauteng geworden und eine nach unten geklappte trichterförmige Manschette (die Muffe) verdeckte die halbe Hand, sodass im Ärmelbereich kein Zeichen eines darunter getragenen Oberkleides anzubringen war. Neben dem besagten Dekolleté-Dreieck war es der graziös hochgezogene Rocksaum, der den Blick auf ein darunter getragenes Kleidungsstück zuließ. Pelzbesätze an Dekolleté, Muffen und Rocksaum sollten nicht nur Reichtum ausdrücken, sondern vor allem auch einen Hinweis auf die Überkleidfunktion der Robe geben. Die Robe war allerdings so eng geworden, dass die Pelzstreifen an den besagten Stellen tatsächlich nur als Besatz und nicht als überkleidmäßiges Pelzfutter gewertet werden können. Die adelige Dame steht zu Ende des 15. Jahrhunderts demnach wiederum ohne funktionierendes Oberkleid vor uns. Die Situation zeigt sich ähnlich zugespitzt wie bei den Männern, nur mit „weiblichen" Mitteln herbeigeführt.

Ob nun unter der Robe tatsächlich ein weiteres *Oberkleid (Cotte)* getragen worden ist, lässt sich nicht mit Sicherheit feststellen. Wir kennen jedenfalls Abbildungen, auf denen Frauen in einem einzigen Kleid dargestellt sind. Dieses Kleidungsstück zeigt sich sehr eng geschnitten, ist meist mit einer vorderen oder seitlichen Schnürung versehen und kann mit abnehmbaren Ärmeln ausge-

Textabbildung 6
Unteres Oberkleid (Cotte) in körperbetonender Nahtführung.
Links daneben ist ein pelzgefüttertes, kreishemdartig geschnittenes äußeres Oberkleid zu sehen. Die heiligen Frauen, Kreuzigung in einer Kirche – Altar der sieben Sakramente, gegen 1445, Rogier van der Weyden (1399–1464). Abbildung: Archiv der Abteilung Kostümkunde an der Universität für angewandte Kunst, Wien

stattet sein. Der Cotte haftet – ähnlich der unter der Schecke getragenen Jacke der Männer – etwas Unterkleidhaftes an. Etwas Hauskleidhaftes kennzeichnet dieses Kleidungsstück, ohne dass es eindeutig dem Untergewandbereich zugeordnet werden könnte. Errungenschaften des 14. Jahrhunderts werden in diesem Kleid weiterentwickelt. Ähnlich zeigte sich die Situation auch bei den Männern. Frauen- und Männergewänder zeigen in dieser Kategorie Gestaltungselemente, die ein funktionstüchtiges Oberkleid nicht aufweisen dürfte. Trotzdem festigen sich in diesem Untergrund körpernachformende Technologien, die eine brauchbare Basis für das „Schneidern" (im Gegensatz zu den Nähkostümen des Mittelalters) im 16. Jahrhundert abgeben werden.

Vom Blickwinkel der Robe aus gesehen, ist das mittelalterliche Doppelkleid in ein einziges zusammengewachsen, das eher der Kategorie der Oberkleidung zuzurechnen ist als der Überkleidung.

Die *Kopfbedeckung der Frauen* hat eine ähnliche Entwicklung durchgemacht wie die der Männer. In der ersten Hälfte des 15. Jahrhunderts überwiegen generell gesehen die breiten, horizontal ausladenden Formen. Die dreidimensionale Verselbständigung der Kopfbedeckung geschieht im Norden Europas durch eine weitere Absteifung und Vervielfältigung des Besatzes von Kruseler und Rîse unter Beibehaltung des weißen Materials (siehe Textabbildung 5). Je südlicher, desto weniger verhüllend zeigen sich die Kopfbedeckungen, desto mehr scheint das weiße, undurchsichtige Material zurückgedrängt.

Der Rand des Kruselers wird häufig über den Schläfen durch hörnerartige Unterstützungen oder durch eine ebensolche Frisur in

Textabbildung 7
Hennin. Spätgotische, zuckerhutartige Kopfbedeckung, getragen auf ausrasiertem Haaransatz und mit Schleier bedeckt. Lesende (betende) Dame, 1470–1480. Gebetbuch Karls des Kühnen oder Stundenbuch der Maria von Burgund
Österreichische Nationalbibliothek, Wien.

die Höhe gezogen,[5] wodurch auch der Rest der wulstartigen Randgestaltung rundherum krempenartig in die Höhe gezogen erscheint. Die Führung dieses Randes um den Kopf herum kann nun in unterschiedlicher Weise erfolgen. In jedem Fall wird dieser Rand zum wichtigsten Teil der Kopfbedeckung, sodass das dazwischen liegende Material bisweilen sogar weggelassen wird. Diese verschiedenartig geformte kranzartige Umwindung des Kopfes bewegt sich in der Jahrhundertmitte von der Horizontalen in die Vertikale. D. h., die breit ausladenden Hörner, die mehr oder weniger aus einem elliptischen Kranz, der über den Schläfen hochgenommen erschien, entstanden waren, wurden nun höher und höher zum Scheitel hin zusammengeführt, sodass sich von vorne (und hinten) betrachtet ein schmales und langes „U"[6] sehen ließ (siehe die Schleppenträgerin auf großer Abbildung 2). Der elliptische Kranz war nun sozusagen vollkommen zusammengebogen. Es ist wichtig, diese „hochstrebende" Entwicklung zusammen mit der spätgotischen Formensprache zu sehen, um die Kopfbedeckungen der Burgundischen Mode als selbständige Produkte des europäischen Formwillens erkennen zu können und nicht als äffische Nachahmung irgendwelcher Vorbilder.

Es ist speziell der *Hennin*, der spitze kegelförmige Hut, dem immer wieder die Herkunft aus dem Orient nachgesagt wird. In diesem Zusammenhang sei darauf hingewiesen, dass Anregungen für die modische Kreativität gleichsam allgegenwärtig sind und doch nur das eine oder das andere, das gerade in die eigene Formensprache passt, ausgewählt wird. Auch in der spätgotischen Mode war die Sache nicht so einfach, dass ein Kreuzritter seiner Frau einen silbernen Turtur (darunter versteht man einen hornartigen Kopfschmuck, der heute noch im Südlibanon, von Jüdinnen in Algerien und Tunesien und von christlichen Maronitenfrauen getragen) als Geschenk mitgebracht hat und nun plötzlich die adeligen Frauen schlagartig diese zuckerhutartige Kopfbedeckung zu tragen begonnen hätten!

Alle derartigen Kopfbedeckungen wurden in ihrem in die Höhe strebenden Eindruck noch dadurch gesteigert, dass sie den Kopf nicht umfassten, sondern dass sie hoch oben auf dem Scheitel saßen. Um diese Wirkung noch zu unterstreichen, rasierten sich die Frauen den Haaransatz aus, um die Wirkung einer hohen gewölbten Stirn zu erreichen. Wie die spitzen, leicht nach hinten geneigten, oft mit einem bodenlangen Schleier beschwerten Kegel auf den rundum ausrasierten Köpfen der Frauen befestigt wurden, erfüllt uns heutzutage mit bewunderndem Staunen. Eng den Kopf umspannende Metallbügel, auf denen die Tüten festgeschraubt werden konnten, waren offensichtlich die Lösung. Ein Parallelfall darf in den aufwändigen Befestigungen der holländischen Trachtenhauben vermutet werden.[7]

Der Fußbekleidung der gotischen Frau kam im Rahmen der Gesamtsilhouette keine Bedeutung zu. Man bekam höchstens die überlängten Spitzen der Schnabelschuhe unter dem schleppenden Gewandsaum zu sehen. Hier war auch keine speziell weibliche Note herauszuholen. Man blieb daher bei den männlichen Vorbildern.

Abschließend sei daran erinnert, dass die Einbindung der Kleidung des 15. Jahrhunderts in das entsprechende Welt- und Menschenbild im Mittelalterkapitel untergebracht ist.

Bild-Anmerkungen

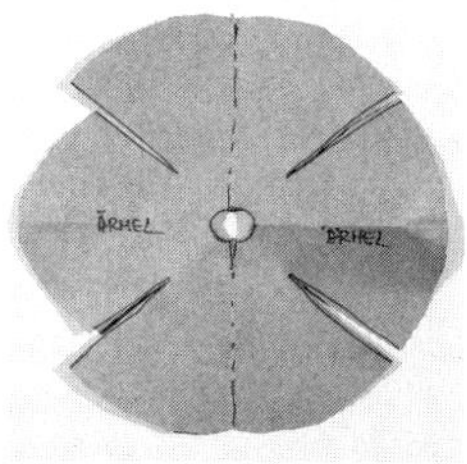

1 Schematische Schnittdarstellung zum mittelalterlichen Kreishemd.
Abbildung: Abteilung Kostümkunde an der Universität für angewandte Kunst, Wien

2 Schematische Schnittdarstellung zum mittelalterlichen Kreishemd.
Abbildung: Abteilung Kostümkunde an der Universität für angewandte Kunst, Wien

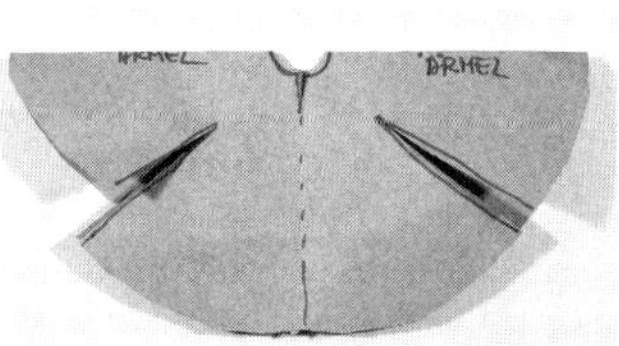

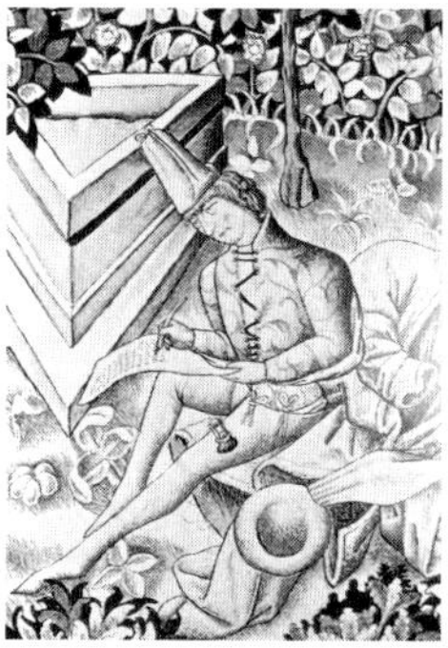

3 „Le champion des Dames", um 1460, frz. Buchmalerei.
Abbildung: Abteilung Kostümkunde an der Universität für angewandte Kunst, Wien

4 Marien- und Jakobsaltar, Hans Memling (1433–1494).
Abbildung: Abteilung Kostümkunde an der Universität für angewandte Kunst, Wien

5 Erste Hälfte 15. Jh., italienisch. Abbildung: Abteilung Kostümkunde an der Universität für angewandte Kunst, Wien

6 Jeanne de Montejean, Kirche von Bueil, Indre-et-Loire. Abbildung: Abteilung Kostümkunde an der Universität für angewandte Kunst, Wien

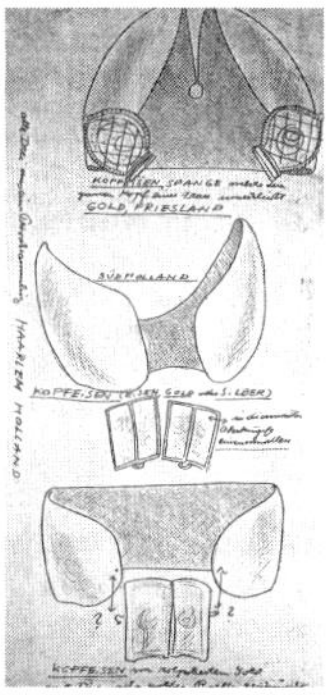

7 „Kopfeisen", Befestigung für holländische Trachtenhauben, Zeichnung: Elli Rolf. Abbildung: Abteilung Kostümkunde an der Universität für angewandte Kunst, Wien

4 15. Jahrhundert

Kostümkundliche Literatur

Birbari, E.: Dress in Italian Painting 1460–1500. London 1975

Cappi Bentivegna, F.: Abbigliamento e Costume nella Pittura Italiana. Rinascimento. Rom 1962

Floerke, H.: Die Moden der italienischen Renaissance. München 1917

Herald, J.: Renaissance Dress in Italy 1400–1500. London 1981

Kunsthistorische Literatur mit kostümgeschichtlich brauchbaren Abbildungen

Anjou, René d': Traité de la forme et devis d'un Tournoi. Paris 1946 (Faksimile)

Anjou, René d': Vom liebentbrannten Herzen (Auswahl). Eingeleitet von F. Unterkirchner. Graz 1975

Anzelewsky, F.: *Dürer.* Werk und Wirkung. Stuttgart 1980

Bartier, J.: Karl der Kühne. Genf 1976

Beenken, H.: *Hubert und Jan van Eyck.* München 1941

Berry, Jean de: Die Belles Heures des Jean de Berry. München (Faksimile)

Berry, Jean de: Très Riches Heures des Jean de Berry. München (Faksimile)

Berry, Jean de: Die Belles Heures des Jean duc de Berry in the cloisters New York. Einf. und Bildl. von M. Meiss und E. H. Beatson. München 1974

Carli, E.: *Il Pintoricchio.* Milano 1960

Chastel, A.: Die Renaissance. Die Ausbildung der großen Kulturzentren in der Zeit von 1460–1500. In: Universum der Kunst. München 1965

Chastel, A.: Die Renaissance. Die Ausdrucksformen der Künste in der Zeit von 1460–1500. In: Universum der Kunst. München 1966

Châtelet, A. / Thuillier, J.: Französische Malerei, Bd. 1. In: Malerei, Farbe, Geschichte (Skira). Genf 1963

Davies, M.: *Rogier van der Weyden.* München 1972

Degenhart, B. / Schmitt, A.: *Pisanello.* München 1995

Delenda, O.: *Van der Weyden.* Stuttgart, Zürich 1988

Dhanens, E.: *Hubert und Jan van Eyck.* Königstein im Taunus 1980

Esche, Ch.: Die Libreria Piccolomini in Siena. Frankfurt 1992

Flechsig. E.: *Martin Schongauer.* Straßburg 1951

Glanz, P. L.: *Meister Konrad Witz.* Bern 1947

Goldberg, G. / Heimberg, B. / Schawe, M.: *Albrecht Dürer*. Die Gemälde der Alten Pinakothek. München 1998

Heydenreich, Ludwig H.: Die Renaissance: Anfänge und Entfaltung in der Zeit von 1400–1460. In: Universum der Kunst. München 1972

Huillet, M. d'Istria: *Jean Perreal*. In: Gazette des Beaux Arts, Jg. 91, XXXV, 1949

Huillet, M. d'Istria: *Le maître de moulins*. Paris 1961

Jestaz, B.: Die Kunst der Renaissance. In: Große Epochen der Weltkunst. Freiburg, Basel, Wien 1984

Kaufmann, H.: *Stefan Lochner*. Bonn 1952

Knappe, A.: *Dürer*. Das graphische Werk. Wien, München 1964

Landolt, P.: Die deutsche Malerei I. 1350–1500. In: Malerei, Farbe, Geschichte (Skira). Genf 1968

Lassaigne, J.: La peinture espagnole I. Des Fresques Romanes au Greco. In: Malerei, Farbe, Geschichte (Skira). Genf 1952

Lassaigne, J. / Argan, G. C.: Das XV. Jahrhundert. In: Die großen Jahrhunderte der Malerei. Genf 1955

Lassaigne, J. / Argan, G. C.: Die flämische Malerei. Das Jahrhundert Van Eycks. In: Malerei, Farbe, Geschichte (Skira). Genf 1957

Niederländische Malerei im 15. und 16. Jahrhundert. *Hubert und Jan van Eyck*. Leipzig 1941

Pächt, O.: *Van Eyck*. München 1989

Paolucci, A.: *Piero della Francesca*. Florenz 1989

Pleister, W.: Giovanni Boccaccio. Der Münchner Boccaccio. München 1965

Plummer, J.: Die Miniaturen aus dem Stundenbuch der Katharina von Kleve. Berlin 1966

Recht, R. / Châtelet: Ausklang des Mittelalters. 1380–1500. In: Universum der Kunst. München 1989

Röhrig, F.: Der Babenberger Stammbaum im Stift Klosterneuburg. (Anm.: gemalt 1489–92, Kopie 1550). Wien (1975)

Scarpellini, P.: *Pintoricchio* alla Libreria Piccolomini. In: L'arte Racconta (11). Milano 1965

Schaefer, C.: *Fouquet*. An der Schwelle zur Renaissance. Dresden, Basel 1994

Scherer, V.: *Dürer*. Stuttgart, Leipzig 1904

Trenkler, E.: Das Livre du cœur d'amours espris des Herzogs René d'Anjou. Wien 1946

Tripps, M.: *Hans Multscher*. Ulm 1969

Vasselot, M. de: Les Tapisseries dites La Dame à la Licorne. Paris o. J.

Venturi, L.: La Peinture italienne I. Les createures de la Renaisssance. In: Malerei, Farbe, Geschichte (Skira). Genf 1950

Waetzold, W.: *Dürer* und seine Zeit. London 1938

Zehnder, P. (Hrsg.): *Stefan Lochner*. Meister zu Köln. Köln 1993

5 | 16. Jahrhundert

„Deutsche" Renaissance- und Reformationsmoden, „Spanische" Moden

Einleitung, kostümhistorischer Hintergrund

Das 16. Jahrhundert als eine Einheit zu betrachten ist zwar ein Monsterunternehmen, umschließt aber doch eine einzige Ganzheit: das Zeitalter der Renaissance. Ob nun „deutsch" oder „spanisch" macht hier nicht den Unterschied. Es ist damit nur festgelegt, wer in der ersten Jahrhunderthälfte und wer in der zweiten Jahrhunderthälfte den modischen Ton angibt. Wie schon an anderer Stelle erwähnt, tritt diese Dominanz in der europäischen Kostümgeschichte immer in Verbindung mit der politischen Vormachtstellung auf. In diesem Zusammenhang erscheint es bemerkenswert, dass sich Italien diesbezüglich nahezu nie hervorgetan hat. Es genügt eben nicht, dass nur die „Kunst" europäische Spitzenleistungen hervorbringt, wie dies wohl unbestritten im Italien des 16. Jahrhunderts der Fall ist, sondern man muss auch im politischen Kräftespiel an erster Stelle stehen. Trotz der Spitzenreiterposition Italiens im Bereich der bildenden Kunst im „Quattrocento" hat sich Italien mit der Burgundischen Mode auseinander setzen müssen und hat keine eigene vorbildhafte Mode für Europa kreiert. Diese Situation sollte sich in den folgenden Jahrhunderten nicht ändern. Die Zersplitterung Italiens in kleine Machteinheiten bot keine Basis für politische und damit modische Dominanz. Dazu kommt eine typische Eigenheit der italienischen Mode, die sich bis heute verfolgen lässt: Die Italiener verabscheuen förmlich jede Art von höfisch manierierter, hocharistokratischer Mode. Dies wird verständlich, wenn man bedenkt, dass Italien immer in kleine Machtzentren aufgeteilt war, die sich noch dazu (nicht immer friedlich) gegenseitig Konkurrenz machten. Eine einzige zentrale Machtposition war nie vorhanden, an der eine hocharistokratische, höfische Mode sich entwickeln hätte können. Man ist in Italien immer „bürgerlich" geblieben – zwar bürgerlich vom Feinsten, patrizisch bis zur höchsten Perfektion. Ob man nun Medici, Sforza, Farnese oder Gonzaga hieß, man blieb (fürstlicher) Patrizier. Die Töchter dieser meist superreichen Häuser allerdings waren begehrte Heiratskandidatinnen des europäischen Hochadels.

Modisch betrachtet, konnte die patrizische Bürgerlichkeit einen gewissen Zug zur Bequemlichkeit nie verleugnen. Dazu kommt die Ehrfurcht vor der menschlichen Anatomie, die durch den hohen und neuen Ausdruckswert der damaligen (italienischen für ganz Europa vorbildhaften) bildenden Künste zustande kam. Der langen Überlegungen kurzer Sinn ist der, dass sich die kostümkundliche Quellenbeschaffung einer gigantischen (von der Kunstgeschichte immer wieder hochgepriesenen) Masse von hochwertiger Kunst gegenübersieht, die jedoch nicht als Ausdruck einer modischen Dominanz gewertet werden dürfte.

Die historischen Ereignisse des 16. Jahrhunderts im Rahmen einer Kostümgeschichte darstellen zu wollen, grenzt ans Unmögliche. Es sollen nur wichtigste Fakten herausgehoben werden. Dazu gehört wohl die Untermauerung der Bezeichnung „deutsche" und „spanische" Mode. Die deutsche Hegemonie wurde schon durch die erwähnte Heirat von Maria von Burgund und Maximilian I. vorbereitet. Maximilian war dadurch mächtigster deutscher Fürst geworden, erzeugte aber gleichzeitig die Feindschaft seines Hauses (Habsburg) mit Frankreich. Seither bedeutet diese Gegensätzlichkeit einen Grundzug der europäischen Politik. Schon sein Enkel Karl V. (1519–1556), in dessen Reich bekanntlich die Sonne nicht unterging (durch Heiratspolitik war inzwischen auch Spanien dem Reich einverleibt worden) kämpfte sein Leben lang gegen den französischen König Franz I. (1515–1547). Dazu kamen noch im Inneren (nicht nur damals) die Partikularinteressen der Territorialfürsten, die im krassen Gegensatz zum Einheits- und Universalstreben der habsburgischen Kaiser standen. Eine weitere Schwierigkeit boten die religiösen Reformbestrebungen, die sich bald mit sozialen und politischen Spannungen aufluden. An dieser Stelle sei auf einen Zug des Luthertums, das schlussendlich die geistige Sonderentwicklung Deutschlands gegenüber dem Westen gefördert hat, hingewiesen. Im Gegensatz zu den westlichen Reformatoren geht es Luther – zweifelsohne neben vielem anderen – um eine innere Vertiefung des einzelnen Individuums. Dieser typisch neuzeitliche Denkansatz prägte den gesamten nordischen Humanismus und kommt nicht nur in dieser Luther-Facette zum Ausdruck. Damit soll aufgezeigt werden, dass der neuzeitliche Trend zum modernen Individualismus prägnanter, schärfer und auch kämpferischer im nordischen (deutschen) Bereich anzutreffen war und die notwendigen „Erfindungen" und „Entdeckungen" im Bekleidungskomplex, die eben auch auf Individualität abzielten, hier ihren besten Nährboden gefunden haben (zumindest in der ersten Hälfte des 16. Jahrhunderts).

Die spanische Hegemonie in der zweiten Hälfte des 16. Jahrhunderts als Basis der modischen Vormachtstellung lässt sich mit wenigen Sätzen umreißen. Karl I. (der deutsche Kaiser Karl V.) hat die unumschränkte Königsgewalt in Spanien begründet. Dazu kommt der immense Machtanstieg durch die amerikanischen Kolonien, sodass sein Sohn Philipp II. (1556–1598) den mächtigsten Thron Europas besteigen konnte. Mit einem Sieg über die türkische Flotte (Lepanto 1571) sicherte sich Spanien auch die Vorherrschaft im Mittelmeerraum. Es ist verständlich, dass von diesem Land auch der modische Ton angegeben wurde und in der Folge spanische Schneider in ganz Europa gefragt waren.

Welt- und Menschenbild als Basis der Gewandgestaltung

Die Aushöhlung der mittelalterlichen Weltanschauung hat nun endgültig ein Zusammensinken des „Gebäudes" mit sich gebracht, sodass die Ansichten des neuen Zeitalters wie ein Phönix aus der Asche emporsteigen konnten. Der Mensch als Abbild Gottes, als eigener Mikrokosmos stand nun im Zentrum des Interesses. Der Zeitpunkt war nun gekommen, wo all die vielen Einflüsse, die auf das mittelalterliche Europa eingewirkt hatten – als Anlass wäre vielleicht die Flucht der Gelehrten und Künstler aus Konstantinopel nach der Eroberung durch die Türken (1453) zu sehen –, gleichsam den neuen, westlichen, im Grunde genommen europäischen Menschen hervorbrachten. Auch das Christentum hatte in Mitteleuropa bereits so tiefe Wurzeln geschlagen, sodass (nordische) Reformideen sich zu etablieren begannen, die schlussendlich auch in der katholischen Kirche einen stark religiös-sittlichen Auftrieb herbeiführen sollten (Reformation und Gegenreformation).

Der Renaissancemensch hatte nun gleichsam die Genehmigung, ja sogar die Aufgabe – durch das Abbild Gottes, das er war – sich mit sich selbst ohne ständige Rückfrage im Jenseits zu beschäftigen. Wenn er den Blick auf sich selbst und auf die reale Welt richtete, konnte nichts schief gehen. Das Selbstwertgefühl des Menschen musste dadurch eine immense Steigerung erfahren haben. Die Naturwissenschaften erlebten einen ungeahnten Aufschwung, daneben auch die Kunst mit dem Künstler, dem nun gottähnliche Schöpfungskraft zukam. Der selbstbewusste, tatkräftige Typ war demnach gefragt (siehe große Abbildung 1). Dieses Selbstbewusstsein wollte der Renaissancemensch auch über seinen Tod hinaus fixiert wissen. Gemalte Ganzporträts, Büsten, Standbilder u. Ä. wurden in Auftrag gegeben, um den Nachruhm zu realisieren. Komödien und Sonette wurden verfasst, um in den Dichterolymp einzugehen. Auf diese Weise wurde das 16. Jahrhundert zum besten Lieferanten für kostümkundliche Quellen, den es je gab.

Diese neue Situation stellte den Menschen aber auch vor schwierige Aufgaben, da das Mittelalter für die Erforschung der Welt und des Menschen keine brauchbaren Muster hinterlassen hatte. Das Aufsuchen und Anwenden von Gesetzmäßigkeiten, Ordnungssystemen, Strukturen jeglicher Art erleichterte das Erfassen der diesseitigen Welt. Dazu zählten nicht nur mathematische und physikalische Gesetze, sondern auch die „Perspektivkunst" und die Anwendung des goldenen Schnittes in den bildnerischen Künsten. Die Harmonie der Formen muss wohl auch als eine Art Ordnungssystem angesehen werden, das mithalf, den Menschen und seine Welt besser wahrnehmen zu können. Die Methoden des Renaissancemenschen bedeuten aber auch freiwillige (kraftvolle) Grenzen zu setzen, die auszuloten leichter fiel, als im Unendlichen zu agieren. Bewusste Konstruktionen, die überschaubare, klare Tatsachen ergeben, wurden angestrebt. Talentierte und genial begabte Persönlichkeiten waren gefragt, die in zahlreichen Fällen zum Machtmenschen mutierten (vergleiche – Macchiavelli: „Il Principe"; hier wird unter anderem die Ansicht vertreten, dass es für einen Fürsten besser sei, von den Untertanen gefürchtet zu werden als geliebt).

In der *Silhouette der ersten Jahrhunderthälfte („deutsche" Renaissancemode)* war es vor allem einmal wichtig, die positive Diesseitsbezogenheit, die Verbundenheit mit dieser Welt zum Ausdruck zu bringen – immer in der Sicherheit, ein göttliches Abbild zu sein. Die formalen Ausdrucksmittel dieser Gewandsilhouette standen gleichsam unter umgekehrten Vorzeichen, verglichen mit der spätgotischen Formensprache. Nun war nicht mehr die himmelstrebende Vertikale angesagt, sondern die Horizontale gleichsam als Wiederholung der Erd-Ebene. Der Mensch steht selbstbewusst, quasi mit göttlicher Genehmigung, mit beiden Beinen besitzergreifend auf der Erde, auf seiner Welt. Die Horizontalen beginnen beim flachen Barett und enden bei den an der Spitze flach abgekanteten „Kuhmaulschuhen". Dazwischen liegen die überbreite Schulterlinie, die Taillenquerlinie, die mehrfach betonten Gewandsäume, um nur die „Haupt-Horizontalen" genannt zu haben. Dieser Formenkatalog lässt sich sowohl in der Männer- als auch in der Frauenmode nachweisen. Bleibt an dieser Stelle noch zu ergänzen, dass die erwähnten italienischen Qualitäten einen direkten Zugang sowohl zur deutschen als auch zur spanischen Renaissancemode gefunden haben, wenn man folgende politischen Verbindungen in Erwägung zieht: Bis 1559 herrschte der deutsche Kaiser Karl V. über einen Teil des Herzogtums Savoyen, Mailand war Streitobjekt zwischen Karl V. und Franz I., bis es 1556 spanisches Nebenland wurde; Neapel und Sizilien sind seit 1504 Länder der Krone Spaniens.

Die oben beschriebene weltanschauliche Basis des Renaissancemenschen bleibt auch für die *Spanische Mode (Silhouette der zweiten Jahrhunderthälfte)* bindend (siehe große

Große Abbildung 1
„Deutsche" Renaissancemode.
Repräsentative Form der Schaube mit gebauschten Halbärmeln und daran leer hängenden Ärmelröhren. Unterhalb Faltrock, Wams und Kniehose mit Kniestrümpfen. Barett und Kuhmaulschuhe als modische Accessoires.
Heinrich VIII. (1491–1547), 1536/37,
Hans Holbein d. J. (1497–1543).
Abbildung: Archiv der Abteilung Kostümkunde an der Universität für angewandte Kunst, Wien

Abbildung 2). Die erste Fassung der Thematik ist bereits vorhanden, nun kann man sich an Verfeinerungen, Perfektion und schlussendlich auch an manierierte Übertreibungen wagen, die das Endstadium der Renaissancemode signalisieren. Das Schöne hat gleichsam seine Selbständigkeit gegenüber dem Guten gewonnen. Vielfach wird versucht, das Leben selbst als Kunstwerk zu gestalten. In diesem Sinne hat sich die perfekte Konstruktion der Silhouette, die Konstruktion der Kleidung unmerklich verselbständigt. Es sind viel weniger der spanische Stolz, die spanische Strenge oder der spanische Ehrbegriff, die immer wieder für die starre Note der Spanischen Mode verantwortlich gemacht werden, sondern vielmehr das generelle Ordnungsbedürfnis, das Bestreben Grenzen zu setzen und der Hang zum Konstruieren, die das gesamte Zeitalter kennzeichnen. Trotzdem wäre auf einige weniger bekannte spanische Besonderheiten hinzuweisen, die über die Weltmachtposition hinausgehen. Die Westgoten haben die schwachen Weströmer im 5. Jahrhundert aus Spanien verjagt und hier ein Königreich gegründet. 586 hat man bereits den Katholizismus übernommen, und zwar im orientalisch-syrischen Ritus, was gewisse Parallelitäten zu Byzanz ergeben hat. Der Hang zum Dekorativen, zum nahezu plastischen Ornament hat hier vermutlich eine seiner Wurzeln. Uneinigkeiten im Königreich selbst haben dazu geführt, dass man die Araber zu Hilfe gerufen hat, die schließlich einen Großteil Spaniens besetzten, mit Ausnahme von Asturien, das unter westgotischer Herrschaft verblieb. Dass die Araber Toleranz walten ließen, ist bekannt, und dass gerade deshalb viele islamische Züge im christlichen Kulturgepräge Spaniens zu finden sind, ergibt sich daraus. Im 11. Jahrhundert allerdings beginnen sich mit dem Erstarken des Christentums in ganz Europa in Spanien die christlichen Kräfte zur Wehr zu setzen. Die Reconquista dauert bis ins 15. Jahrhundert an (1492 fällt Granada, die letzte Bastion der Araber in Spanien).

Das Bekenntnis zum Christentum hat in Spanien demnach von Anfang an einen anderen Stellenwert und auch eine andere Färbung. Das Bekenntnis zum Christentum bedeutet in Spanien Widerstand gegen den Islam, Bekenntnis zum angestammten Volkstum, wer für das Christentum kämpft, kämpft für Spanien und gegen die Fremdherrschaft. Die Spanier perfektionierten sich sozusagen im Christentum, im ständigen Sich-beweisen-Müssen gegen den (anfangs sicherlich überlegenen) Islam. Eine Reformation war hier nicht gefragt. Ein Ketzer zu sein bedeutete in Spanien auch (weltlichen) Hochverrat. Der religiöse Fanatismus (Inquisition) fand hier einen guten Nährboden. Die Tendenz des Zeitalters, die kraftvolle Persönlichkeit zu bevorzugen, der man auch bereit war so manches zu pardonieren, hat nicht nur zu dieser Sorte von Fanatismus geführt, sondern letztlich auch zur genügsam bekannten Intoleranz der nordischen Reformatoren.

Kostümkundliche Interpretation

Männerkleidung

Den Wunsch, die spezielle Anatomie auf die Kleidung zu übertragen, konnte man schon voraussetzen. Die notwendige Technologie dazu hat man allerdings erst entdecken oder erfinden müssen.

Dem Ordnungsstreben und den Grenzsetzungsbemühungen des Renaissancemenschen ist es zu verdanken, dass die mittelalterliche Unentschlossenheit im Gewandbereich nun mit selbstsicherer Hand konstruktiven Lösungen zugeführt worden ist. Es wird nun deutlich unterschieden in Unter-, Ober- und Überkleidung und man ist auch dementsprechend bemüht, die Unterschiede klar zu akzentuieren, Abgrenzungen zwischen den einzelnen Gewandschichten herzustellen. Alle diese Vorgänge passieren unter dem Vorzeichen der Darstellung der individuellen, unverwechselbaren Persönlichkeit.

Textabbildung 1
Taillenkurzes Wams und voll geschlossene Hose, die sich aus den mittelalterlichen Einzelbeinlingen entwickelt hat.
Fahnenträger, ca. 1510, Lucas van Leyden.
Abbildung: Archiv der Abteilung Kostümkunde an der Universität für angewandte Kunst, Wien

Die *Männerhose* mit einem Latz vorne zu verschließen, nachdem man die Beinlinge rückwärts in der Mitte mit einer Naht verbunden hatte, scheint dem nachträglichen Betrachter nicht besonders schwierig zu sein. Wenn man allerdings bedenkt, dass es bis dahin noch nie eine bis zur Taille sichtbare Männerhose gegeben hat, dann sieht die Sache schon etwas anders aus. Die Wämser (die frühere Schecke) waren also taillenkurz geworden, sodass man unter Zugzwang stand. Damit war die Hose in ihrer vollen Länge in den Oberkleidbereich eingetreten.[1] Nun war es endlich so weit, dass man das schwelende technische Problem schlagartig einer Lösung zuführen musste. Die mit Nachdruck durchgeführte Neugestaltung sollte aber auch Verbreitung finden. Die übertriebene Akzentuierung des Hosenlatzes (Braguette) resultiert zum Großteil aus dieser Konstellation und sollte nicht nur mit erotischen Aspekten in Verbindung gebracht werden. Es kann sich wohl in diesem Jahrhundert nicht nur um wild gewordene Männer gehandelt haben, deren Hauptanliegen es war, ihren Hosenlatz möglichst auffällig und dekorativ zu gestalten. Zu denken gibt in diesem Zusammenhang, dass auch die katholischen spanischen Könige nicht auf die Braguette verzichteten! Oder dass alte Männer genauso wie die jungen im Norden und im Süden, ob katholisch oder protestantisch, dieses Prunkstück trugen (siehe große Abbildung 1, 2). Man müsste vielleicht deshalb versuchen, den Hosenlatz vordergründig als technische Erfindung zu betrachten, die es bis dahin noch nie gegeben hat!

Es war nicht nur das Verschlussproblem, das man zu Beginn der Neuzeit zu lösen hatte, sondern es waren auch die übereng gewordenen Beinlinge (Hosenröhren), die ein Abbiegen der Knie oder der Hüftgelenke verhinderten und die wieder bewegungsfreudiger gestaltet werden mussten. Man brachte an den Bewegungszonen eine Reihe von kleinen Querschlitzen an, die schlussendlich mit einem Durchtrennen der Hose im Kniebereich endeten, womit man die Hose in zwei Teile geschnitten hatte: Die Kniehose mit den dazugehörigen Kniestrümpfen wurde auf diese Weise erfunden! Man hat jedoch nicht aufgehört, die Hose mittels der ebenso erfolgreich und sinnvoll angewendeten Schlitztechnik weiterhin zu verzieren. Die Schlitze waren dabei ins rein dekorative Stadium hineingeraten (siehe Textabbildung 6) und die Hose so zerschnitten, dass man darunter noch eine Futterhose ziehen musste, da der löchrig gewordene „Überzug" – wie man die äußere Hose nannte – nicht allein getragen werden konnte. Sobald man das

Große Abbildung 2
Spanische Mode (1560–1620). „Geschneidertes" Wams mit geschweiftem Schößel und ebensolchem Stehkragen, kegelförmig ausgestopfte Heerpauke (Hose) mit Braguette (Schamkapsel), anatomisch geformte, absatzlose Halbschuhe. Erzherzog Wenzel (1561–1578), 1574, Alonso Sánchez Coello (1531–1588). Kunsthistorisches Museum, Wien

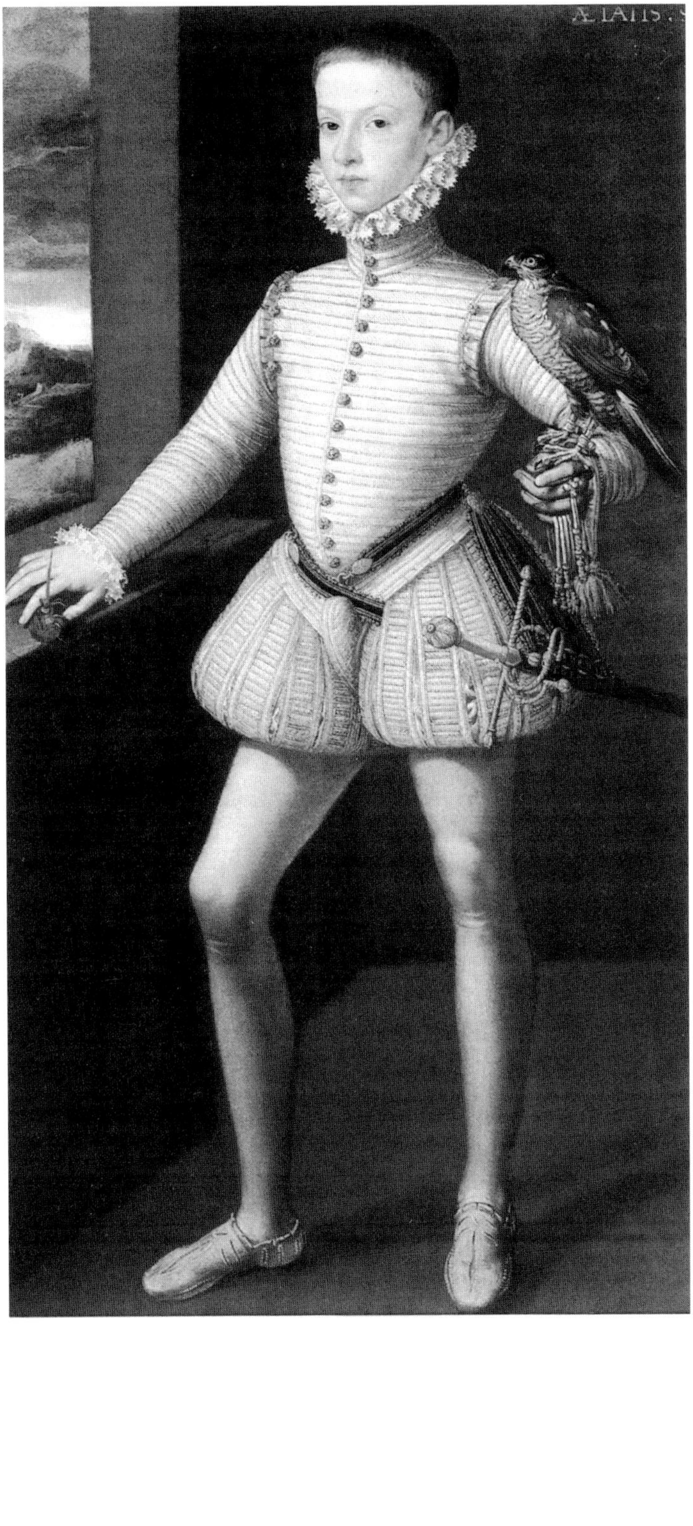
ÆTATIS.

Hosenproblem gelöst hatte, war es etwas aus dem Zentrum des Interesses geraten. Man verdeckte die Hose immer öfter mit dem Schößel des Faltrockes (dieses Kleidungsstück wird an anderer Stelle exakt zu beschreiben sein). Die Hose sollte sich erst wiederum in der zweiten Jahrhunderthälfte an die Oberfläche drängen. *In der Zeit der Spanischen Mode (1560–1620)* übernahm die Hose gleichsam die optische Funktion des Faltrockschößels, das zu einem schmalen Streifen geschrumpft war. Um dem Volumen des alten Faltrockschößels gerecht zu werden, musste die Futterhose kräftig ausgestopft werden. Über diesem Unterbau bilden die Streifen eine kegelförmige, halbschenkellange *Pumphose (Heerpauke)*. Ein manieriertes Endstadium der Schlitzkonstruktion war damit herbeigeführt. Im übrigen Europa war gerade diese spanische Heerpauke verständlicherweise den stärksten Abwandlungen unterworfen. So trug man z. B. in England,[2] in Frankreich und speziell in Italien[3] die spanische Heerpauke meist in Kombination mit einer Kniehose.

Die *Kniestrümpfe* mussten entsprechend dem Kürzerwerden der Heerpauke weit über das Knie hinaufgezogen werden. Die Fixierung wurde somit immer schwieriger. Man löste das Problem, indem man an dem unteren Rand der Heerpauke eine an der Oberfläche unsichtbare Leiste anbrachte, die mit Löchern versehen war, an denen man die eher unelastischen Stümpfe annesteln konnte. Ähnlich verfuhr man mit den weichen hohen Lederstiefeln[4]: Sie wurden mit einer Art Strapse ebenfalls am unteren Rand der Heerpauke befestigt.

Beim Wams (siehe Textabbildung 1) konnte man auf die Vorarbeit des 15. Jahrhunderts zurückgreifen. Man musste jedenfalls nicht von Null beginnen. *Wams und Faltrock* bilden oft eine Einheit (siehe große Abbildung 1), werden aber bisweilen doch getrennt getragen. Beide zeigen sich deutlich als Oberkleidung. Das Wams hat den Unterkleidbereich, dem es zu Ende des 15. Jahrhunderts zumindest teilweise angehörte, klar und deutlich verlassen und wird speziell dann, wenn es alleine getragen wird, nachdrücklich als Oberkleid deklariert. Das Wams wird durchgehend taillenkurz gestaltet, um dem wichtigeren Kleidungsstück, der oben beschriebenen Hose, genug Raum zu lassen. Der untere Rand des Wamses dient noch immer zur Fixierung der Hose mittels der schon aus dem Mittelalter bekannten Nesteln.[5] Diese Funktion ist bei allen Wämsern gleich, während die Ausgestaltung davon abhängig gemacht wird, ob es mit oder ohne Faltrock getragen wird. Prinzipiell gilt nach wie vor, dass in der Oberkleidung nicht sichtbar werdende Teile des Gewandes weniger kostbar ausgestaltet erscheinen. Das Wams wird bisweilen mit einem bis zur Taille reichenden Dekolleté versehen, worin sich entweder das Hemd oder auch eine Art Brustlatz zeigen.

Dem *Faltrock* (siehe auch große Abbildung 1) gilt mit Sicherheit das größere Interesse, denn das Wams kann seine mittelalterliche Herkunft trotz der neuzeitlichen Kaschierung doch nicht ganz verleugnen. Es sind nicht sosehr die mächtigen Glockenfalten des knielangen Schößels, sondern es ist die Taillenquernaht, die als die herausragende technologische Erfindung der beginnenden Neuzeit gewertet werden muss. An dieser Taillenlinie lässt man das glatte, eng anliegende, dekolletierte Oberteil enden und setzt rundherum ein in tiefe Glockenfalten gelegtes Schößel an, das nahezu keine Weitenbeschränkung kennt.[6] Die Falten sind gleichmäßig angeordnet und wirken fixiert, man überlässt schließlich nichts dem Zufall. Das Nebeneinander dieser vielen gleichartigen Orgelpfeifenfalten ergibt insgesamt eine markante Horizontale, die etwa dadurch unterstützt sein kann, dass die Falten abwechselnd zweifarbig gestaltet sind, wobei zur Steigerung der horizontalen Wirkung am Saum ein mehrmaliger Wechsel der Farben stattfinden kann. An der verbreiterten Schulternaht zeigt sich ein überdimensional gebauschter Ärmelansatz, der sich in einem oft nachdrücklich und dekorativ gestalteten Ärmel fortsetzt, um die angeklungene Breite weiterzuführen.

Textabbildung 2
Faltrock mit eng anliegendem, dekolletiertem Oberteil und weit ausschwingendem Glockenfalten-Schößel.
Die Messe von Bolsena (Detail), 1512,
Raffael (1483–1520).
Abbildung: Archiv der Abteilung Kostümkunde an der Universität für angewandte Kunst, Wien

In der Zeit der Spanischen Mode verliert der Faltrock wie beschrieben scheinbar zugunsten der Heerpauke an Bedeutung. Es ist jedoch der auf diese Weise zum Wams geschrumpfte Faltrock, der die eigentlichen Neuerungen der Spanischen Mode in sich trägt. Die Bezeichnung muss in Wams geändert werden, denn der Name Faltrock verliert mit dem neuen, in Form geschnittenen, im Endeffekt glatten Schößel seinen Inhalt. Im spanischen Wams (1560–1620, siehe große Abbildung 2) manifestiert sich zum ersten Mal in der europäischen Kostümgeschichte die Kunst des Schneiders. Zu den bisherigen textilen Künsten (Stoffherstellung, Nähen, Sticken u. a.) kommt nun noch der raffinierte, komplizierte Zuschnitt hinzu. Man beginnt dreidimensional zu denken. Die menschliche Anatomie wird als geometrischer Körper aufgefasst, um den herum der Schnitt konstruiert wird. Die mathematischen Vorlieben des Zeitalters haben sich hier wohl stärker abgezeichnet als die spanische Strenge! Meister ihres Faches waren selbstverständlich die spanischen Schneider. Ihre Kunst war in ganz Europa gefragt. Bezeichnenderweise ist in Spanien das erste, in ganz Europa verbreitete Schnittbuch gedruckt worden. Es überrascht nicht, dass dieses Werk „Libro de geometria pratica y traça etc." (Juan de Alcega, Madrid 1589) heißt. Der neue geometrische Schwerpunkt konnte nur durch das Zurücknehmen anderer Akzente deutlich gemacht werden. Daher wird es auch verständlich, dass die Farbe als Gestaltungsmittel in der Spanischen Mode in den Hintergrund treten muss. Die Farbe mit der neutralsten Aussage, nämlich Schwarz, wird zur Lieblingsfarbe erkoren. Weiß und Rot in Nuancen sind neben der favorisierten Hauptfarbe ebenfalls stark vertreten. Alles „Hintergründe", auf denen sich der Schnitt demonstrieren lässt. Kontrastierende, selbstverständlich kostbarste (brettchengewebte) Borten unterstreichen die kunstvolle Linienführung. Die dekolletierten Wämser der ersten Jahrunderthälfte sind verschwunden und haben dem hochgeschlossenen Typus Platz gemacht. Der Verschluss wird nun bis zum Kinn hinaufgeführt. Ein Faktum, das eine raffinierte Schnittlösung voraussetzt. Denn es gilt, einen Hals nachformenden, hohen geschwungenen Stehkragen an die „Kurve" des Halsloches anzusetzten, während man sich zu Beginn des Jahrhunderts mit dem großen Ausschnitt (letztendlich eine extreme Schlitzvariante) über diese Schwierigkeit hinwegzusetzen wusste. Auch der Arm wird in einer glatt anliegenden, engen Röhre nachgeformt. Die Bewegungsfreiheit ist in der leicht gebogenen Linienführung des Ärmels gleichsam auf elegante Weise integriert. Die einzelnen Schnittteile, wie Ärmel, Stehkragen und Schößel, werden im Sinne der renaissancemäßigen Klarheit deutlich gegeneinander abgegrenzt. An der Ärmelansatznaht bildet sogar ein plastischer Wulst die Grenzlinie. Darin ist wohl der letzte Rest einer Doppelärmelgestaltung zu sehen: Ein ehemals gebauschter Überärmel wurde immer mehr zusammengeschoben und dabei auch dezimiert, bis nur mehr ein Achselwulst übrig geblieben ist. Diese Position verwendete man bisweilen zur temporären Anbringung von Wechselärmeln, die jedoch im spanischen Fall nicht kontrastierend gestaltet waren, sondern sich in die Oberfläche des übrigen Kostüms widerspruchslos einfügten, um letztendlich die Wirkung des Schnittes nicht zu stören.

Auf eine gleichsam verdeckte Funktion des Wamses muss noch hingewiesen werden. Da die Wämser und der Faltrock nun in eine Schicht zusammengezogen erscheinen, fällt das Unterwams weg, das bekanntlich am Anfang des Jahrhunderts zum Annesteln der Hose (Beinlinge) diente. Diese Funktion übernahm nun eine Stoffleiste mit vielen Löchern, die, von außen unsichtbar, unterhalb des Schößels angebracht wurde. Hier konnte man nun die Heerpauke, die durch das Ausstopfen sicherlich ein beachtliches Gewicht aufwies, annesteln.

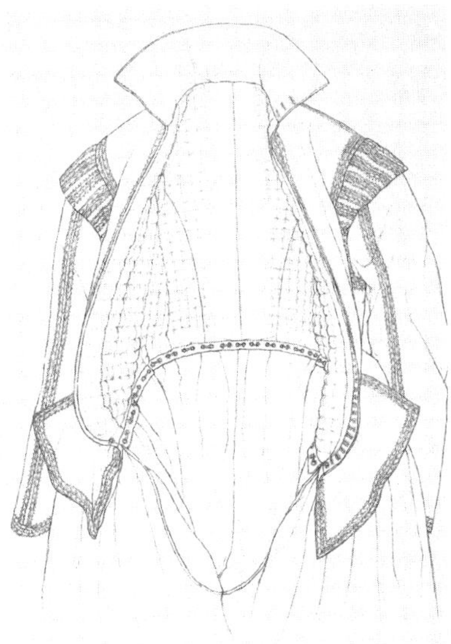

Textabbildung 3
Innenseite eines spanischen Wamses, von außen unsichtbare Löcherleiste zum Annesteln der Hose.
Originalwams, 1603. Zeichnung von Janet Arnold

Mit Wams und Faltrock gemeinsam zu betrachten bleibt noch die Unterkleidung, womit im Falle des 16. Jahrhunderts das *Hemd* gemeint ist. Das mittelalterliche Wäschehemd trat an der Gewandoberfläche – falls überhaupt vorhanden – meist nicht in Erscheinung, während im ordnungsbewussten Klarheitsbestreben der Renaissance die Existenz des Hemdes – wenn schon vorhanden – nicht übergangen werden durfte. Die deutsche Renaissancemode versah die ein- oder zweifache Oberkleidung mit großen Ausschnitten. Das Hemd besaß das kleinste Dekolleté, das Unterwams das größere und der Faltrock das größte. Auf diese Weise waren alle drei Ausschnitte und damit auch die entsprechenden Kleidungsstücke an der Oberfläche deutlich sichtbar. Das Halsloch des Hemdes wurde zu Beginn des Jahrhunderts mit einem halsfernen Ausschnitt versehen. Übrigens eine sehr seltene Situation in der europäischen Männermode (siehe Textabbildung 2)!

Schon in den 1530er Jahren hat man das Hemd – manche behaupten unter dem Einfluss der „puritanischen" Gewandanschauungen der Reformatoren – höher und höher geschlossen, bis man schließlich bei einem eng den Hals umschließenden Stehkragen angelangt war. Der Stehkragen wurde durch das Zusammenfassen der Weite in unzählige kleine Fältchen, was meist mit aufwändigen Stickstichen geschah, gebildet. Auf diese Weise blieb am obersten Rand ein kleines Rüschelchen stehen. Aus diesem schmalen

Textabbildung 4
Hochgeschlossenes Hemd. Die Weite des Hemdes scheint mittels kleinster Fältchen zusammengefasst. Kunstvolle Stickstiche ergeben einen Stehkragen. Illegitimer Sohn Philipps des Guten von Burgund (?), 1520 (?), Jan Gossaert (Mabuse 1478–ca. 1533/34) Staatliche Museen, Preußischer Kulturbesitz

gekräuselten Saum sollte sich später die spanische Halskrause entwickeln. Bedingt durch die neue Engheit des Halsausschnittes, musste auch wiederum ein Halsschlitz angebracht werden, der im Bereich des engen Stehkragens mit Bändchen, Kordeln oder auch winzigen Knöpfchen geschlossen erscheint. Der Oberkleidsituation des Hemdes wurde im sichtbaren Bereich mit farbigen oder goldenen Stickgarnen Rechnung getragen.

In der Zeit, als der Hals vollkommen vom modischen spanischen Wamsstehkragen umschlossen war, blieb für das Hemd rundum – unter dem Kinn, den Ohrläppchen und dem Ansatz des Hinterkopfes – nur ein schmaler Schlitz übrig, an dem die Existenz des Hemdes gleichsam nur in der Form einer Halskrause herausgepresst werden konnte. Analog verhält sich auch die Situation an den Handgelenken, wo die Krausen ebenfalls immer größere Dimensionen annahmen (siehe große Abbildung 2).

Textabbildung 5
Toque (krempenlose Kopfbedeckung) aus der Zeit der Spanischen Mode. Hochzeitsmahl, 1578, Anthoni Bays. Abbildung: Archiv der Abteilung Kostümkunde an der Universität für angewandte Kunst, Wien

Die klassische spanische Halskrause ist dadurch gekennzeichnet, dass sie sehr hoch oben sitzt und nicht allzu ausladend gestaltet wird – im Gegensatz zu den barocken Auswüchsen im 17. Jahrhundert. Das aufwändige Faltenzusammensticken hat man sich allerdings in der spanischen Zeit erspart, da diese Partie ohnehin durch den Stehkragen des Wamses verdeckt erschien (siehe große Abbildung 2). Der Stehkragen und die darauf sitzende Krause haben die Bewegungsfreiheit des Kopfes radikal eingeschränkt. Es war unmöglich den Kopf zu drehen oder zu nicken. Auch dies ist nicht sosehr den nationalen spanischen Eigenheiten zuzuschreiben, als vielmehr der „geometrischen" Auffassung vom menschlichen Körper, der nun so weit als möglich in einen (geometrischen) „Mantel" hineinkonstruiert werden muss. Bezüglich der Fertigung der *Kröse* wäre noch anzufügen, dass sie an den Stehkragen des Hemdes angekraust wurde und nicht in Falten gelegt. Die Falten hat man vom äußeren Rand mit einer Art Brennschere in das mit Stärke gesteifte Material „eingebrannt" (vergleiche den Ausdruck „Plisseebrennerei", der noch bis in das 20. Jahrhundert verwendet worden ist).

Nach der Beschreibung der Oberkleidung und der Unterkleidung fehlt nun noch die Kategorie der *Überkleidung*. Auch in diesem Bereich gelang es der Renaissance ein nachhaltig wirksames Exempel zu statuieren: *die Schaube* (vergleiche auch große Abbildung 1). Mit diesem Kleidungsstück ist für die neuzeitliche Zukunft ein für alle Mal der Mantel – ein nicht mehr über den Kopf zu ziehendes Kleidungsstück – als Überkleid definiert worden. Mit besonderem Nachdruck wurde dieses Ziel in der deutschen Renaissancemode verfolgt. Die bürgerlichen Tendenzen, die unweigerlich auch dem reformatorischen Gedankengut anhaften, haben die Ausbildung dieser zunächst sehr funktionellen Überkleidform beschleunigt. Der Übernahmevorgang in den repräsentativen Bereich der Herrschenden hat die Schaube zwar verballhornt, aber gleichzeitig ihr Ansehen gehoben.

Länge und Weite der Schaube wählte man in einer Dimensionierung, die dem Umfassen der horizontal ausladenden Oberkleidung entsprach. Als wichtigste gestalterische Aufgabe kann jedoch die Erfindung und die damit verbundene Überbetonung der vorderen durchgehenden Öffnung angesehen werden. Das nachdrücklichste Mittel, die Öffnung eines Kleidungsstückes vom Halsloch bis zum Saum deutlichst hervortreten zu lassen, besteht im Offenlassen und Auseinanderschieben der Kanten. Zwischen den vorderen Öffnungskanten zeigt sich auf diese Weise ein breiter Streifen der darunter liegenden Kleidungsschicht (siehe große Abbildung 1). Dies bedeutet eine markante Trennungsmöglichkeit der beiden Kanten des Überkleides durch eine andere Materialstruktur, eine andere Farbgebung und auch durch eine andere Herstellungstechnik des darunter getragenen Oberkleides. Als zusätzliche Unterstüt-

Textabbildung 6
Varianten der Schaube.
Die Predigt Johannes des Täufers, 1549, Lucas Cranach d. Ä. (1472–1553).
Herzog-Anton-Ulrich-Museum, Braunschweig

zung in dieser Richtung kann der Pelzbesatz[7] der Kanten gelten, der als breiter, materialmäßig und auch oft farblich konstrastierender Schalkragen vom Saum an der einen Öffnungskante aufsteigt, um den Nacken herum- und an der anderen Kante hinabführt, um schließlich wiederum am Saum zu enden. Dieser Besatz, der nicht immer aus Pelz gefertigt erscheint, gehört meist dem nach außen geschlagenen Futter der Schaube an. Ein wie auch immer geartetes Verschließen der Kanten, etwa durch Knöpfe, könnte in keinem Fall an den Betonungswert des eben beschriebenen Öffnungsstreifens heranreichen. Weiters besitzt die Schaube eine geradezu geniale, noch nie da gewesene und auch nicht an östlichen Kaftangewändern (von denen viele die Schaube abgeleitet wissen wollen) orientierte schnitttechnische Lösung: Um den Sitz an der Schulter – trotz der üppigen Weite des Gewandes – zu garantieren, hat man einen *Sattel mit formender Schulternaht,* der nur leider allzu häufig durch den breiten Schalkragen verdeckt erscheint, erfunden. Neben der exakten Passform um den Schultergürtel ergibt sich dadurch gleichzeitig die Möglichkeit, einen üppigen Glockenfaltenansatz – der sich für das Umfassen der „Horizontalvorliebe" der Oberkleidung als notwendig erweist – am glatten Sattel anzubringen. Hier wiederholt sich die Vorgangsweise, die beim Faltrock schon beschrieben worden ist. Es handelt sich hier nun nicht mehr wie beim mittelalterlichen Glockenhemd um einen Kreis, in dessen erweitertem Mittelpunkt das Halsloch liegt, sondern vielmehr um einen Kreisring, der mit seinem inneren Umfang faltig an den Sattel ansetzt (siehe Textabbildung 7). Der

Ärmel der Schaube zeigt sich ebenfalls in neuartigen Formen und Trageweisen (siehe Textabbildung 6). In Verbindung mit der offen getragenen Schaube kommt den Ärmeln eine gesteigerte Bedeutung zu: Sie helfen das symmetrisch angelegte Kleidungsstück in dieser Position – trotz der offen stehenden Verschlusskanten – festzuhalten. Die auf diese Weise entstandene Wichtigkeit drückt sich in einem übertriebenen Formenreichtum aus.

Textabbildung 7
Wichtigstes Zuschnittdetail der Schaube: der Sattel. Exakte Passform wird möglich ohne Verzicht auf die üppige Weite des Kleidungsstücks. „Aufstehen nach langer Krankheit", 1535, Hans Weiditz (Petrarca Trostspiegel, Augsburg)

Die überlange Ärmelröhre wird in mehrere Abschnitte zerlegt, die oft nur punktförmig untereinander zusammenzuhängen scheinen, sodass verschiedene Ausgriffsmöglichkeiten für die Hand entstehen.

Die Schaube wurde zu Beginn des 16. Jahrhunderts von Männern und Frauen als Überkleid und wie erwähnt auch als repräsentatives Kleidungsstück getragen. Es war das erste und auch das einzige Mal in der Kostümgeschichte Europas, dass das Überkleid Mantel zu den primären modischen Interessen zählte! In der Folge hielt man zwar an diesem praktischen und zweckentsprechenden Kleidungsstück fest, aber es sollte immer im Schatten des Oberkleides stehen. Im Bereich der Oberkleidung spielte sich jeweils die Ausformung der modischen Silhouette ab, während sich die Überkleidung dementsprechend anzupassen hatte.

Bleibt noch anzuführen, dass die Schaube auch in die Tendenz der horizontalen Linienführung eingebunden wird. Die breite Schulterlinie der Schaube, gebildet durch den weit ausladenden Schalkragen und den nach außen geschobenen, üppig gebauschten Ärmelansatz, stellt wohl den europäischen Höhepunkt an horizontaler Schulterbetonung dar (siehe große Abbildung 1). Der runde Saum, der nicht selten durch einen breiten kontrastierenden Besatz unterstrichen wird, schließt das Kleidungsstück nach unten hin kräftig horizontal ab. Die Saumlängen sind variabel. Bis gegen die Jahrhundertmitte setzt sich allerdings die kniekurze Form durch.

Textabbildung 8
Die zum spanischen Cape dezimierte Form der Schaube.
Verkümmerte Hängärmel bilden den letzten Rest der einstmals mächtigen und variantenreichen Schaubenärmel.
Ein deutscher Landesfürst, in Weigel, Hans: Trachtenbuch. Nürnberg 1577

In der zweiten Jahrhunderthälfte bleibt die Schaube als mehr oder minder verhüllendes Überkleid eingeschränkt erhalten. Auch die amtstrachtlichen Talare zeigen sich dieser anfänglichen Form verbunden und sollten es bis in die heutige Zeit bleiben. Nur die topmodische Richtung der Spanischen Mode wusste sich mit der voluminösen Schaube nicht viel anzufangen; speziell dann, wenn es sich um formelle, repräsentative Gewandformen handelte. In diesem Bereich erscheint die Schaube immer mehr dezimiert: in der Länge, in der Weite, im Bereich des Schalkragens und des anfänglich mächtigen Saumbesatzes. Sie wird zum dekorativen Mäntelchen degradiert, das nur mehr total abgemagerte, in keinem Fall anziehbare Hängärmel (siehe Textabbildung 8) besitzt. In Erinnerung an den einst so mächtigen Schalkragen hat sie nun einen abgesteiften, eigentlich funktionslosen Stehkragen bekommen. In unterschiedlichen Dimensionen hält sich dieser Mantel (auch mit Kapuze – dann *Capa* genannt) als *Spanischer Mantel* in zahlreichen formellen Hofkleidungen bis zum Ende des 18. Jahrhunderts. Es sei daran erinnert, dass als „Herzstück" der Spanischen Mode das die schneiderischen Intentionen des Jahrhunderts ausdrückende Wams gelten muss.

Die Vervollständigung der Renaissancesilhouette bringen *Kopfbedeckung* und Schuhe. Bis zur Jahrhundertmitte gilt das *Barett* als modische Kopfbedeckung. Das Barett kann zunächst als Sprengung der spätmittelalterlichen, zu klein gewordenen, kegelstumpfartigen Kopfbedeckung interpretiert werden, die von unten her mehrfach eingeschnitten worden ist, um wieder auf den Kopf zu passen. In der Folge hat diese „Blumentopfmütze" in Höhe und Breite zugenommen und man hat unterschiedliche Arten des Einschneidens und Aufsteckens der auf diese Weise entstandenen Streifen erfunden, sodass eine Vielfalt an Formen entstehen konnte. In den 1540er Jahren etwa haben sich die Variationen auf eine Hauptform eingependelt. Kostbare Haarnetze, Kappen und Hauben wurden unter den Baretten getragen, was bisweilen auch sehr notwendig zu sein schien, da die Barette großen, flachen Scheiben glichen, die nur auf einer darunter getragenen Kopfbedeckung Halt finden konnten, besonders wenn sie schräg aufgesetzt worden sind. Die Barette der ersten Jahrhunderthälfte zeigen sich für Männer und Frauen nahezu gleich.

Die *Männerkopfbedeckung der Spanischen Mode* ist untrennbar mit dem Kurzhaarschnitt verbunden. Die Halskrause machte langes Haar ebenso unmöglich, wie auch die breite ausladende Barettform unpassend schien. Die krempenlose *Toque* (siehe Textabbildung 5) und später der schmale *spanische Hut* wurden zur aktuellen Kopfbedeckung. Der total eingesunkene „Kopf" des Baretts wurde nun wieder nach oben aufgebläht und je höher er wurde, desto kleiner wurde der Umfang des Baretts, sodass die Toque gleichsam als krempenloser Hut in Erscheinung trat. Zuerst noch weich, am unteren Rand in Falten gelegt,[8] wurde sie bald mit einem abgesteiften, kegelstumpfförmigen Unterbau versehen. Der spanische Hut zeigt sich dem Kopf der Toque angeglichen, wurde jedoch zusätzlich mit einer schmalen scheibenförmigen Krempe ausgestattet.

Die untere Begrenzung der Silhouette wurde vom absatzlosen, mit breiter gerader Zehenkappe endenden Schuh gebildet. Die Bezeichnungen muten lautmalend an, wie *Kuhmäuler, Bärentatzen* (siehe große Abbildung 1, Textabbildung 1, 2, 6) oder *Hornschuhe*.

Textabbildung 9
Barett der deutschen Renaissancemode.
Bonifacius Amerbach, 1519, Hans Holbein d. J. (1497–1543).
Abbildung: Archiv der Abteilung Kostümkunde an der Universität für angewandte Kunst, Wien

Frauenkleidung

(Hinweis: Bezüglich der Frauenkleidung muss auf die vielfach bereits im „Männerkapitel" beschriebenen Technologien, Interpretationen und Kostümdetails verwiesen werden.)

Auch in der *Frauenoberkleidung* bedient man sich in der „deutschen" Phase der Renaissancemode einer gelungenen Kombination von Schlitz- und Faltentechnik. Die große Erfindung, welche die Frauenmode bis ins beginnende 20. Jahrhundert begleiten sollte, ist die *Trennung in Rock und Mieder*. Mit anderen Worten ausgedrückt, ein in Taillenhöhe rundum verlaufender Querschlitz, der die alte, zu eng gewordene burgundische Robe horizontal auseinander teilt und auf diese Weise die Möglichkeit geschaffen hat, das Rockvolumen mit Falten, Reifröcken, Turnüre, Drapierungen, mehrfach übereinander liegenden Röcken etc. mit einem eng schnürenden Mieder übergangslos zu kombinieren, muss als die zukunftsweisende Neuerung angesehen werden. Auf diese Weise konnte neben dem herausmodellierten Busen der Hüftsprung – das ist der Übergang von der schlanken Taille zur breiten Hüfte – nun endlich, nach den unbefriedigenden Ergebnissen des Mittelalters, in jeder gewünschten Dosierung dargestellt werden.

In der deutschen Renaissancemode setzte eine dicke Faltenschicht an das glatte Mieder an. Hinsichtlich der Anzahl und der Tiefe der geometrisch exakt aneinander gereihten Glockenfalten musste man sich nun nicht mehr einschränken. Ob nun der Rock an das Mieder angenäht war oder nicht, tut der „Trennung" in Rock und Mieder keinen Abbruch. Es wären grundsätzlich beide Arten denkbar.

Innerhalb des Mieders befindet sich mit der vorderen Öffnung ein äußerst wichtiger „Schlitz", der einerseits die Sprengung der burgundischen Engheit bedeutet, andererseits die Möglichkeit bietet, das Mieder enger an den Körper zu „schnüren". Das burgundische V-förmige Dekolleté wurde an der Spitze weit auseinander geschoben. Auf diese Weise entstand vorne in der Mitte eine parallel auseinander geschobene Öffnung (ein breiter Schlitz), die von den Schultern bis zur Taillenlinie reichte. Mit Hilfe der Schnürung war es nun möglich, das Mieder an die Körperform heranzuschnüren und den Busen ganz oder teilweise in das offene Dekolleté zu integrieren. Indem man das Dekolleté in der Schnürung aussparte, hatte man abermals einen großen, plastischen Schlitz geschaffen und ersparte sich dabei die

Große Abbildung 3
Deutsche Renaissancemode. Kleid in Rock und Mieder getrennt, Unterstützung der Horizontalbetonung durch das ausladende Barett und den dreifachen Saumbesatz am Rock, Ärmelröhre in „Gelenkzonen" unterteilt. Bildnis einer Dame mit Blume, 1526, Lucas Cranach d. Ä. (1472–1553).
Abbildung: Archiv der Abteilung Kostümkunde an der Universität für angewandte Kunst, Wien

Textabbildung 10
Hochgeschlossenes, dekolletébedeckendes Hemd. Vorform der Spanischen Halskrause. Bildnis einer Dame, um 1545, Lucas Cranach d. Ä. (1472–1553).
Abbildung: Archiv der Abteilung Kostümkunde an der Universität für angewandte Kunst, Wien

schwierige Konstruktion, Ausschnitt und Schultern in das Mieder mit einzubeziehen. Die zu eng gewordenen Ärmel der burgundischen Robe wurden analog den Männerärmeln und -beinlingen an den Gelenkstellen varationsfreudig geschlitzt und nicht selten ließ man das Hemd an der Schulter und am Ellbogen hervorquellen, was übrigens auch in der Männermode (siehe große Abbildung 1, Textabbildung 4) passierte und in beiden Fällen rasch in das rein dekorative Stadium hinüberglitt. Die Möglichkeit in renaissancemäßiger Genauigkeit auf die Existenz der Unterkleidung hinzuweisen, hat man sich (wie bei den Männern beschrieben) nicht entgehen lassen. Das Dekolleté füllte sich im Laufe der 1530er Jahre mit dem Hemd. Das *Hemd* wuchs bis zum Hals hinauf und die Weite wurde hier wie auch in der männlichen Variante in feinster Fältchenarbeit zusammengefasst. Wie erwähnt liegt dieser Vorgangsweise das Bestreben zugrunde, mit deutlichen Akzenten die Gewandschichten voneinander markant abzusetzen.

Die Überkleidung der Frauen entspricht der bei den Männern beschriebenen *Schaube*. Die Schaube ist verständlicherweise bei den Frauen, deren Wirkungsbereich noch lange Zeit innerhalb des Hauses liegen wird, seltener anzutreffen als bei den Männern. Bei Bedarf ist dieser neuzeitliche Mantel mit seinen anziehbaren Ärmeln und seiner vorderen Öffnung jedoch auch von den Frauen getragen worden[9] und hat diese Überkleidfunktion bis ins 20. Jahrhundert – in immer wieder variierter Form – auch beibehalten.

Große Abbildung 4
Die spanische Silhouette zeigt erstmalig in der europäischen Kostümgeschichte die Kunst des Schneiders. Die Begeisterung für geometrische Formen erfasst auch den Zuschnitt der Kleidung. Juana von Aragon (geb. Pernstein), ca. 1580, Juan Pantoja de la Cruz (1553–1608).
Abbildung: Archiv der Abteilung Kostümkunde an der Universität für angewandte Kunst, Wien

In der Zeit der Spanischen Mode tritt allerdings eine daneben herlaufende eigenartige *Symbiose von Oberkleid und Schaube* auf, die auch mit der Veränderung der Grundsilhouette (Oberkleid) zusammenhängt.

Die klassische Spanierin zeigt sich wie ihr männliches Gegenstück bis zum Kinn und bis zum Ansatz des Hinterkopfes hochgeschlossen. Die Motive der Veränderung gelten hier ebenso wie bei den Männern. Auch im Falle der Frauen ist nicht nur die moralische Strenge der Grund zur Verhüllung, sondern vielmehr die neu entstandene Schneiderkunst, die nun beweist, dass sie es auch schafft, das Dekolleté und die Schultern durch raffinierte Schnittführung mit einzubeziehen und damit auf die Schlitztechnologie der ersten Jahrhunderthälfte verzichten zu können. Wie bei den Männern wird der Hals in die komplizierte geometrische Ummantelung des Körpers mit einbezogen, sodass nur der bewusste schmale Schlitz übrig bleibt, an dem die *Halskrause* als Zeichen für die Existenz der Unterkleidung (Hemd) herausquillt. Die weiblichen Krösen zeigen sich aufwändiger und verspielter, vielleicht noch kostbarer als die männlichen Gegenstücke. Ebenso verzichtet man nun auf die Faltenfülle des Rockes und bedient sich diffizilerer Methoden. Die Rockoberfläche zeigt sich vollkommen glatt und faltenlos. Die Kegelmantelkonstruktion wird in diesem Fall als geometrisches Problem aufgefasst, zu dessen Lösung kein einziges Fältchen herangezogen wird. Wie bei einem Lampenschirm

Textabbildung 11
Zusammenwachsen von Schaube und Oberkleid, die Schaube erscheint im Schulter- und Stehkragenbereich in die Oberkleidschicht integriert.
Erzherzogin Anna (1528–1590), 1556, Hans Mielich (1516–1573).
Kunsthistorisches Museum, Wien

wird die Stützkonstruktion mit dem Oberstoff umspannt. Der Unterbau wird von einem Reifrock gebildet. In den Herstellungsmethoden des Reifrockes waren die Spanier glücklicherweise schon geübt, denn bereits in der Zeit des burgundischen Modevorbildes hatten sie Reifen in die Frauenröcke eingezogen, die allerdings außen sichtbar waren, während sie nun den Unterrock stützen.

Die Ärmel- und Oberflächengestaltung erfolgt analog zu den männlichen Ausformungen.

Wie erwähnt, bringt die *Kombination der abgewandelten Schaube mit der spanischen Oberkleidsilhouette* eine Vielzahl von neuen Kreationen, die mit losen, lockeren Formen beginnen. Die auf diese Weise entstandenen Gewänder sind in der Regel dem repräsentativen, formellen Sektor zuzurechnen. In österreichischen Gebieten werden sie sich als so genannter „Jankher" bis ins Barockzeitalter hinein in der Galakleidung erhalten.

In diesem Zusammenhang sei angemerkt, dass es besonders die Italiener waren, die dieses Mantelkleid in der etwas weiteren Form auch in der Zeit des unumgänglichen spanischen, höfischen und daher auch etwas manierierten Vorbildes zu schätzen wussten. Auf diese Weise können sie ihre damalige europäische Spitzenposition in der Stoffherstellung voll ausspielen und mit Hilfe des Materialluxus von der Gestaltung der modischen Silhouette ablenken.

Im übrigen Europa bevorzugte man eine bewusst weibliche Antaillierung der Schaube. Die Schaube wurde in vielen Variationen an die Oberkleidsilhouette herangebracht; unverschlossen, teilweise verschlossen, ganz geschlossen, mit und ohne Ärmel, meist in Farb- und Materialübereinstimmung, meist in gleicher Länge, bisweilen aber auch etwas kürzer. Im Endeffekt war die ehemalige Schaube vom eigentlichen Oberkleid nicht mehr zu unterscheiden (siehe große Abbildung 4). Es versteht sich, dass der hohe Beliebtheitsgrad dieser speziell im repräsentativen Bereich eingesetzten Gewänder in den einzelnen europäischen Ländern dazu geführt hat, auch spezifische Bezeichnungen hervorzubringen, die aufzuzählen nur Verwirrung schaffen würde.

Auch im Bereich der *Kopfbedeckung* zeigt sich die Frau erstaunlich emanzipiert. Sie trägt nicht nur die Schaube, sondern auch das (männliche) *Barett* mit den entsprechenden Haarnetzen, Unterkappen und -hauben (siehe Textabbildung 12). Hier kann wiederum auf die bei den Männern beschriebenen Formen und Technologien verwiesen werden. Vervollständigt wird die Zahl der Kopfbedeckungen bei den Frauen durch die aus dem Mittelalter tradierten Schleier und Tücher, die allerdings auf spezielle Gelegenheiten und auch auf bestimmte geografische Gebiete beschränkt erscheinen. In der *Zeit der Spanischen Mode* verkleinert sich auch bei den Frauen die Kopfbedeckung. Sie wird noch kleiner als bei den Männern, da das Volumen der Frisur stärker einbezogen wird. Es entwickelt sich das, was später Coiffure genannt wird. Worunter man bis zur Garçonne der 1920er Jahre ein Zusammenwirken von Frisur und Kopfbedeckung oder Kopfbedeckungsteilen verstanden hat. Die spanische *Toque* der Frauen wird bisweilen dementsprechend winzig, dass sie nur mehr als Dekoration der Frisur empfunden wird. Mit Edelsteinsträußchen und Federn kombiniert, sitzt die Toque schräg und neckisch auf der

Textabbildung 12
„Männliche" Kopfbedeckungen für Frauen in der ersten Hälfte des 16. Jh. (Barett, kappenartige Haarnetze). Die Prinzessinnen Sibylla, Emilia und Sidonia von Sachsen, um 1535,
Lucas Cranach d. Ä. (1472–1553).
Kunsthistorischen Museum, Wien

Höhe der nun über den Ohren straff hochgenommenen und über der Stirn auftoupierten Frisur (siehe Textabbildung 13). Bisweilen wird die Toque sogar weggelassen und das Dekor bleibt alleine stehen. Der bei den Männern beschriebene Spanische Hut findet bei den Frauen keinen Anklang. Trotz der viel strapazierten spanischen Strenge zeigt sich der Kopf der Spanierin überraschend unverhüllt, sodass die Beschreibung der Frisur unausweichlich erscheint. Neben der erwähnten über der Stirn hochstrebenden Frisur war auch eine Teilung durch den Mittelscheitel üblich (1570er Jahre). In diesem Fall senkt sich die Frisur in der Mitte der Stirn nach unten – dies wird oft noch durch einen Edelsteintropfen unterstrichen – und zieht in breitem Bogen jeweils an den Seiten etwa bis in Ohrläppchenhöhe (siehe große Abbildung 4). Diese Linie unterstützend, werden auch häubchenartige Gebilde kreiert, die Elemente der alten Haarnetze, der wulstartigen Kopfumrundungen oder auch der Halskrausenstruktur[10] beinhalten, die Frisur aber niemals ganz verdecken.

Aus der bisher beschriebenen Kostümsituation des 16. Jahrhunderts war gewissermaßen eine Substanzveränderung der Gewandsilhouette abzulesen. Die Weichen waren sozusagen für die neuzeitliche Kostümgeschichte Europas gestellt worden, als deren Endprodukt die Weltmode der westlichen Zivilisation anzusehen ist. Die Gewandschichten wurden festgelegt und die Einzelteile der Frauen- und Männerkleidung wurden auf Jahrhunderte hinaus definiert. Die Vorstellung dieser zukunftsweisenden neuzeitlichen Kleidungsstücke war dementsprechend aufwändiger, verglichen mit den nun folgenden Jahrhunderten. Derart tief greifende substantielle Veränderungen, wie sie an der Wende vom Mittelalter zur Neuzeit erfolgten, fanden später nicht mehr statt. Die Veränderungen betrafen mehr oder weniger nur die Kontur.

Abschließend sei vorweggenommen, dass auch die Spanische Mode in einen sinnentleerten, übersteigerten Manierismus hineinmanövriert worden ist, der dem aufstrebenden barocken Welt- und Menschenbild das Eindringen in die alten Gewandformen erleichterte.

Textabbildung 13
Spanische Coiffure, bestehend aus hochtoupierter Frisur und dezimierter Form der Toque mit Gesteck. Infantin Isabella Clara Eugenia, 1584, Felipe de Llano (Schule Alonso Sánchez Coello).
Abbildung: Archiv der Abteilung Kostümkunde an der Universität für angewandte Kunst, Wien

Bild-Anmerkungen

1 Biblioteca Piccolomini, Pinturicchio, Bernardo, 1500, Siena (Dom).
Abbildung: Abteilung Kostümkunde an der Universität für angewandte Kunst, Wien

2 England, anonym, um 1588.
Abbildung: Abteilung Kostümkunde an der Universität für angewandte Kunst, Wien

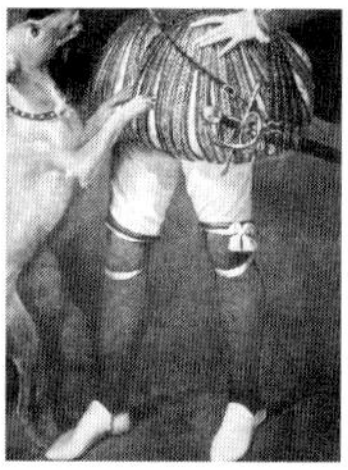

3 Italien, Bartolomeo Passerotti (1529–1592).
Abbildung: Abteilung Kostümkunde an der Universität für angewandte Kunst, Wien

4 Philip II. (1527–1598), Sánchez Coello, 1566 (Anthonis Mor).
Abbildung: Abteilung Kostümkunde an der Universität für angewandte Kunst, Wien

5 Hellebardier, Jacopo Pontormo, um 1530.
Abbildung: Abteilung Kostümkunde an der Universität für angewandte Kunst, Wien

6 Heinrich VIII., Holbeinschule, 1539. Abbildung: Abteilung Kostümkunde an der Universität für angewandte Kunst, Wien

7 Sir Henry Guildford, Hans Holbein, 1527. Abbildung: Abteilung Kostümkunde an der Universität für angewandte Kunst, Wien

8 Franz v. Frankreich, Herzog von Alençon und Anjou, frz. Schule, um 1560. Abbildung: Abteilung Kostümkunde an der Universität für angewandte Kunst, Wien

9 Anna von Sachsen, Hans Krell, 1551. Abbildung: Abteilung Kostümkunde an der Universität für angewandte Kunst, Wien

10 Elisabeth von Österreich, um 1570. Abbildung: Abteilung Kostümkunde an der Universität für angewandte Kunst, Wien

5 16. Jahrhundert

Kostümkundliche Literatur

Alcega, Juan de: Libro de geometria, pratica, y traça. Madrid 1589. Facsimile Bean, Ruth (Hrsg.), Translation by Jean Pain and Cecilia Bainton. Introduction and notes: J. L. Nevinson. Bedford 1979

Arnold, J.: Patterns of Fashion. Bd.: The Cut and Construction of Clothes c. 1560–1620. London 1985

Arnold, J.: Three examples of late sixteenth and early seventeenth century neckwear In: WuK 15/2, 1973

Arnold, J.: Elizabethan and Jacobean Smocks and Shirts. In WuK 19/2, 1979

Arnold, J.: A Women's Doublet about 1585. In: WuK 23/2, 1981

Arnold, J.: Queen Elizabeth's Wardrobe unlock'd. Leeds 1988

Ashelford, J.: The Sixteenth Century. In: A Visual History of Costume. London 1983

Cappi Bentivegna, F.: Abbigliamento e costume nella pittura italiana. Bd. 1.: Rinascimento. Rom 1962–64

Dihle, H.: Neue Forschungen zur Spanischen Tracht. In: WuK 6/10, 1929/30

Fink, A.: Die Schwarzschen Trachtenbücher. Berlin 1963

Hackenbroch, Y.: Renaissance Jewelry. London 1980

Kathke, P.: Porträt und Accessoires. Eine Bildnisform im 16. Jahrhundert. Berlin 1997

Laver, J. (Hrsg.): Das Kostüm. Eine Geschichte der Mode. Renaissance und Frühbarock. München 1951

Levey, S.: Lace. A History. London 1983

Müller-Christensen, S.: Die männliche Kleidung in der süddeutschen Renaissance. In: Kunstwissenschaftliche Studien 15. Berlin 1934

Newton, St. M.: The Dress of the Venetians 1495–1525. Aldershot 1988

Rohr, A. von: Kleidung eines Patriziers aus Einbeck vom Ende des 16. Jahrhunderts. In: WuK 18/1, 1976

Schieber, M.: Lebensformen und Kleidermoden in der Zeit Ottheinrichs. Neuburg 1978

Stolleis, K.: Die Kleider der Maria Jacobäa Fugger (1562–1588). In: Documenta Textilia. Berlin 1981

Stolleis, K.: Die Kleidung des Octavian Secundus Fugger (1549–1600) aus dem Nachlaßinventar von 1600/01. In: WuK 23/2, 1981

Streiter, A. / Weiland, E.: Brettchengewebte Zierborten an Kostümen der Spanischen Mode. In: Wuk 17/1, 1985

Weigel, H.: Habitus praecipuorum populorum, ... Trachtenbuch: Darin fast allerley und der fürnembsten Nationen / die heutig tags bekandt sein / Kleidungen / Nürnberg 1577. Faksimile: Unterschneidheim 1969

Wilckens, L. von: Kleiderverzeichnisse aus zwei Jahrhunderten in den Nachlaßinventaren wohlhabender Nürnbergerinnen. In: WuK 21, 1979

Zander-Seidel, J.: Textiler Hausrat. Kleidung und Haustextilien in Nürnberg von 1500–1650. München 1990

Kunsthistorische Literatur mit kostümgeschichtlich brauchbaren Abbildungen

Arasse, D. / Tönnesmann, A.: Der europäische Manierismus 1520–1610. In: Universum der Kunst. München 1997

Auerbach, E.: *Nicholas Hilliard.* London 1961

Baccheschi, E.: L'opera completa del *Bronzino.* In: Classici dell'arte. Milano 1973

Benesch, O.: Die deutsche Malerei II. Von Dürer bis Holbein. In: Malerei, Farbe Geschichte. Genf 1966

Breughel – Brueghel. Flämische Malerei um 1600. Tradition und Fortschritt. Ausstellungskatalog. Kunsthistorisches Museum Wien. Lingen 1997

Burgkmaier, H.: Turnierbuch. Hrsg. von J. v. Hefner. Frankfurt 1853. W. Hrsg. in: Die bibliophilen Taschenbücher. Dortmund 1978

Campbell, L.: Renaissance Portraits. New Haven, London 1990

Diederichs, E. (Hrsg.): Deutsches Leben der Vergangenheit in Bildern. 2 Bde. Jena 1908

Glück, G.: Das große *Brueghel* Werk. Wien 1951

Gregori, M. / Rossi, F.: *Giovanni B. Moroni.* Ausstellungskatalog. Bergamo 1979

Heinz, G.: Studien zur Portraitmalerei an den Höfen der österreichischen Erblande. In: Jahrbuch der Kunsthistorischen Sammlungen in Wien. Bd. 59. Wien 1963

Heinz, G.: Das Portraitbuch des Hieronymus Beck v. Leopoldsdorf. In: Jahrbuch der Kunsthistorischen Sammlungen in Wien. Bd. 71. Wien 1975

Heinz, G. / Schütz, K. u. a.: Portraitgalerie zur Geschichte Österreichs von 1400–1800. Führer durch das Kunsthistorische Museum 22. Wien 1976

Heydenreich, L. H. / Passavant, G.: Die großen Meister in der Zeit von 1500–1540. In: Universum der Kunst. München 1975

Hirth, G. (Hrsg.): Kulturgeschichtliches Bilderbuch aus drei Jahrhunderten. Bd. 1. Leipzig, München 1882

Hütt, W.: *Albrecht Dürer.* Das gesamte graphische Werk. 2 Bde. München 1971 (Literatur über A. D. siehe auch 15. Jahrhundert)

Jahn, J.: *Lucas Cranach d. Ä.* München 1972

Kaminski, M.: *Tiziano Vecellio, genannt Tizian.* Köln 1998

Klauner, F.: Spanische Portraits des 16. Jahrhunderts. In: Jahrbuch der Kunsthistorischen Sammlungen in Wien. Bd. 57. Sonderheft 182. Wien 1961

Kusche, M.: *Pantoja de la Cruz.* Madrid 1963

Lassaigne, J. / Delevoy, L. R.: Die flämische Malerei. Von Hieronymus Bosch bis Rubens. In: Malerei, Farbe, Geschichte. Genf 1958

Lieb, N. / Stange A.: *Hans Holbein d. Ältere.* München, Berlin 1960

Löcher, K.: *Jakob Seisenegger.* Linz 1962

Mellen, P.: *Jean Clouet.* London 1971

Morassi, A.: *Tiziano.* Mailand 1964

Musper, H. T.: Der Holzschnitt in 5 Jahrhunderten. Stuttgart 1964

Pignatti, T.: *Veronese.* L'opera completa. Venedig 1976

Piovene, G.: L'opera completa del *Veronese.* In: Classici dell'arte. Mailand 1968

Rowlands, J.: *Holbein.* Oxford 1985

Ruhmer, E.: *Cranach.* Köln 1963

Saavedra, S. (Hrsg.): *Alonso Sánchez Coello.* Ausstellungskatalog, Prado. Madrid 1990

Schade, Werner: Die Malerfamilie *Cranach.* Dresden 1974

Seipel, W.: *Pieter Bruegel d. Ä.* im Kunsthistorischen Museum. Wien 1997

Stange, A.: Die Malerei der Donauschule. München 1964

Stepanow, A.: *Lucas Cranach d. Ä.* Bournemouth 1997

Tietze, H.: *Tintoretto.* London 1948

Tolnay, Ch. de: The drawings of *Pieter Brueghel* the elder. New York 1952

Venturi, L.: La Peinture italienne II. La Renaissance. In: Malerei, Farbe, Geschichte. Genf 1951

Venturi, L.: Das XVI. Jahrhundert. In: Die großen Jahrhunderte der Malerei. Genf 1956

Vertova, L: *Veronese.* Mailand 1952

Waetzold, W.: *Hans Holbein d. J.* Königstein im Taunus 1958

Willenski, R. H.: Flemish Painters 1430–1830. London 1960

Winzinger, F.: *Albrecht Altdorfer.* Graphik. München 1963

Winzinger, F.: *Albrecht Altdorfer.* Die Gemälde. München 1975

6 | 17. Jahrhundert

Barockmoden

Einleitung, kostümhistorischer Hintergrund

Welt- und Menschenbild als Basis der Gewandgestaltung

Da das Konzept der neuzeitlichen Kleidung mit den Renaissancemoden festgelegt erscheint und die gesamte Grundhaltung dem modernen Menschen näher ist als das Mittelalter oder die Griechen und Römer, kann in der Folge das historische mit dem Welt- und Menschenbildthema in einem Abschnitt zusammengezogen werden. Die immer größer werdende Vielfalt der historischen Details kann und muss ab nun größtenteils vorausgesetzt werden. Wenn es allerdings gilt, kostümliche Fehlhaltungen aufzuklären, dürfen historische Ereignisse nicht vernachlässigt werden, wie z. B. der unaufhörlich kolportierte Zusammenhang zwischen Dreißigjährigem Krieg und barocker Mode. Die Mode der ersten Hälfte des 17. Jahrhunderts nur auf die kriegerischen Zeiten zurückführen zu wollen ist einfach zu wenig. Kriege hat es schließlich immer und überall gegeben – die dazugehörige Mode ist aber immer recht unterschiedlich ausgefallen.

Trotzdem muss die politische Situation im europäischen Kräftespiel kurz umrissen werden. Die Auseinandersetzungen zwischen den Konfessionen, zwischen dem Kaiser und den Ständen, zwischen Frankreich und Habsburg eskalieren. Kriegerische Zusammenstöße sind unvermeidlich. Deutschland wird zum Kampfplatz Europas. Die Bilanz der Kriege sieht unmittelbar nach der Mitte des Jahrhunderts folgendermaßen aus: Der Kaiser und damit das Reich haben erheblich an Macht verloren, dagegen ist die Souveränität der Fürsten gestiegen. Diese Situation lässt Deutschland als politischen „Fleckerlteppich" erscheinen – zur Freude Frankreichs. Die spanische Vorherrschaft war eindeutig gebrochen. Frankreichs – daneben Schwedens und Brandenburgs – Aufstieg war nicht mehr zu stoppen. Mit Ludwig XIV. (1643–1715) war der fürstliche Absolutismus an einem Höhepunkt angelangt, der bekanntlich nicht nur auf Frankreich beschränkt geblieben ist. Ein gewisses Gegengewicht erwuchs Frankreich im Osten. Vor allem Kaiser Leopold I. (1658–1705) gelang es, durch den heroischen Widerstand gegen die Türken einen Ausgleich zu schaffen für die Einbußen im Westen. Das wieder erstarkte türkische Reich hatte um die Mitte des 17. Jahrhunderts gemeinsam mit Frankreich (!) den Kampf gegen Habsburg wieder aufgenommen. Aber die bekannten Kriegserfolge durch Prinz Eugen brachten Österreich die politische, wirtschaftliche und kulturelle Vormachtstellung in Mittel- und Südosteuropa.

Alle diese historischen Ereignisse können den barocken Menschen in seiner kostümlichen Handlungsweise nicht restlos erklären. Das Renaissanceweltbild erschien mit seinem Streben nach Ordnungssystemen, Gesetzmäßigkeiten etc. zu eng und zu drückend. Die ehemals freiwillig aufgerichteten Grenzen hielten nicht mehr stand, sie wurden überschritten und niedergerissen. Außerhalb der Grenzen erwartete den Menschen jedoch ein anderer Maßstab. Der Mikrokosmos Mensch sah sich wiederum der Unendlichkeit in Zeit und Raum gegenüber. Die menschliche Nichtigkeit in diesen Dimensionen wurde abermals bewusst. Das Erleben der Vergänglichkeit der eigenen Existenz (Vanitaserlebnis) und das daraus resultierende „carpe diem" (nütze den Tag) sollten zu den Grunderlebnissen des barocken Menschen werden, woraus sich schlussendlich nahezu alle barocken Erscheinungsformen des Kostüms ableiten lassen. Die Flüchtigkeit, die Unwiederbringlichkeit des Augenblicks, die Momenthaftigkeit, die plötzliche Veränderbarkeit mit dem Vorzeichen des extremen Ausnützens dieser kurzen Einheit kennzeichnen den Ausdruckswillen des Menschen im 17. Jahrhundert.

Es überrascht nicht, dass dieses Zeitalter das Theater zu seiner Lieblingskunst erkoren hat. Dass das Theater im Barock den Weg von den exklusiven Zirkeln der Renaissance in die Gefilde des Berufstheaters eingeschlagen hat, verwundert ebenfalls nicht. Um der Veränderbarkeit Ausdruck zu verleihen, hat man das Kulissensystem erfunden, das einen raschen und oftmaligen Umbau erlaubte und auf dessen Leinwänden man mit Hilfe der im vorangegangenen Jahrhundert gelernten Perspektive die ganze Welt, samt Himmel und Hölle, unterbringen konnte. Auf diese Weise ist der Ausstatter zum wichtigsten Künstler auf dem Theater geworden.

Was können nun diese Ausdruckswerte für den Bereich der Gewandgestaltung bedeuten?

Der barocke Mensch sucht nach einem veränderbaren, beweglichen Kostüm, das noch dazu die Übersteigerungstendenz des „carpe diem" in sich tragen muss. Die starre, konstruierte, gegen den umgebenden Raum abgegrenzte Renaissancesilhouette ist diesen Anforderungen jedenfalls total entgegengerichtet. Ein Aufweichen der steifen spanischen Oberfläche muss zunächst zum Ziel der Gestaltung erhoben werden, um eine Basis für die barocke Beweglichkeit zu schaffen. Der Bortenbesatz, die oft stuckaturhafte Ornamentik, die beliebte matte Oberfläche, alles, was ein Kostüm förmlich ein für alle Mal zu fixieren schien, um eine Silhouette möglichst bewegungslos im Raum festhalten zu können, wird „aufgeweicht". Die neue Aufgabenstellung erforderte vielmehr eine Kontur, die sich jederzeit veränderte, die die Bewegung des Körpers in den umgebenden Raum hinein weiterleiten konnte und die für plötzliche Überraschungen geeignet war. Man bevorzugte weiche, glänzende Stoffe, welche die Bewegung des Körpers mitmachten, die gleichsam in den Raum weiterschwingen konnten. Die neuen glänzenden Oberflächen bedeuteten ein unbegrenztes, sich immer wieder veränderndes Lichtspiel auf der Gewandoberfläche. Es wurde modern, antigeometrisch, antispanisch zu gestalten. Alles das waren prinzipielle Kostümgestaltungsanliegen der Zeit, daher auch „Männersache". Die Frauenkleidung entsprach eher einer Variation des männlich gestalteten Hauptthemas. Diese Einstellung macht es verständlich, dass in der zweiten Jahrhunderthälfte eine Männermode wie die Rheingrafenmode entstehen konnte. Der Mann erscheint über- und beladen wie ein Zirkuspferd. Rüschen, Maschen, Bandschluppen, Tressen, Knöpfe, Federn, Spitzen in Addition und Multiplikation zieren seine Gewandoberfläche (siehe große Abbildung 2). Eine ungeheure Anzahl von Löckchen auf seiner Allongeperücke und die Stöckel auf seinen Schuhen vollenden den Übersteigerungseffekt, während die Frau daneben in der von ihr erwarteten erotischen Ausstrahlung nahezu dezent aussieht (siehe große Abbildung 4). Bleibt anzumerken, dass diese derart übersteigerten Männer nicht nur Komödienfiguren etwa eines Molière waren, sondern dass sie ernst gemeint wurden, dass sie Könige, Kavaliere und schließlich auch Männer waren, die auf Frauen Eindruck machten.

Kostümkundliche Interpretation

Männerkleidung

Die *Männerhose* ist wohl eines der geeignetsten Kostümstücke des 17. Jahrhunderts, um den raschen modischen Wandel vergleichsweise mit der geringen Veränderung der modernen Männerhose zu demonstrieren. Die barocke Kontur hat sich auffallend verändert, während die Umrisse unserer Männerhose etwa 150 Jahre annähernd gleich geblieben sind. Im 17. Jahrhundert hingegen zeigt sich die Männerhose – trotz der schlechten Mediensituation – in vier markant unterschiedenen Silhouetten.

Zu Beginn des Jahrhunderts muss zunächst der Kampf gegen die spanische Heerpauke – die kurze, ausgestopfte, kegelförmige Männerhose – aufgenommen werden. Man wendet in diesem Fall ein Mittel an, das im Verlauf der europäischen Modegeschichte noch vielfach zum Einsatz kommen sollte, wenn der Übergang von einer alten zu einer neuen Silhouette zu finden war. Die alte Silhouette wird einfach ummantelt, sie wird kaschiert, sodass sie nicht mehr zu sehen ist. In diesem Sinn umfasst man die Absteifung und die Auspolsterung der spanischen Hose mit einer immensen Stofffülle (siehe Textabbildung 1). Diese Monsterhose

Textabbildung 1
Frühform der barocken Hose.
Die aufgeblähte Form dient zur Kaschierung der Heerpauke und lässt auf diese Weise die spanische Hose in Vergessenheit geraten.
Prinz Karl I., 1613, Robert Peake.
Abbildung: Archiv der Abteilung Kostümkunde an der Universität für angewandte Kunst, Wien

endet zwar gut über dem Knie, erhält aber eine Überlänge, die über den abschließenden Bund darüber fällt. Es wird berichtet, dass man in dieser Zeit in England die Parlamentssitze verbreitern musste, damit die Herren in ihren voluminösen Hosen genügend Platz gefunden haben. Dass es England ganz besonders eilig hatte, die spanische Hose aus dem modischen Erscheinungsbild zu verbannen, erklärt sich aus der legendären Feindschaft, die aus der Ablehnung der Werbung Philipps II. um Elisabeth I. von England entstanden war und in der Besiegung der spanischen Armada durch England besiegelt wurde. Einen Verbündeten hatte England in den Spanischen Niederlanden gefunden, deren Freiheitskampf (Egmont) gegen Spanien als bekannt vorausgesetzt werden darf. Künstlerisch und modisch wurden in den Niederlanden in der ersten Hälfte des Jahrhunderts Akzente gesetzt, die schlussendlich in ganz Europa anzutreffen sind, sodass manche Kostümhistoriker die Moden dieses Zeitabschnittes als „Holländisches Barock" bezeichnen.

In den 1610er und 1620er Jahren erfüllte diese große weite Hose nicht nur die erwähnten Kaschierungsansprüche, sondern sie war auch der typisch barocken Übersteigerungstendenz dienlich. Hier hatte man die Möglichkeit, große Stoffmengen unterzubringen, die immer weniger abgesteift wurden, sodass sich die Bewegung des Körpers über die zahllosen veränderbaren Falten in den umgebenden Raum fortpflanzen konnte.[1] Auch nach oben hin konnte sich die Hose ausbreiten, da das Wams deutlich verkürzt worden war – die Taillenlinie hatte sich deutlich nach oben verschoben. Die „Montage" am Wams geschah immer noch mit den althergebrachten Nesteln. Die Hose bekam jedoch von unten her eine neue Stütze: Die Weite der Hosenbeine wurde nicht in einem schmalen Bund zusammengefasst, sondern sie bekam eine breite Manschette angesetzt, die von unten her das Gewicht abstützen half. Nach dem ersten Materialüberschwang schritt man in den 1620er Jahren bereits an eine Reduktion der Fülle – offensichtlich beschleunigt durch die kriegerischen Zeiten. Es sei angemerkt, dass es im Dreißigjährigen Krieg noch keine Uniformen für die Soldaten gab, sondern dass die Normalkleidung für kriegerische Zwecke adaptiert werden musste. Um 1630 war die übermächtige Pumphose bereits schlank geworden und endete unter dem Knie, wo sie allerdings nicht immer durch einen Kniebund zusammengefasst erscheint, sondern frei hängend getragen wird (siehe große Abbildung 1). In den 1640er Jahren ist die Hose zu einer sehr praktikablen Röhrenhose geworden, die – am unteren Ende zumeist offen – bis unter das Knie reicht. Der untere Rand dieser Hosenbeine ist nicht selten mit funktionslosen Maschen, Rosetten oder auch Bandschluppen geschmückt. Dabei handelt es sich um die nunmehr zu bloßem Dekor umgeformten Nesteln, die in der Zeit der oberhalb der Knie endenden Hosen die

Strümpfe festbanden. Jedenfalls stammt diese Zierde nicht von einer Unterhose, wie es bisweilen behauptet wird.

Um die Jahrhundertmitte sind die Hosenbeine deutlich weiter geworden, um schließlich in der Rockhose, der *Rheingrafenhose* (siehe große Abbildung 2), zu enden. Die Engländer nennen diese Hosen sinnvollerweise *Petticoatbreeches*. Der Bänderbesatz am unteren Rand bleibt erhalten und addiert sich oft zu mehreren Reihen übereinander. Das geschieht ganz im Sinne der Materialübersteigerung, die nun in der zweiten Jahrhunderthälfte gleichsam geordnet erscheint, wobei gleichzeitig jede Möglichkeit, ein weiteres Material an die Gewandoberfläche zu bringen, genützt wird. Diese Materialmanie führt auch dazu, dass die Hose nun nicht mehr bis an die hohe Taillenlinie hinaufreicht, sondern der Mann lässt seinen Hosenbund unbefestigt bis auf die Hüfte hinuntergleiten.

Große Abbildung 1
Mode im Dreißigjährigen Krieg.
Hochtailliertes Wams mit überlangen Schößeln und geschlitzten Ärmeln. Separat umgenommener Klöppelspitzenkragen und ebensolche doppelt übereinander liegende Hemdärmelmanschetten. Darunter „normalisierte" Röhrenhose mit Bandschluppenbesatz (vordem zum Annesteln der Strümpfe verwendet). Umgeklappte (Stöckel-)Becherstiefel mit darüber gelegter Stiefelstrumpfmanschette.
John, Lord Belasyse of Worlaby, 1636, Gilbert Jackson.
Abbildung: Archiv der Abteilung Kostümkunde an der Universität für angewandte Kunst, Wien

Dadurch ergibt sich die Möglichkeit, zwischen dem unteren Ende des Wamses und dem Hosenbund einen breiten Streifen des Hemdes an der Oberkleidschicht zu zeigen, wobei man jedoch nicht verabsäumt, die alten, nun funktionslos gewordenen Nesteln der Hose in vermehrter Anzahl als Zierde des Hosenbundes beizubehalten. Die Rheingrafenhose bleibt in etwa bis 1680 in Mode. Unter dieser weiten Rockhose wurde vermutlich eine enge Kniehose getragen.

Die letzten 20 Jahre des 17. Jahrhunderts verringern das Interesse an diesem Kleidungsstück. Der Schwerpunkt liegt nun in der Gestaltung des (Leib-)Rockes, des Justaucorps (siehe Textabbildung 4), der von nun an bis ins 19. Jahrhundert hinein die Männermode dominieren sollte. Die Hose hingegen wurde in den Untergrund versenkt, vor allem von 1680 bis 1700 war sie von den Rockschößen vollkommen abgedeckt. In dieser Unsichtbarkeit mutierte die Hose wiederum zu einer tragbareren Form: Sie wurde zu einer recht bequemen Kniebundhose dezimiert.[2] Bleibt noch zu ergänzen, dass alle Hosen des 17. Jahrhunderts mit einem knöpfbaren Mittelschlitz verschlossen wurden. Der alte Latz hatte also ausgedient. Schon die späte spanische Hose hatte durch ihre Fülle die Braguette immer mehr zusammengedrängt, bis sie schließlich in den Tiefen der Falten der Monsterhose des beginnenden Barockzeitalters überhaupt verschwand (Textabbildung 1).

Auch das *Wams* machte einen typisch barocken Formenwandel durch. Es war vor allem die beengende, spitz zulaufende, höfisch manierierte Taillenlinie, die dem Übersteigerungs- und Beweglichkeitsgedanken der Silhouette zuwiderlief. Das spanische Wams wurde zuerst – noch mit dem alten, schmalen, geschweiften Schößel – verkürzt und dadurch gleichzeitig an der Taille verbreitert. Auf diese Weise wird einerseits für die Hose mehr Platz geschaffen, und andererseits wird die spanische Taille kaschiert. Mit der Normalisierung der Hose tritt das Wams ins Blickfeld der barocken Interessen (siehe große Abbildung 1): Ärmel, Vorder- und Rückenteil werden geschlitzt, womit das Hemd an die Oberfläche geholt wird. Das Schößel verlängert sich und wird in einzelne Teile aufgeschnitten, um Bewegung und Bewegungsfreiheit zu gewährleisten. Am Schößelansatz sind Rosetten (siehe Anmerkung 3) zu sehen, die sich immer mehr dem rein dekorativen Stadium nähern. Da sie ihre alte Aufgabe, die Hose an der Innenseite des Wamses festzubinden, bald nicht mehr erfüllen können, weil sich der Ho-

Große Abbildung 2
Auf der Hüfte sitzende Rheingrafenhose (Petticoatbreeches). Getragen mit stark verkleinertem Wams. Spitzenbesetzte Ärmel und Taillenpartie des Hemdes werden an der Gewandoberfläche sichtbar. Von überlangem Haar verdeckter und daher dezimierter Spitzenkragen. Seidenstrümpfe und Stöckelschuhe sowie Handschuhe und Spitzentaschentuch vollenden das Aussehen des Kavaliers. Anonym, um 1660, französisch

Textabbildung 2
Frühform des barocken Wamses mit verkürzter und verbreiterter Taillenlinie. Hals- und Handkrause sind bereits durch einen hochstehenden Spitzenkragen und ebensolche Manschetten ersetzt. Der Schwerpunkt der Gestaltung liegt zweifelsohne auf der überdimensionierten Hose.
Richard Sackville, Dritter Earl of Dorset, 1616, Isaac Oliver (1515–1617).
Abbildung: Archiv der Abteilung Kostümkunde an der Universität für angewandte Kunst, Wien

senbund einerseits immer mehr der Hüftlinie nähert und die Wamstaille andererseits immer höher rutscht, um, wie erwähnt, das Hemd hervorquellen zu lassen, ist das Annesteln völlig unmöglich geworden.[3] Hier erweist sich abermals die barocke Tendenz, funktionslos gewordene Teile mit Begeisterung zur Materialsteigerung einzusetzen. Um 1650 erscheint das Missverhältnis von Wamsleib und Schößel ausgeglichen. Das Wams normalisiert sich förmlich, um abermals der Hose, nämlich der Rheingräfin, den Vortritt zu überlassen. Zwischen 1660 und 1680 werden – so scheint es – zu kleine und zu enge Wämser getragen (siehe große Abbildung 2), deren Ärmel nun bis zum Ellbogen verkürzt werden, um den mehrfach geschoppten, spitzenbesetzten Hemdärmel sehen zu lassen. Diese modische Variante der Herrenkleidung wäre nahezu untragbar gewesen, wenn es dazu nicht auch Ausweichmöglichkeiten gegeben hätte. Zu den prominenten Kleidungstücken zählte nämlich auch ein knielanger, von den Schultern an glockig geschnittener Mantel, der mit weiten, etwas verkürzten, aber markanten manschettenbesetzten Ärmeln versehen war. Vorne stattete man den Mantel mit einem praktischen Knopfverschluss aus. Dieses Kleidungsstück war eigentlich zu sinnvoll, um der barocken Mode entsprechen zu können. Seine Verwendung reicht daher auch in den zweckgebundenen Bereich der militärischen Uniform, die es ja zuvor noch nicht gegeben hat. Diese Neueinführung wurde jetzt vom Sonnenkönig

Textabbildung 3
„Alternative" zur Rheingrafenmode.
Weiter, knielanger Ärmelrock, wie ihn die Soldaten im französischen Heer verwendeten. Weite Pumphose als Ersatz für die Rockhose. Seidenstrümpfe und Stöckelschuhe und die schwarze Perücke (sie sollte später in Löwenblond und Weiß mutieren) samt Dreispitz ergänzen das königliche Outfit.
Ludwig XIV. (anlässlich der Gründung der Akademie der Wissenschaften und des Observatoriums), 1666/67, Henri Testelin.
Abbildung: Archiv der Abteilung Kostümkunde an der Universität für angewandte Kunst, Wien

höchstpersönlich unterstützt. Schon Wallenstein hatte bekanntlich versucht, dem Kaiser Uniformen vorzuschlagen, welche die Kriegsführung wesentlich erleichtert hätten, da man Freund und Feind besser hätte unterscheiden können. Aber dem Feldherrn wurde diese Idee schlussendlich als Bereicherungsmöglichkeit seinerseits ausgelegt, was nicht unwesentlich zu seinem Fall beigetragen hatte. Nun erst war die Zeit reif für die Einführung von Uniformen und den Kriegsminister Ludwigs XIV. (Louvois). Er kreierte für die Soldaten des französischen Heeres den beschriebenen Ärmelrock. Der König selbst legte diesen Rock häufig an, wenn er sich nach einer gewonnenen Schlacht in das Feldlager begab, um die „Siegerehrung" entgegenzunehmen und diese auch dementsprechend propagandistisch theatralisch zu verwerten. Damit war der Ärmelrock gleichsam hoffähig geworden und man hatte mit ihm eine Möglichkeit, das geschrumpfte Wams des Rheingrafen zu ergänzen. Dazu konnte man statt der etwas unpassenden Rheingrafenhose auch eine weite, unter den Knien zusammengefasste Pumphose tragen. Gleichzeitig regte die Prominenz des weiten Soldatenrockes dazu an, Varianten für das kurze Wämslein zu finden: Man verlängerte beispielsweise das eng sitzende „Fräcklein" über die Hüfte, wobei man allerdings seitlich Schlitze offen lassen musste, den Vorderverschluss nicht zuknöpfen konnte und den rückwärtigen Reitschlitz ebenfalls zur „Weitengewinnung" verlängern musste. Diese Fakten haben jedenfalls zu einer forcierten Weiterentwicklung der Oberkleidsituation von 1680 bis 1700 geführt. Durch die völlige Verdeckung der Hose war dieser Rock ins Zentrum der Gestaltung geraten. Und es waren schlussendlich alle oben beschriebenen Röcke – vermehrt um Reste der Schaube, die sich dem eng sitzenden Wämslein angepasst hatten –, die zur Geburt des Justaucorps, des eng anliegenden Rockes mit Bewegungsfreiheit, geführt hatten.

Textabbildung 4
Frühform des Justaucorps (knielanger, geschlossener, mit seitlichen Faltenpartien versehener Männerrock des ausgehenden 17. Jahrhunderts). Jakob Stuart (und seine Schwester), 1695, Nicolas Largillière (auch Largillierre), (1656–1746). Abbildung: Archiv der Abteilung Kostümkunde an der Universität für angewandte Kunst, Wien

Es sei vorweggenommen, dass mit diesem Rock das Zeitalter der Aufklärung (18. Jh.) schon seine Schatten vorauswarf. Mit dem Justaucorps war gleichsam eine „vernunftbetonte" Bekleidungs-Programmatik für mehr als ein Jahrhundert festgelegt. Programme zu erstellen, die oft viel später ausgeführt worden sind, sollte zu einem Charakteristikum der gesamten Aufklärung werden.

Halsbekleidung, Frisur und Kopfbedeckung sind auch im Barockzeitalter in der Interpretation nicht voneinander zu trennen. Haarlänge und Kragenformen bedingen sich gegenseitig, sodass sie in der Darstellung nicht gesondert betrachtet werden können. Antispanisch wollte man zu Beginn des Jahrhunderts aussehen, und dies konnte nur bedeuten, dass man das kurze Haar wachsen ließ und damit den Kampf gegen die steife hochstehende Halskrause aufnahm. Veränderbare Beweglichkeit und Übersteigerung wurden zum Leitmotiv der neuen, barocken Kopf- und Halsbekleidung. Die Halskrause musste zu diesem Zweck nicht abgeschafft werden – im Gegenteil: Man vergrößerte sie noch, man funktionierte sie zur nicht mehr abgesteiften (unordentlich fallenden) „Fallkröse" (siehe Textabbildung 6 und 7) um. Als Variante behielt man z. B. den stützenden Unterkragen bei und ließ die Krause weg (siehe Textabbildung 2). Dieser Möglichkeit bediente man sich besonders in Spanien, als Philipp IV. die Halskrause wegen zu großen Luxus (ein typischer Fall von barocken Übertreibungen) verboten hatte.

Der ursprünglich schlichte, tellerförmige Unterkragen wurde in Kürze abermals mit kostbaren Spitzen besetzt.[4] Er wurde größer und weicher, sodass er sich um 1640 schmiegsam, kostbar und ausladend den Schultern anlegte (siehe große Abbildung 1). Bleibt noch zu erwähnen, dass dieser barocke Spitzenkragen von dem noch immer vorhan-

Textabbildung 5
Allongeperücke. Die Mäntel sind als Amtstracht zu werten und entsprechen nicht der aktuellen Mode.
Exvoto an die hl. Genovefa. Die Pariser Schöffen, Nicolas Largillière (auch Largillierre) (1656–1746), Saint-Etienne-du-Mont, Paris.
Abbildung: Archiv der Abteilung Kostümkunde an der Universität für angewandte Kunst, Wien

denen, relativ hohen Stehkragen des Wamses hochgehoben wird, sodass auch der Hals in die Kragenzone mit eingeschlossen erscheint. Allerdings hat sich dieses kostbare Stück – wie auch schon die Halskrause – in vielen Fällen vom Hemd getrennt und wurde extra umgenommen. Untrennbar mit diesem barocken Spitzenkragen verbindet sich die eher ungepflegt wirkende Langhaarfrisur. Lange, nicht in Form gezwungene Wellen fallen bis auf die mit dem Spitzenkragen geschmückten Schultern nieder. Die Frisur kann jederzeit ihre Form verändern, sie weht im Wind und folgt den Bewegungen des Kopfes. Diese Kreation nur in Verbindung mit dem Dreißigjährigen Krieg zu sehen, erscheint zu oberflächlich. Es steht schließlich der barocke Mensch in seiner Ganzheit dahinter, der die Momenthaftigkeit seiner menschlichen Existenz auch in der jederzeit veränderbaren Frisur zum Ausdruck bringen möchte. Das Haar wird immer länger und fülliger, sodass man um die Jahrhundertmitte sicherlich nicht mehr mit seinem eigenen Haar ausgekommen ist und zur Perücke greifen musste. Der Rheingraf und auch der Justaucorpsmann huldigen dieser *Allongeperücke*. Um mit Nachdruck auf das „Kleidungsstück" Perücke und damit auch auf dessen Künstlichkeit hinzuweisen, beginnt man die Perücke weiß oder auch grau zu pudern. Die räumliche Ausweitung der bewusst falschen Haarpracht hat notwendigerweise zu einer Verdeckung des Spitzenkragens geführt. Man hat den Spitzenkragen an den Stellen dezimiert, wo er sowieso nicht zu sehen war. Auf diese Weise wurde der Kragen von der Schulter her verkleinert (siehe große Abbildung 2). Schließlich blieben nur mehr zwei schmale Streifen zwischen den lange herabhängenden Lockenflügeln übrig, die den Eindruck eines Schals erweckten (siehe Textabbildung 3). Daraus entstand denn auch das Halstuch, das schon damals den Namen Cravate (Krawatte) erhielt und angeblich zuerst von den Kroaten im Heer Ludwigs XIV. getragen worden ist. Das spitzenbesetzte Halstuch wurde zunächst nicht geknotet, sondern nur geschlungen (durchgezogen), wobei man das Ganze zusätzlich mit einer farbigen, mehrschlingigen Seidenmasche zusammengehalten hat, abermals ein Beispiel für die barocke Manier, an ein und demselben Kostümdetail mehrere Materialien unterzubringen (siehe Textabbildung 4).

Die eigentliche *Kopfbedeckung* war nur in der ersten Jahrhunderthälfte von Bedeutung. Auch hier ging es wieder darum, aus der abgesteiften spanischen Vorgabe einen bewegungsfreudigen Hut zu entwickeln. Ein großkrempiger, weicher Filzhut, der mit Straußenfedern – in ihrer Bewegungsfreundlichkeit verständlicherweise eines der Lieblingsmaterialien des Zeitalters – geschmückt erscheint, war das Ergebnis dieser Bemühungen. Der Hut bekam gewissermaßen einen Kosenamen: *Respondet*. Was so viel bedeutet, dass er auf die jeweilige Laune seines Trägers zu antworten verstand. Der Herr konnte beispielsweise seine sorgenumwölkte

Stirn mit der heruntergeschlagenen Krempe verdecken oder er konnte sein lachendes Gesicht mit der hochgeschlagenen Krempe unterstreichen (siehe Textabbildung 6). Mit der Zunahme des Haarvolumens allerdings bis hin zur großen Allongeperücke mit ihren Lockentürmen am Scheitel verlor diese Kopfbedeckung an Bedeutung. Der Hut wurde immer steifer und an drei Stellen aufgeschlagen, fast aufgerollt. Diese Vorgangsweise führte zur Entstehung des Dreispitzes (siehe Textabbildung 3, 8). Der Dreispitz wurde allerdings in der Zeit der großen Perücke meist in der Hand bzw. unter den Arm geklemmt getragen (siehe Textabbildung 4). Die Perücke, deren Künstlichkeit man nie zu vertuschen trachtete, war ja selbst zur wichtigsten Kopfbedeckung geworden.

Textabbildung 6
Respondet (weicher, großkrempiger, wandlungsfähiger Filzhut, meist mit Straußenfedernschmuck).
Landpartie, um 1628, Dirck Hals (1600–1656).
Abbildung: Archiv der Abteilung Kostümkunde an der Universität für angewandte Kunst, Wien

Ein wesentlicher Akzent der barocken Männermode soll last, not least Erwähnung finden. Es ist *der Absatz (Stöckel) am Schuh* (siehe große Abbildung 1, 2, Textabbildung 8) – vom heutigen Standpunkt aus betrachtet eine Nebensächlichkeit. Hier gilt es jedoch wiederum zu bedenken, dass dieser Absatz das erste Mal in der europäischen Modegeschichte auftaucht. Auch diesmal ist es kein Zufall oder eine bloße modische Spielerei, sondern gleichsam eine weltanschauliche Notwendigkeit. Der barocke Mensch, der sich im Gegensatz zum Renaissancemenschen an unendlichen Maßstäben misst, steht unsicher auf der Erde. Der Stöckel ist einerseits geeignet, dieses labile Gleichgewicht zum Ausdruck zu bringen und andererseits die Gestalt zu vergrößern, wobei durch die Erhöhung der Ferse eine Art Imponierhaltung entsteht. Auch die *Stiefel,* die sich in der ersten Jahrhunderthälfte besonderer Beliebtheit erfreuten – manche behaupten wegen der kriegerischen Zeiten –, werden nun mit einem relativ hohen Absatz versehen (siehe große Abbildung 1). Dieser Absatz war nicht gerade sinnvoll, wenn man die zumeist weiche Konsistenz der damaligen Straßen

Textabbildung 7
Oberhalb der Knie endende Hose mit angenestelten, spitzenbesetzten Stiefelstrümpfen (Leinen) und darüber getragenen Becherstiefeln. Constanija Huygens und sein Diener, 1627–30, Thomas de Keyser (1595–1679).
Abbildung: Archiv der Abteilung Kostümkunde an der Universität für angewandte Kunst, Wien

und Wege bedenkt. Aus diesem Grund hat man die Stiefel auch mit einer Art doppelten Sohle ausgestattet, die von der Ferse bis zur Zehenspitze durchgehend gestaltet war, sodass man mit dem Absatz auf einem festen (künstlichen) Untergrund zu stehen kam.[5] Die Stiefel wurden auch bezüglich des Oberleders fester ausgeführt und nach oben becherförmig erweitert. Die Becher zeigten sich für die barocke Wandlungsfähigkeit der Formen sehr geeignet. Man konnte sie in vielerlei Gestalt tragen (siehe Textabbildung 7). Um die feinen Seidenstrümpfe vor der Grobheit der Stiefel zu schützen, trug man aus Leinen genähte, am oberen Rand mit Spitzen besetzte Überstrümpfe, die den Stiefelbecher füllten oder manschettenartig über den

Textabbildung 8
Winterkleidung (Cape und Muff). Unterhalb Justaucorps als Oberkleidung.
Anonym, Ende 17. Jahrhundert, französisch

nach unten geklappten Becher gelegt wurden (siehe große Abbildung 1). Bevor man die Hose über das Knie hinunter verlängerte, wurden die spitzenbesetzten Überstrümpfe zumeist an den über den Knien befindlichen breiten Hosenmanschetten angenestelt (siehe Textabbildung 7).

Mit der Rheingrafenhose haben Stiefel und spitzenbesetzte Überstrümpfe an Bedeutung verloren – man bevorzugte nun den Stöckel-Halbschuh mit markanter Lasche und Ristschnalle zum pastellfarbenen Seidenstrumpf (siehe Textabbildung 3, 4, 8).

Die *Überkleidung* zeigt zu Beginn des Jahrhunderts alle bisher bereits erwähnten Gestaltungstendenzen. Aufweichung und Vergrößerung des abgesteiften spanischen Mäntelchens (Capa), Verwendung glänzender Materialien und möglichst undefinierbare, immer wieder neu variierte, möglichst asymmetrische Trageweise kennzeichnen den barocken Umhang, an dem die Ärmel häufig unangezogen baumeln.[6] In der Rheingrafenzeit bevorzugte man neben dem Umhang auch den oben beschriebenen Soldatenmantel. Mit dem Justaucorps allerdings hatte man sich für einen knielangen Rock entschieden, der einen Mantel eigentlich überflüssig erscheinen ließ. Selten legte man daher über den Justaucorps noch einen Umhang an, der des Öfteren als „Winterkleidung" definiert erscheint. Handschuhe und Muff vollendeten bisweilen diese Ausstattung (siehe Textabbildung 8).

Frauenkleidung

Bei der aufwändigen Interpretation der barocken Männerkleidung wurde deutlich, dass es sich um das Zentrum der modischen Gestaltung handeln musste und für die Frauenkleidung nur mehr eine umrahmende Begleitfunktion übrig bleibt. Die Anliegen des Zeitalters waren eben Männersache.

Die männerumrahmende Funktion bestand noch immer im Kinderkriegen und in einer dieses Unternehmen unterstützenden Erotisierung der weiblichen Erscheinung im Sinne des barocken „carpe diem". Unter Beachtung dieser Ziele erfolgt der Abbau der spanischen Silhouette mit denselben Mitteln wie bei den Männern.

Zur Kaschierung des kegelförmigen Rockes entschließt man sich zu einer zylindrischen, trommelförmigen Rocksilhouette. Der Rock steht tellerförmig von der Taille ab, um von hier nahezu vertikal bis zum Saum hinunterzufallen. Zur Erzeugung dieser Kontur bindet man sich zu Beginn des Jahrhunderts schaumrollenartige Gebilde unter dem Rock um die Hüfte (siehe Textabbildung 9). Unterhalb dieses Wulstes fällt der Rock allerdings in weichen unversteiften Falten bis zum Boden. In den späten 1620er Jahren wird er auch aufgesteckt getragen. Unter dem Zylinder geriet der spanische Kegel gewissermaßen in Vergessenheit, sodass man in den 1630er Jahren auf die Auspolsterungen überhaupt verzichten konnte. Die Rockkontur nahm nahezu natürliche Formen an, die nur

Textabbildung 9
„Weiberspeck" (eine biegsame, leichte Röhre) wird unter dem Oberrock angelegt, um die zylinderförmige Rocksilhouette, die den spanischen Kegel verdecken soll, zu erreichen. Anonym, um 1610, holländisch

Die überlangen, auf dem Boden aufstehenden und dadurch mehrfach geknickten Rockfalten (siehe Anmerkung 7) bieten für das Spiel des Lichtes auf der Oberfläche des Gewandes weitaus bessere Möglichkeiten als die Männerhose.

In der zweiten Jahrhunderthälfte ändert sich die Rocksilhouette kaum. Die Oberfläche tendiert allerdings mehr zur geordneten Materialübersteigerung und die Glanzeffekte werden in den Hintergrund gedrängt. Der Rock erscheint etwas schmäler, weil man das mehr durch nicht gesteifte Unterröcke gestützt erschienen. Der Rock war von seinem geometrischen Skelett befreit worden und konnte nun, wie auch die Herrenhose, ebenfalls die Bewegungen des Körpers aufnehmen und in den umgebenden Raum weitergeben. Um diese neue Beweglichkeit so recht zur Geltung zu bringen, verwendet man mit Vorliebe glänzende Stoffe, die das Licht reflektieren und scharfe Hell-Dunkel-Kontraste erzeugen. Diese Veränderbarkeit der faltigen Oberfläche kommt in der Frauensilhouette stärker zur Geltung als bei den Männern.

Textabbildung 10
Rückansicht der „schlanken" Rheingrafendame mit zur Schleppe verlängertem Rock und tief schnürendem Mieder. Den Unterarm bedeckende lange Handschuhe. Dame in Gala-Kleidung, 1670–1680, Jean Dieu de St. Jean

kurze Mieder stark verlängert hat und in einer Spitze enden lässt. Auch tendiert man dazu, den Rock in einer Schleppe auslaufen zu lassen, was ebenfalls zum Verschmälerungseffekt beiträgt (siehe Textabbildung 10).

Den markanteren Wandel macht das *Mieder* durch. Auch hier ist zunächst die antispanische Haltung angesagt, um die barocke Thematik durchzusetzen. Ähnlich dem Männerwams bedient man sich einer Hinaufschiebung der Taillenlinie (siehe große Abbildung 3), die auch im Falle der Frauen mit Hilfe des hoch angesetzten Rockes gleichsam eine Kaschierung der spanischen, schlank und tief schnürenden Miedersituation durch die Falten des Rockes bedeutet. Um die Mitte des Jahrhunderts hat man die alte überenge Taille bereits vergessen und kann wiederum mit einer verbreiterten, normal bis tiefer sitzenden Taillenlinie an die Oberfläche kommen. Auch die Ärmelformen zeigen sich – zumindest in ihren Umrissen – den Männerärmeln verbunden, wobei man ebenfalls bestrebt ist, die enge spanische Röhre in barocke Schwellformen umzuwandeln. In der weiblichen Variante entwickelt man jedoch eine spezifisch feminine, erotische Kreation: Der Ärmel wird bis knapp unter den Ellbogen verkürzt.[7] Auf diese Weise tritt der nackte Unterarm an die Gewandoberfläche. Dieses Faktum wird heute gerne übersehen, hat aber vermutlich damals ein überaus starkes (erotisches) Signal dargestellt. Man bedenke, dass es einen unbedeckten Unterarm bis dahin in der europäischen Kostümgeschichte noch nie gegeben hat (große Abbildung 3 und 4)! Der nackte Unterarm wurde mit hinübergenommen in die zweite Jahrhunderthälfte, wo der Kleidärmel in der Zeit des Rheingrafen (1660–1680) bis über den Ellbogen, zum halben Oberarm hin, verkürzt erscheint (große Abbildung 4 und Textabbildung 10). Die frei gewordene Zone wurde allerdings durch den Hemdärmel, der nun ebenfalls an die Gewandoberfläche geholt worden war, zugedeckt. Die Partnerin des Justaucorpsmannes lässt das Hemd nur mehr als begrenzende Spitzenrüsche an ihrem nun trompetenförmig erweiterten und wiederum über den Ellbogen verlängerten Kleidärmel sehen (siehe Textabbildung 11). In dieser Maßnahme sind offensichtlich bereits erste Anzeichen des Vernunftzeitalters (Aufklärung) zu erkennen.

Das Dekolleté sollte nun in barocker Erotisierungsabsicht – nach dem spanischen, schneiderisch perfekten, hochgeschlossenen Mieder – wiederum zum Blickfang umgestal-

Große Abbildung 3
Barocke weibliche Signale: Dekolleté, das durch Öffnen des Mieders und des Hemdes mit Ausweitung zum viereckigen Ausschnitt entstanden ist, beginnende Verkürzung des Ärmels, Weglassen der Rockabsteifungen und -auspolsterungen. Bevorzugung glänzender Materialien als generelles modisches Gestaltungselement des Barock.
Prinzessin Henrietta von Lothringen, 1634, Anthonis van Dyck (1599–1641).
Abbildung: Archiv der Abteilung Kostümkunde an der Universität für angewandte Kunst, Wien

tet werden. Die technologische Vorgangsweise ist folgendermaßen zu interpretieren: Der vordere mittlere Verschluss der „Spanierin", der bis zum Kinn reichte, wurde nun – mit oder ohne dem dazugehörigen Hemd – einfach offen gelassen. In der Folge hat man die Verschlusskanten auseinander geschoben (siehe große Abbildung 3), wobei die untere Hälfte durch eine Art Miederstecker abgedeckt erscheint, während die obere Hälfte unbedeckt blieb, weil man in diesem Bereich das spitzenbesetzte Wäschehemd bis an die Schultern geöffnet hatte. Der Spitzenbesatz des Hemdes weitete sich zum Kragen aus, der als Pendant zum Spitzenkragen der Männer gesehen werden kann: zunächst abgesteift vertikal nach oben gerichtet, dann sich über die Horizontale senkend (siehe große Abbildung 3) nach unten gerichtet. Um 1650 schlussendlich hatte der Kragen seine Steifheit verloren, rutschte über die Schulter hinunter und bildete als breite Spitzenborte den Rahmen für ein großes, flaches Dekolleté (siehe große Abbildung 4). Gegen Ende der Rheingrafenzeit funktionierte man den breiten, flachen Spitzenrahmen zu einem V-förmigen Ausschnitt um, indem man zunächst vorne in der Mitte einen Akzent mit einer Masche, einer Blume o. Ä. setzte. In der Folge fasste man den Spitzenrahmen in der Dekolletémitte und an den Schultern schmal zusammen. Auf diese Weise hatte sich bereits ein flaches „V" ergeben. Dieses

Textabbildung 11
„Justaucorpsfrau" (1680–1700). Kleines viereckiges Dekolleté, das sich aus der Manteau-Jupe-Konstruktion ergibt. Glockenförmig verlängerte Kleidärmel mit abschließender Spitzenrüsche des Wäschehemdes. Kleine Frisur mit Fontange als Kopfbedeckung (Pendant zur Allongeperücke des Mannes).
La Reine de Portugal, ausgehendes 17. Jahrhundert, Künstler anonym

Große Abbildung 4
Schlanke Silhouette der Rheingrafendame. Sehr verkürzte Kleidärmel mit darunter sichtbaren, aufgebundenen Wäschehemdärmeln. Breites, flaches, spitzengerahmtes Dekolleté. Verlängertes, spitz zulaufendes Mieder mit schlank machendem Bortenbesatz.
Dame aus Genua, um 1660, Giovanni Bernardo Carbone (1614–1683).
Abbildung: Archiv der Abteilung Kostümkunde an der Universität für angewandte Kunst, Wien

relativ flache „V" wurde nun noch über die Schultern hinauf- und an der Spitze auseinander geschoben. Aus diesen Umformungen ergab sich das kleine viereckige Dekolleté (siehe Textabbildung 11) der Justaucorpsdame (1680– 1700). Dieser kleine Ausschnitt stellte bereits eine gewisse „vernünftige" Dekolletélösung dar. Bleibt zu bedenken, dass all die beschriebenen Dekolletés gewissermaßen immer und überall getragen worden sind, da man die typisch aufklärerische Einteilung in situationsgebundene Kleidung noch nicht kannte.

Das kleine Viereck erweckte den Anschein, als ob es aus dem so genannten *Manteau* und einem zweiten darunter getragenen Kleid gebildet würde (siehe Textabbildung 11). Im Bereich des Oberteils war dieses Doppelkleid zumeist nur vorgetäuscht und die Fläche zwischen den auseinander geschobenen Manteaukanten wurde vom Miederstecker ausgefüllt, während im Rockbereich tatsächlich zwei Röcke übereinander nachgewiesen sind, wovon der untere als *Jupe* bezeichnet worden ist. Die Manteau-Jupe-Kreationen sollten bis weit ins 18. Jahrhundert hinein modisch aktuell bleiben.

Frisur und Kopfbedeckung – letztere ist im modischen Bereich im 17. Jahrhundert so gut wie nicht existent – runden (im wahrsten Sinn des Wortes) die barocke Erscheinung der Frau ab. Mit der Befreiung des Halses von der Krause, mit der Ausbildung des Spitzenkragens und mit der Entstehung des Dekolletés wächst die Frisur schlagartig in die Breite. Lockenbüschel verbreitern den Kopf auf beiden Seiten, während die über dem Scheitel aufgetürmte Frisur der Spanierin gleichsam in sich zusammensinkt. Im Nacken wird das Haar zu einem Knoten aufgesteckt, der jedoch en face nicht sichtbar wird. Die Verbreiterung der Frisur wird durch Ponyfransen (siehe große Abbildung 3) verstärkt. Die Rheingräfin reduziert die seitlichen Locken immer mehr (siehe große Abbildung 4), bis schließlich für die Justaucorpsfrau nur mehr links und rechts der Stirn ein winziges Sechserlöckchen (siehe Textabbildung 11) übrig geblieben ist, während sich aus dem üppiger gewordenen Nackenknoten einzelne Locken zu lösen begannen. Die an sich schlichte Frisur wurde jedoch analog zu den Lockentürmen der männlichen Allongeperücke mit der so genannten *Fontange* (siehe Textabbildung 11) ergänzt. Die Fontange besteht aus einem meist weißen Häubchen, das den Nackenknoten „beinhaltet" und dessen Rüschen-, Bänder- oder Spitzenbesatz über dem Scheitel beachtlich verbreitert und abgesteift nahezu senkrecht in die Höhe steht.

Als *modische Überkleidung* finden sich zu den verkürzten Ärmeln verständlicherweise ellbogenlange Handschuhe (siehe Textabbildung 11) sowie kurze Capes oder in Form geschnittene Umhänge (oft mit Kapuze), die Kopf, Hals, Schultern und last, not least das Dekolleté verdecken. Als winterliche Ergänzung ist auch der Muff (Textabbildung 12) anzutreffen. Es sei darauf hingewiesen, dass zur Dekolletéverdeckung auch quadratische, zum Dreieck gefaltete zarte Tücher üblich waren, die kostbarst bestickt und mit den teuersten Spitzen versehen sein konnten. Die wahre Überkleidung der Frau lag überraschenderweise unterhalb. Unter der Oberkleidung trug man bei Bedarf wollene Unterröcke, die sich durchaus auch „sehen" lassen konnten, wenn die Jupe etwa aus Schonungsgründen aufgesteckt werden sollte (siehe Textabbildung 12).

Die Frau hat in ihrer *Fußbekleidung* den Stöckel samt seinen barocken Absichten, vermehrt um erotische Akzente scheint's, mit großer Begeisterung aufgenommen, obwohl man der Schuhe meist ohnehin nicht ansichtig wurde, weil sie durch die langen Rocksäume noch immer verdeckt waren. Stöckelschuhe mit zweiter Sohle, die im weiblichen Fall oft als zusätzliche Pantoffel gestaltet waren und eine individuelle Höhlung für den jeweiligen Stöckel besaßen, wurden vielfach getragen.

Textabbildung 12
Dame in Winterkleidung. Maske, doppelte Kapuze, Pelzkragen mit darunter liegendem, spitzenbesetztem Dekolletétuch und Muff sollen gegen die Kälte schützen. Wollene Unterröcke stellen die eigentliche Winterkleidung dar. Durch die hochgenommenen Röcke werden die rosettenbesetzen Stöckelschuhe sichtbar.
„Winter", 1643, Wenzel Hollar (1607–1677)

Bild-Anmerkungen

1 Junge Leute in einer Herberge, Willem Buytewech, um 1615.
Abbildung: Abteilung Kostümkunde an der Universität für angewandte Kunst, Wien

2 Frankreich, 1696 (Trouvain).
Abbildung: Abteilung Kostümkunde an der Universität für angewandte Kunst, Wien

3 Jacob Dircksz. Bas und seine Schwester, Dirck Santvoort, um 1635.
Abbildung: Abteilung Kostümkunde an der Universität für angewandte Kunst, Wien

4 Georges Villiers, Herzog von Buckingham, 1626.
Abbildung: Abteilung Kostümkunde an der Universität für angewandte Kunst, Wien

5 Henry Rich, 1. Earl of Holland, Schule Daniel Meytens, 1640.
Abbildung: Abteilung Kostümkunde an der Universität für angewandte Kunst, Wien

6 Bosse/Savery, um 1630.
Abbildung: Abteilung Kostümkunde an der Universität für angewandte Kunst, Wien

7 Ornatus muliebris, Wenzel Hollar, 1640.
Abbildung: Abteilung Kostümkunde an der Universität für angewandte Kunst, Wien

6 17. Jahrhundert

Kostümkundliche Literatur

(siehe auch 5. Kapitel: 16. Jahrhundert)

Anderson, R. M.: The Golilla, a Spanish Collar of the 17th Century. In: WuK 1969, 11/1

Arnold, J.: Patterns of Fashion. English Women's dresses and their construction c.1660–1860, Bd. 1. London 1964

Arnold, J.: Three examples of late sixteenth and early seventeenth century neckwear In: WuK 1973, 15/2

Butazzi, G.: Il Costume in Lombardia (14. bis 19. Jh.). Mailand 1977

Cappi Bentivegna, F.: Abbigliamento e costume nella pittura italiana. Barocco e Impero. Rom 1964

Cumming, V.: The Seventeenth Century. In: A Visual History of Costume. London 1981

Dinklage, K.: Kärnten um 1620. Die Bilder der Khevenhüller Chronik. Wien 1980

Ebenstein, E.: Der Hofmaler *Frans Luycx*. Ein Beitrag zur Geschichte der Malerei am österreichischen Hofe. In: Jb. d. Kunsthist. Sammlungen 1907/26

Ekstrand, G.: Zwei Hemden aus dem Jahre 1627. In: Documenta textilia. Festschrift für Sigrid Müller Christensen. München, Berlin 1981

Fingerlin, I.: Zwei Schuhpaare aus einer Gruft in Tiengen am Oberrhein. In: WuK 1984, 26/2

Fingerlin, I.: Die Grafen von Sulz und ihr Begräbnis in Tiengen am Hochrhein. In: Forschungen und Berichte der Archäologie des Mittelalters in Baden-Württemberg. Bd. 15. Stuttgart 1992

Flammand-Christensen, Sigrid: Zur Kostümgeschichte des 17. und 18. Jahrhunderts auf Grund der dänischen Königsgewänder in Schloß Rosenborg. Sonderdruck aus: WuK N. F. Bd. 8. 1943/44

Heinemeyer, E.: Die Gewänder des Grafen Anton Günther von Oldenburg. In: WuK 1967, 9/2

Marly, D. de: Louis XIV. et Versailles. Costume and Civilization. London 1987

Mitford, N.: Der Sonnenkönig. München 1966

Petraschek-Heim, I.: Das Schnittbuch aus Bregenz 1660. Sonderdruck aus dem Jb. des Vorarlberger Museumsvereins – Freunde der Landeskunde. 1972

Ritgen, L.: Die Gewänder aus der Gruft der Langrafen von Hessen-Kassel. In: WuK 1960, 2/2

Sronkova, O.: Die Mode von der Renaissance bis zum Rokoko. Prag 1959

Stockar, J.: Kultur und Kleidung in der Barockzeit. Zürich, Stuttgart 1951

Stolleis, K.: Die Gewänder aus der Lauinger Fürstengruft. Mit einem Beitrag von Irmtraud Himmelheber. Forschungshefte, Hrsg. Bayerisches Nationalmuseum. München 1977

Kunsthistorische Literatur mit kostümgeschichtlich brauchbaren Abbildungen

Arasse, D. (aus dem Fränzösischen von Hella Faust): *Vermeers* Ambition. Basel u. a. 1966

Bisell, R. W.: *Orazio Gentileschi* and the poetic tradition in Caravaggesque painting. London 1981

Bloch, V.: *Louis Le Nain*. Milano 1966

Bohatcova, M.: Irrgarten der Schicksale. Einblattdrucke vom Anfang des 30jährigen Krieges. Prag 1966

Bottineau, I.: Die Kunst des Barock. In: Große Epochen der Weltkunst. Freiburg, Basel, Wien 1986

Brown, Ch.: *Van Dyck*. Freren 1983

Brown, Ch. u. a.: *Van Dyck*. München 1999

Carrier, D.: *Poussin's* paintings. Univ. Park, Pa. 1993

Chapman, H. P. u. a.: *Jan Steen*. Ausstellungskatalog: Washington, Amsterdam. Washington 1996

Foerster, R. H.: Die Welt des Barock. München 1970

Gareau, M.: *Charles Le Brun*. Premier peintre du roi Louis XIV. Paris 1992

Godfrey, R. T.: *Wenceslaus Hollar*. New Haven, Conn. u. a. 1994

Götsche, G.: *Wolfgang Heimbach*. Ein norddeutscher Maler des 17. Jahrhunderts. Berlin 1935

Gozzoli, M. C.: *Vittore Ghislandi detto Fra'-Galgario*. Bergamo 1981

Grimm, K.: *Frans Hals*. Das Gesamtwerk. Stuttgart 1989

Grimschitz, B. u. a.: Barock in Österreich. Wien 1960

Hulst, R. A. D': *Jacob Jordaens* 1593–1678. Ausstellungskatalog, Koninklijk Museum voor Schone Kunsten. Antwerpen 1993

Judson, J. R.: *Gerrit van Honthorst*. Den Haag 1959

Klinge, M.: *Adrian Brouwer, David Teniers the younger*. Ausstellungskatalog. London u. a. 1982

La Gorce, J. de.: *Bérain* dessinateur du Roi Soleil. Paris 1986

Lepautre, Antoine: *Jacques Lepautre* et *Jean Lepautre*. In: Graveurs du XVIIe Siècle T. 11. 1993

Leymarie, J.: Die holländische Malerei. In: Malerei, Farbe, Geschichte. Genf (Skira) 1956

National Gallery Technical Bulletin, Bd. 20 (1999): Painting in Antwerp and London: *Rubens and Van Dyck*

Nikolenko, L.: *Pierre Mignard*, the portrait-painter of the grand siècle. München 1983

Ortiz, A. D.: *Vélasquez*. Ausstellungskatalog Prado. Paris 1991

Pächt, O.: *Rembrandt*. München 1991

Pérez Sánchez, A.: *Jusepe de Ribera*. 1591–1652. Ausstellungskatalog, Metropolitan Museum. New York 1992

Rubens, Peter Paul, Ausstellungskatalog, Antwerpen Königliches Museum der Schönen Künste. Antwerpen 1977

Schuckmann, Ch.: *Cornelis de Vos* to Aert van Waes. In: Hollstein's Dutch & Flemish etchings, engravings and woodcuts. Bd.49. Hg. D de Hoop Scheffer. 1998

Seymour, S.: *Frans Hals.* Ausstellungskatalog: Washington, London, Haarlem. München 1989

Stewart, J. D.: *Sir Godfrey Kneller* and the English baroque portrait. Oxford 1983

Sutton, P. C. (Org.): Masters of Seventeenth-Century Dutch Genre Painting. Ausstellungskatalog: Philadelphia, London, Berlin. Philadelphia 1984

Sutton, P. C. (Org.): Von *Frans Hals bis Vermeer.* Ausstellungskatalog: Philadelphia, London, Berlin. Deutsche Ausgabe Berlin 1984

Sutton, P. C. (Org.): *Pieter Hooch* (1629–1684). Ausstellungskatalog. New Haven, Conn. 1998

Ternois, D. (Hrsg.): *Jacques Callot.* Paris 1993

Thuillier, J. / Montague, J.: *Charles Lebrun.* Ausstellungskatalog. Versailles 1963

Thuillier, J. / Châtelet, A.: Französische Malerei. Von *Le Nain* bis zu *Fragonard.* In: Malerei, Farbe, Geschichte. Genf (Skira) 1964

Wheelock, A. K. jr., und A.: *Van Dyck,* Paintings. Washington 1990/91

7 | 18. Jahrhundert

Moden des Aufklärungszeitalters

Einleitung, kostümhistorischer Hintergrund

Welt- und Menschenbild als Basis der Gewandgestaltung

In dem Jahrhundert der Aufklärung wird nun tatsächlich die Welt der Denker, die Philosophie, für die Kostümgeschichte wichtiger als die Welt der Politiker, die Historie. Sogar das Hineinschlittern in das wichtigste geschichtliche Ereignis, in die Französische Revolution, lässt sich durch die philosophische Programmatik vorausberechnen. In keinem anderen Jahrhundert sollten die Philosophen eine derart populäre Rolle spielen wie in diesem.

Vordergründig betrachtet kann man auch diesmal zunächst eine Antipathie zum vorangegangenen Zeitalter, zum Barock, bemerken. Die scheinbare „Maßlosigkeit" des barocken Menschen war nun ausgelebt. Schlagworte wie unkontrolliert, richtungslos, gefühlsbetont, rasch umschlagend, fluktuierend, Sichausliefern an dunkle, unergründbare Mächte, zu Extremen neigend, Schicksalsgebundenheit, irrational, intolerant, starke Gottbezogenheit als Rettungsanker hatten nun keine Bedeutung mehr, hatten sich überlebt. Das neue Zauberwort hieß „Vernunft". Im Lexikon ist Vernunft mit Vernehmen, Erfahren, sinnliche Wahrnehmung, Verständnis, Einsicht erklärt. Hier kündigt sich bereits der spätere Materialismus an: die anthropozentrische Begrenzung ohne Hintergrund (im Jenseits). Es erfolgt eine Konzentration auf die Seinsposition des Gegenwärtigen, daneben muss alles Gewordene verblassen, was nebenbei bemerkt das Desinteresse der Aufklärung an der Historie erklärt. Der neue Mensch zeigt sich verstandesbetont, den Mittelweg suchend, konstant, ausgeglichen, tolerant (vergleiche Lessings „Nathan den Weisen"), optimistisch, perfektionistisch, fortschrittsgläubig, glücksüberzeugt, sich loslösend von der Bevormundung durch irgendwelche Autoritäten. Die Wege, mit denen man diese Ziele erreichen wollte, waren unterschiedlich, die Ziele waren jedoch gleich: vernünftige Welterkenntnis und Weltmeisterung. Ob es nun der französische Rationalismus war oder der englische Empirismus, man hatte dasselbe Ziel vor Augen, obwohl man sich – zumindest in der Anfangsphase – kräftigst (weltanschaulich, philosophisch) bekriegte. Ein Extrembeispiel, das die Engstirnigkeit der Aufklärer erläutern soll, sei mit Gottscheds Auffassung vom Theater angeführt. Die Absicht war sicherlich berechtigt. Die ausufernden barocken Theaterformen, wie häufigster Szenenwechsel oder die unkontrollierbare Darstellung des Menschen als Spielball des Schicksals, die Einbeziehung phantastischer Traumwelten mussten dem „vernünftigen" Theatermacher missfallen. Er berief sich auf die Drei Einheiten des Aristoteles und legte sie folgendermaßen aus: Auf der Bühne und im Zuschauerraum sollte derselbe zeitliche Maßstab herrschen, was bedeutet, dass die Handlung auf der Bühne nur so lange dauern durfte, wie das Publikum im Zuschauerraum saß. Damit war dem Phantastischen, dem Irrationalen, dem Unvernünftigen ein Riegel vorgeschoben.

Was ist nun von dieser locker umrissenen aufklärerischen Haltung im Bereich der Gewandgestaltung zu halten?

Dabei fällt zunächst auf, dass die Kleidung im 18. Jahrhundert nicht mehr diese Einheitlichkeit besitzt wie in den Zeitaltern zuvor. Vor allem ist es der (scheinbare) Gegensatz zwischen französischer (Rokoko-)Mode und der so genannten Englischen Mode, der verblüfft und nach einer Erklärung verlangt. Dieser Gegensatz der Kleider findet seinen direkten Hintergrund in den gegensätzlichen (oft sehr angriffsfreudigen) philosophischen

Große Abbildung 1
Galakleidung (La grande Toilette).
Elliptischer, jedoch modisch antiquierter Reifrock. Courschleppe, Spitzenärmel und spitzengerahmtes ovales, ebenfalls unmodernes Dekolleté als weitere Kennzeichen der Hofkleidung. Ein festonartig abgebundener Seidenstreifen markiert das modische, verkehrt herzförmige Dekolleté.
„La Dame du Palais de la Reine".
Jean Michel Moreau Le Jeune: Estampes pour servir à l'histoire des Modes et du Costume en France. Kupferstich 1776

Fronten: Rationalismus in Frankreich und Empirismus in England. Der Rationalismus basiert auf der Deduktion – im erkenntnistheoretischen Bereich – und der Empirismus auf der Induktion. Dies scheint zunächst mit der Kleidung wenig zu tun zu haben. Trotzdem ist es die Tendenz zum Konstruktiven, die dem Rationalismus seit Anbeginn (Cartesius: „cogito, ergo sum" – ich denke, daher bin ich) anhaftet, die in Verbindung mit dem aufklärerischen (anthropozentrischen) Perfektionismus die französische Formenperfektionierung auch in der Kleidung auslösen musste. Mit anderen Worten: Der Rationalismus ist die Basis, auf der die Rokokomoden entstehen konnten. Ebenso passend zu dieser konstruktiven Perfektion zeigt sich die Vorliebe des Zeitalters zum Ornament. Hier entstand das bedeutendste und größte (vielleicht einzige) Ornamentzeitalter Europas. Hier wurde mit der Rocaille (Muschelkamm) ein von antiken oder sonstigen Vorbildern unabhängiges Ornament kreiert. Der Wille zum Ornament war so stark, dass sich nicht nur Gartenarchitekturen, Bettüberwürfe etc. daran orientieren mussten, sondern auch Gewandformen. Alles hatte sich nach den Ornamentlinien auszurichten. Daraus ergibt sich, dass alle Proportionen innerhalb der Gewandsilhouette dementsprechend harmonisiert werden mussten.

Anders zeigt sich die Situation in England. Hier ist der Empirismus zu Hause mit seinem induktiven Denksystem. Wahrnehmungen werden gesammelt, die sich schlussendlich in den Erfahrungen formieren. Das Experiment bekommt gleichsam programmatischen Charakter. Der Mensch ist demnach immer in Wahrnehmungsbereitschaft. Diese Einstellung musste unweigerlich zur Erkenntnis führen, dass der Mensch nicht immer in ein und

Textabbildung 1
Frühe „Englische Mode". Informelle Kleidung der englischen Lady auf dem Landsitz. Kennzeichen: Strohhut, natürliche Haarfarbe, Dekolletébedeckung, Zierschürze.
Im pastellfarbenen Kleid ist die Dame in die „natürliche" Landschaft gestellt.
Mary Gräfin Howe, um 1750,
Thomas Gainsborough (1727–1788).
Abbildung: Archiv der Abteilung Kostümkunde an der Universität für angewandte Kunst, Wien

derselben, undifferenzierten Kleidung auftreten konnte. Die Kleidung den unterschiedlichen Situationen anzupassen, begann man hier schon bald zu üben. Beispielsweise trug die englische Lady in der Stadt etwas anderes als auf dem Lande. Oder die Kinder wurden als spezielles Entwicklungsstadium des Menschen definiert, und man begann ihre Kleidung dementsprechend zu gestalten (siehe Textabbildung 9). In Frankreich unterschied man zunächst nur in Galakleidung, die bei Hof oder bei (allen) höfischen Events getragen wurde, und in die so genannte Negligékleidung, die schlicht und einfach die Nicht-Galakleidung bedeutete, also mit dem heutigen Begriff Negligé nichts zu tun hat. Eine gewisse höfische Uniformierung hatte sich schon in der zweiten Hälfte des 17. Jahrhunderts an allen europäischen Höfen herausgebildet. An diesen Formen baute man nun weiter. Natürlichkeit und Wahrscheinlichkeit, ebenfalls Schlagworte der Aufklärung, fanden sich zunächst in der englischen Kleidung – wohl auf Grund der empirischen Vorarbeit – verwirklicht. Obwohl der französische Rationalismus ganz Europa überschwemmt hatte, hielt er in Frankreich selbst nicht stand. Der englische Empirismus wurde um die Jahrhundertmitte im französischen Geistes- und Kulturleben fieberhaft aufgenommen. Als typisches Überschichtungsbeispiel in diesem Sinn wären Voltaire und Marivaux zu nennen. Im Bereich der Mode trug diese französische Gier nach englischen Formen äußerst seltsame Blüten, die vielleicht am besten mit der Begeisterung für die künstliche Natürlichkeit einer Marie Antoinette zu vergleichen sind, die sich im Petit Trianon künstliche Berge, Bächlein und Brückchen samt dazugehörigen Tierlein, wie Lämmchen an seidenen Bändchen, errichten ließ. In die wirkliche raue Natur hat man sich noch nicht hinausgewagt. Man hat sich eine mehr oder weniger verkleinerte Form in seine gewohnte Umgebung hereingeholt. In diesem Zusammenhang erscheint auch erwähnenswert, dass Ludwig XVI. nie das Bedürfnis hatte, sein von ihm beherrschtes Land zu bereisen, sondern über Paris und Versailles nie hinausgekommen ist.

Ein Grundzug der Aufklärung, der nicht nur politische, sondern auch modische Konsequenzen ergeben hat, soll noch angeführt werden: Die Aufklärung war eine „bürgerliche" Angelegenheit. Dieses Faktum ist vor dem Hintergrund der Toleranzidee zu sehen, die folgerichtig auch zu der Erkenntnis führen musste, dass alle Menschen gleich sind. Was laut Lessing für die drei großen Religionen gilt, hat in weiterer Folge auch für den Menschen selbst Geltung erlangt: Ein König ist nicht besser als ein Bettler! Der Sinn des Zeitalters für den goldenen Mittelweg, für Harmonie führte in diesem Zusammenhang unweigerlich zum Bürger. Dieses neue Ideal durchzusetzen, gelang allerdings nicht so ganz schmerzlos, wie die Französische Revolution zeigt. Eine weitere Tendenz der Aufklärung, nämlich der Hang zum Perfektionismus, führte auch im Bereich der Mode zu

einer Spezialisierung. Für die Kleidung bedeutete dies: perfekt gekleidet zu sein in jeder Situation. Dies musste in diesem Jahrhundert allerdings auch eine vernünftige Zweckentsprechung ergeben. Man hatte sich in dem Jahrhundert viel vorgenommen. Manches sollte auch erst viel später ausgeführt werden. Man war sich auch bewusst, dass die gesteckten Ziele nur systematisch zu erreichen waren. Man entdeckte die Psychologie und die Erziehbarkeit des Menschen, die nun dazu eingesetzt wurden, dem Menschen (nicht nur einer feudalen Oberschicht) im diesseitigen Leben zu seinem Glück zu verhelfen. Pestalozzi mit seinen Schriften und die Einführung der allgemeinen Schulpflicht sowie die „Ernennung" des Theaters zur moralischen Anstalt sind ein deutliches Zeichen für die „organisierte" Vorgangsweise des Zeitalters. Die Schaubühne als moralische Anstalt ist dem Eindringen des vernünftigen Denkens in ethische Bereiche anzurechnen.

Textabbildung 2
Die „bürgerliche" Atmosphäre in der kaiserlichen Familie. „Die Nikolobescherung", um 1760, Marie Christine (1742–1798, Tochter von Maria Theresia). M. Christine (Selbstporträit) droht ihrem Bruder mit der Rute. M. Antoinette zeigt ihre neue Puppe und der Jüngste (Max Franz) unter dem Tisch knabbert am Lebkuchen. M. Christine hat ein niederländisches Vorbild benützt, um hier die Porträts der kaiserlichen Familie einzusetzen.
Kunsthistorisches Museum, Wien.

Zusammenfassend grob formuliert könnte die aufklärerische Parole für die Kleidung lauten: richtige Kleidung für glückliche Menschen!

Ein für die Mode nicht unwichtiger Aspekt zeigt sich ferner darin, dass das aufklärerische Gedankengut gesamteuropäisch auftritt. Zumindest in diesen Bereichen kannte man keine Grenzen, es handelte sich vielmehr um europäisches Gemeingut. Die Nationalitäten waren vorläufig noch ausgeklammert. Es überrascht beispielsweise auch nicht, wenn etwa der große Garrick, der Pionier der modernen Schauspielkunst aus England, in den Zeiten der ärgsten kolonialen Auseinandersetzungen vor einem begeisterten (allerdings exklusiven) Publikum in Frankreich auftritt, oder wenn Lessing den „Hausvater" von Diderot restlos bewundert. Aus dieser übernationalen Einstellung resultiert wohl auch die paradigmatische Funktion der Antike, die auch auf modischem Gebiet zum gesamteuropäischen Maßstab erhoben werden sollte (Direktoire und Empire, siehe Textabbildung 10 und 11). In seiner Weitherzigkeit hat der aufgeklärte Mensch auch außereuropäische Themen mit einbezogen, wie deutlich an Voltaires Dramen „Mahomet" oder die „Waise von China" abzulesen ist. Ein echtes Verständnis für diese Kulturen gibt es allerdings noch nicht. Als modisches Beispiel in diesem Zusammenhang kann das so genannte „Kreolenhemd" genannt werden, das zu spektakulärer Berühmtheit durch ein Porträt von Marie Antoinette (um 1783, von Elisabeth Louise Vigée-Lebrun) gelangte (siehe Textabbildung 3). Die legere Aufmachung schien für eine Königin doch zu gewagt, sodass das Bild aus dem Salon zurückgezogen werden musste.

Textabbildung 3
Die französische Königin im Chemisenkleid.
Marie Antoinette, 1783, nach Elisabeth Louise Vigée-Lebrun (1755–1842).
Abbildung: Archiv der Abteilung Kostümkunde an der Universität für angewandte Kunst, Wien

Kostümkundliche Interpretation

Textabbildung 4
Frühform des Justaucorps.
Kurze Ärmel mit mächtigen hochgeknöpften Manschetten. Am Unterarm wird der lange enge Westenärmel sichtbar. „Homme de Qualité en habit de drap rayé", 1688. Nach Jean Dieu de St. Jean

Männerkleidung

Das „aufgeklärteste" Kleidungsstück des Mannes ist zweifelsohne der *Justaucorps,* der im Verlauf des Jahrhunderts kontinuierlich zum *Frack* geworden ist. Vordergründig betrachtet handelt es sich um einen Bezeichnungswandel, dem allerdings auch eine oberflächliche modische Veränderung zugrunde liegt. Großzügig formuliert, erscheint der Justaucorps als das höfische Kleidungsstück und wird vor allem in der Zeit der Französischen Revolution immer mehr zum royalistischen Abzeichen, während der Frack zum bürgerlichen Kleidungsstück mutiert.

Kennzeichen des Justaucorps sind von Anfang an markante Manschetten, deren aufgeschlagener Rand mit quer angeordneten Knöpfen besetzt ist (siehe Textabbildung 4, 8, große Abbildung 3), während sich die Frackmanschetten an die Ärmelform anschmiegen und meist mit senkrecht angeordneten Knöpfen – an der hinteren Ärmelnaht positioniert – ausgestattet sind (siehe Textabbildung 5). Als weiteres Unterscheidungsmerkmal ist der Kragen anzusehen. Der Justaucorps tendiert seit seinem Aufkommen zum Stehkragen (siehe große Abbildung 2, 3), während der Frack an einem Stehumlegekragen (siehe Textabbildung 5) oder an einem schlichten Umlegekragen (Textabbildung 9) zu erkennen ist. Anfänglich war es auch noch das Material, das den Unterschied ausmachte. Der Justaucorps zeigte sich seidig glänzend, farbig, gemustert und bestickt, während der Frack aus matten, ungemusterten Stoffen in gedeckte Farben gearbeitet wurde. Diese Unterscheidung hält so lange, bis in den beginnenden 1790er Jahren ein Einheitsrock zustande kommt, der eher als Frack zu bezeichnen ist, da er schon lange nicht mehr als „juste au corps" (eng anliegend, passend) gelten konnte (siehe große Abbildung 4). Seit damals verschwindet der Unterschied in der Gestaltung des Kragens und der Manschetten. Die Revolution hat auch im Frackbereich eine gewisse Konfusion hinterlassen, die erst durch das energische Durchgreifen Napoleons – vor allem im wieder erstarkten höfischen Bereich – zu neuen „alten" Formen geführt hat.[1]

Der *Justaucorps* zeigt sich von Anbeginn (ab 1680), wie beschrieben, als äußerst vernünftiges Kleidungsstück. Alle barocken Zufälligkeiten, Veränderbarkeiten und Materialorgien werden reduziert. Die sinnvolle Erweiterung der Schöße mit Glockenfalten ermöglicht nicht nur das problemlose Verschließen der vorderen Kanten, sondern liefert auch genügend Bewegungsweite, um ungehindert ausschreiten zu können. Der Halsausschnitt wird mit einem schmalen Vorstoß, der sich in der Folge zu einem immer höher werdenden Stehkragen auswachsen sollte, fixiert. Die Ärmel bleiben zunächst noch kurz und eng, werden aber mit einer überweiten mächtigen Manschette ausgestattet, die mit Knöpfen am Ärmel fixiert werden muss, damit sie nicht durch das Eigengewicht hinunterklappt. Zu Beginn des 18. Jahrhunderts dient die Verbreiterung der Manschette dazu, den kurzen und damit auch unsinnig gewordenen Obergewandärmel zu verlängern. Den Unterschied bezüglich des Umfanges von Manschette und Ärmel gleicht man mit einer trompetenförmigen Erweiterung und gleichzeitiger Verlängerung aus. Bei diesen verlängerten Ärmeln sollte es für den Mann auch in aller Zukunft bleiben. Die männlichen Obergewandärmel wurden bis heute nie mehr verkürzt getragen. Der Hemdärmel war auf diese Weise wiederum in den unsichtbaren Wäschebereich verbannt, nur die Spitzenrüsche durfte hervorschauen. Bis 1720 hatte sich der Ärmel bereits röhrenartig verengt. Auch die Manschette folgte dieser Form, blieb aber noch bis zum Ellbogen hochgeschlagen, sodass man sie zumeist an der Unterseite des Armes vertikal öffnen musste, um sie praktikabler zu gestalten. Ab 1740 etwa wurde die Manschette laufend kleiner und verlor ihr Eigenleben. Mit dem wachsenden Einfluss des Fracks wurde sie förmlich vom Ärmel aufgesogen. Neben der markanten Ärmelveränderung war der vordere Verschluss des Justaucorps dem stärksten Wandel unterworfen. Das Zuschließen der parallel verlaufenden Kanten sollte sich bald ändern, um auch die anderen Kostümstücke an die Gewandoberfläche zu holen und sie hier einer vernunftgemäßen Veränderung zuführen zu können. Zu-

Große Abbildung 2
Negligékleidung.
Damen in „Robes des Françaises“, Manteaugestaltungen mit dem typischen losen Rücken, später auch Watteaufaltenkleider genannt.
Die Liebeserklärung, 1731,
Jean François de Troy (1679–1752).
Berlin, Staatlich Museen (Charlottenburg)

Große Abbildung 3
Galakleidung.
Bestickter, seidig glänzender Justaucorps mit stark abgeschrägten Schößen. Mit den traditionellen Kennzeichen wie Stehkragen und horizontal angeordneten Knöpfen an den Manschetten.
„La grande Toilette“. Jean Michel Moreau Le Jeune: Estampes pour servir à l'histoire des Modes et du Costume en France.
Kupferstich, 1776

nächst ließ man die Knöpfe einfach offen stehen, was bald dazu führte, die Kanten nach hinten abzuschrägen (siehe große Abbildung 2, 3). Zuerst bekam man nur die Ärmelweste zu sehen, die ursprünglich ebenso lang wie der Justaucorps geschnitten war. In der Zeit der kurzen Ärmel war es nicht selten der Westenärmel, der gleichsam den Justaucorpsärmel im Unterarmbereich ergänzte (siehe Textabbildung 4). Mit dem Länger- und Engerwerden des Justaucorpsärmels wurde der Westenärmel langsam überflüssig, und aus der barocken Ärmelweste, die ihrerseits als Nachfahre der Unterschecke und des Unterwamses gelten kann, entstand das Gilet, das heute noch als Ergänzung des klassischen Herrenanzugs bekannt ist. Mit dem Sichtbarwerden der langen Westenschöße begann gleichzeitig auch eine Verkürzung derselben, bis der Saum schließlich, in zwei Spitzen endend – später auch mit geradem Abschluss versehen –, von der ursprünglichen Knielänge bis zum bisweilen sehr tief sitzenden Hosenbund hinaufgerutscht war und diesen gerade noch abdeckte. Mitte der 1770er Jahre schloss der Justaucorps nur mehr am Hals, und von der Halsgrube abwärts zogen die Kanten schräg nach hinten und ließen die Vorderfront des Herrn frei. Damit wurden auch die ursprünglich seitlichen Falten sukzessive immer mehr nach hinten verschoben. Zu diesem Zeitpunkt war der modische Beitrag des Justaucorps abgeschlossen. Ab nun war es der *Frack*, der die Akzente setzte, während der Justaucorps in der Galakleidung stagnierte. Die modischen Impulse, die von der Fanzösischen Revolution hochgeschwemmt worden waren, veränderten den Frack indirekt. Es waren die schon lange existenten, funktionierenden und verschließbaren Jacken der unteren Bevölkerungsschichten, die Anregungen lieferten. Die oft weit übereinander reichenden

Textabbildung 5
Frack. Mit den typischen Kennzeichen wie Revers, Stehumlegekragen, überlange Ärmel mit längs angeordneten Knöpfen (Manschette integriert!). Die knapp sitzende Kniehose ist voll sichtbar geworden.
Don Sebastían Martínez y Pérez, 1792, Francisco Goya (1746–1828). The Metropolitan Museum of Art, Rogers Fund, 1906, New York. Abbildung: Archiv der Abteilung Kostümkunde an der Universität für angewandte Kunst, Wien

Verschlusskanten dieser „Gebrauchsjacken" wurden mit der Vorliebe des Fracks zum Kragen kombiniert, woraus sich zahlreiche Versuche ergeben sollten, Kragen und Revers zu gestalten. Die typische Form also, die wir noch heute an nicht hochgeschlossenen Jacken und im Speziellen am Männersakko kennen. Das Ausschlagen der übereinander greifenden Kanten und der am Halsloch sitzende Kragen mussten unweigerlich diesen Reverskragen ergeben, der speziell in der Herrenmode geradezu in einen Ritus hineingesteigert werden sollte. Die doppelreihig schließenden Fräcke führten dazu, dass man in Höhe der Taillenlinie das Kleidungsstück mit einem geraden Saum beenden musste, um auf diese Weise einen eckigen Ausschnitt taillenabwärts über den Oberschenkeln zu erreichen.[2] Dieser eckig ausgeschnittene Frack wurde auch als „frac à l'anglaise" bezeichnet, während die bogige Form als französisch galt. In den 1790er Jahren zeigten sich die Fräcke oft mit sehr hohen Krägen, sehr hohen Taillenlinien und überlangen Ärmelröhren, die bis auf den halben Handrücken reichten (siehe Textabbildung 5).

Der Formenwandel des männlichen Oberkleides im Laufe des 18. Jahrhunderts brachte die *Hose* wiederum an die Gewandoberfläche. Die Kniehose, die sich bis zur Französischen Revolution und in der Hofkleidung noch weiterhin behaupten sollte, hatte sich, wie an anderer Stelle beschrieben, unsichtbar unter dem vollschößigen Justaucorps des ausgehenden 17. Jahrhunderts entwickelt. Nun wurde sie noch etwas knapper fassoniert und mit einem sehr dezenten Latz verschlossen (siehe große Abbildung 3, Textabbildung 5). Man hatte also auf den im Barock üblichen Mittelschlitz, der sich allerdings in der Weite des Kleidungsstückes ver-

Textabbildung 6
Kleidung der Revolutionäre.
Volkstümliche Elemente wie Pantalons, doppelreihige Weste, kurze Jacke, großes Halstuch und Holzschuhe.
Der Sänger Chénard, 1792, Louis Léopold Boilly (1761–1845). Musée Carnavalet, Paris.
Abbildung: Archiv der Abteilung Kostümkunde an der Universität für angewandte Kunst, Wien

lor, verzichtet. Die Hose war im Gegensatz zu unseren modernen Kniehosen im Gesäßbereich bequemer geschnitten, dies schien aus Gründen der Bewegungsfreiheit notwendig zu sein, da die Hosen noch immer ohne zusätzliche Fixierung an der Hüfte ihren Sitz hatten. Eine wesentliche Veränderung der Hosengewohnheiten sollte erst an der Wende zum 19. Jahrhundert stattfinden. Das Thema der „Pantalons" wurde allerdings bereits mit der Französischen Revolution angeschnitten. Als die ehemaligen Revolutionäre aber ins bürgerliche Lager hinüberwechselten, hatten sie auch größtenteils auf die aus den untersten Schichten stammenden langen bodenscheuen Hosen vergessen. Es war schlussendlich die Vorliebe für antike Formen, die offensichtlich die langen, weiten und hoch sitzenden Pantalons begünstigt hat. Diese hoch sitzenden und auch durch ihre Länge schwerer gewordenen Hosen hatten dazu geführt, dass man die Hosenträger erfunden hat, die bis heute durch keine sinnvollere Idee abgelöst werden sollten.

Es versteht sich, dass der aufgeklärte Mann, ob König oder Bürger, nun nicht mehr auf Stöckeln einherstaksen wollte, sondern seine *Schuhe* mit flachen Absätzen (siehe große Abbildung 3, 4, Textabbildung 7) versehen hat, die gewissermaßen ein „anthropozentrisches Auftreten mit abgebrochenen Jenseitsbeziehungen" ermöglichen. Die mächtigen Ristlaschen der barocken Schuhe verringern sich zusehends, bis man gegen Ende des Jahrhunderts bei weit ausgeschnittenen flachen Pumps angelangt war, die fallweise noch mit einer Zierschnalle ausgestattet erscheinen. In dieser Zeit wurden auch gerne zierliche, nahezu absatzlose Stiefel getragen. Die Stiefel erwiesen sich als günstige Kaschierung für die Verwandlung der Kniehose in Pantalons. Das untere Ende der Hose erschien durch die Stiefelröhre abgedeckt – auf diese Weise hatte man sich ein Mittelding erschaffen, das sich weder als Kniehose noch als lange Hose zu erkennen gab.

Kopf- und Halsbekleidung erscheinen in diesem vernunftbetonten Jahrhundert durchaus rationalisiert. Das *Halstuch* wird auf das Notwendige reduziert und in eine gefältelte Halsbinde umfunktioniert, die nicht mehr geknotet wird. Über dem Stehkragen des Hemdes getragen, bildet sie auch den Abschluss des spitzenbesetzten Hemdschlitzes (große Abbildung 3, 4). Diese Version hält sich in etwa bis zur Französischen Revolution. Mit dem Höherwerden von Stehkragen und Stehumlegekragen in den 1790er Jahren wächst auch das Halstuch an. Revolutionsdetails aus den unteren Bevölkerungsschichten wie farbige und/oder gemusterte Halstücher sind neben den dominanten weißen anzutreffen.

Auch die *Frisur* ist den aufklärerischen Grundsätzen angepasst worden. Bis hin zur Revolution hat eine stetige Reduktion der barocken Lockenfülle der großen Allongeperücke stattgefunden. Zunächst schmolzen die beiden Lockentürme am Scheitel des Herrn zusammen, dann wurden die seitlichen Lockenpartien laufend vermindert,[3] bis

Textabbildung 7
Überkleidung. „Rédingote à trois colets et croisée par devant, dite Rédingote en Lévite". Le Clere del. 1778–1787. Galerie des Modes et Costumes français.

schließlich nur mehr eine Locke über dem Ohr übrig geblieben war (große Abbildung 2, 3). Von den drei rückwärtigen Lockenstreifen war am Ende nur mehr der Zopf bzw. der Haarbeutel als mickriger Restbestand vorhanden (große Abbildung 2). Ob geflochten oder ungeflochten wurde dieses barocke Überbleibsel mit einer schwarzen Masche zusammengefasst. Nach und nach hatte man die Perücke durch das eigene Haar ersetzt, das man jedoch zumeist noch mit Puder bestäubte. Auch in diesem Fall sollten die 1790er Jahre eine markante Veränderung mit sich bringen. Das Haar wurde rund um den Kopf heiligenscheinartig, wollig aufgeplustert, verlor aber gleichzeitig an kompakter Substanz und kehrte zu einer eventuell möglichen Naturfarbe zurück – sodass es nun in der Folge unter den Vorzeichen der Antikebegeisterung des Directoire nicht mehr so schwierig war, zum eigenen (etwas ungepflegten) natürlichen Haarwuchs zurückzukehren. Anzumerken wäre noch, dass für formelle Anlässe oder zur Standeskleidung die Perücke weiterhin getragen wurde.

Wie viele andere Kostümdetails sollte sich auch der *Dreispitz* bis zur Revolution halten (siehe große Abbildung 1, 3, Textabbildung 7). Er wurde etwas tragbarer gestaltet, indem man den Kopf erhöhte und dementsprechend auch die Krempe höher und steiler aufschlug. Auch hier gelang es mit der Revolution volkstümliche runde Hüte in unterschiedlichen Proportionen und Dimensionen auf die Köpfe zu bringen, wozu sich allerdings der Zweispitz gesellen sollte, der offensichtlich aus einer etwas eigenwilligen Auslegung der Anlegung des Dreispitzes entstanden war.

Die *Überkleidung* war für die Männer des 18. Jahrhunderts wiederum von größerem Interesse. Der Justaucorps, der im ausgehenden 17. Jahrhundert mit seinen vollen Schößen die Überkleidfunktion erfüllen konnte, war im Laufe seiner Entwicklung durch die fortschreitende Abschrägung der Kanten als zweckentsprechendes Überkleid immer unbrauchbarer geworden. Schon in der ersten Hälfte des Jahrhunderts hatte man begonnen, einen recht vernünftigen und funktionierenden „Überrock" zu kreieren: Der Justaucorps wurde länger und weiter geschnitten, sodass man ihn bequem über die darunter liegende Oberkleidung ziehen konnte. Ähnliche aus der Oberkleidung adaptierte Kostümstücke sind auch in der zweiten Jahrhunderthälfte anzutreffen (siehe Textabbildung 7).

Frauenkleidung

Bevor die einzelnen speziell aufklärerischen modischen Erscheinungsformen des 18. Jahrhunderts erfasst und zugeordnet werden, soll zunächst eine grobe Silhouetteübersicht vermittelt werden. Schmal, schlank, tief schnürend, mit kleiner Frisur und darauf gesetzter Fontange tritt die Frau in das neue Jahrhundert. Diese Silhouette zeichnete sich, wie beschrieben, schon in den letzten 20 Jahren des 17. Jahrhunderts ab. In den ersten Jahrzehnten des neuen Jahrhunderts wurde die Frauensilhouette wiederum etwas fülliger. Der Rock erreichte eine ausgewogene Kuppelform. Dazu passend ist auch das Mieder etwas lockerer geworden, sodass sich nahezu eine klassische Proportion ergeben konnte. Diesem harmonischen Ensemble fügte man einen abgerundet weiblichen Ausschnitt hinzu, der das mickrige Viereck der Justaucorpsdame ablöste.

Um 1740 hatte sich das Rockvolumen merklich vergrößert. Zu dieser Zeit erreichte der Rock die größten Ausmaße. Die ursprüngliche Kuppel wurde vorne und hinten abgeflacht, sodass ein elliptischer Grundriss entstand. Die Dame zeigte sich in einem seit-

Textabbildung 8
Elliptischer, weit ausladender modischer Reifrock, um 1740, in Kombination mit einer bescheiden wirkenden, kleinen Frisur.
Promenade in Longchamps, um 1740, Gabriel de Saint Aubin (1724–1780).
Perpignan, Musée Hyacinthe Rigaud.

Textabbildung 9
Manteau à la polonaise.
Verkleinerungsformen des Rockes im Sinne der „zweckentsprechenden" Kleidung im Freien.
„Le Rendezvous pour Marly".
Jean Michel Moreau Le Jeune: Estampes pour servir à l'histoire des Modes et du Costume en France. Kupferstich, 1776

lich überdimensional abstehenden Rock, sodass der sie begleitende Herr entweder vor dem Rock (siehe Textabbildung 8) oder hinter dem Rock postiert werden musste. Dass sich diese monströse Form im mehr oder weniger antiquierten Stadium weiterhin in der formellen Hofkleidung (siehe große Abbildung 1) erhalten sollte, spricht für die mehrfach erwähnte Tatsache, dass brauchbare Formen aus der Modevergangenheit immer wieder zur Gestaltung repräsentativer Gewänder eingesetzt werden.

Gegen die Jahrhundertmitte wird der elliptische Reifrock laufend dezimiert. Mit der Abnahme des Reifrockvolumens wächst allerdings die Frisur stark an. Offensichtlich ein deutlicher Hinweis darauf, dass sich die Frauen der vernunftbetonten Richtung noch nicht ganz angeschlossen haben. Wohl auch ein Zeichen dafür, dass sie von der Emanzipation tatsächlich noch meilenweit entfernt sind. Typisch weibliche Signale werden noch immer stark akzentuiert. Im Rahmen dieser weiblichen Möglichkeiten sind jedoch auch vernünftige Zweckentsprechungen zu beobachten, die aus der englischen, empiristischen Vorliebe für Situationsgebundenheit resultieren. Es sind vor allem die Variationen im Bereich der Materialien, die man zur Unterscheidung einzelner Situationen einsetzt (siehe große Abbildung 4, Textabbildung 11).

Das Anwachsen der Frisur erreichte in den 1770er Jahren einen Höhepunkt (siehe Textabbildung 9), wobei das riesige Kopfvolumen auch in den 1780er Jahren noch zelebriert wurde, indem man die Monsterfrisur mit riesigen Kopfbedeckungen zu umfassen versuchte (siehe Textabbildung 13). Schließlich ersetzte man das Volumen der Perücke durch überdimensionierte Hut- und Haubenkreationen. Die größten Ausmaße in diesem Bereich wurden in Frankreich erreicht. Es erweckt den Anschein, als ob man dem Bekenntnis zur Englischen Mode mit diesem Ventil einen (französischen) Ausgleich hätte verschaffen müssen.

Das Volumen des Rockes hingegen verkleinerte sich – zumindest in der Negligékleidung – schon nach der Jahrhundertmitte kräftig. Für das Spazieren im Freien hatte man sogar deutlich verkürzte Rocksäume – unter denen die Knöchel (Fessel) sichtbar wurden – kreiert (siehe Textabbildung 9). In den 1780er Jahren fanden volkstümliche Elemente (z. B. aus der Matrosenkleidung), Ethno-Elemente (z. B. die sehr beliebte türkische Kleidung[4]) neben männlichen Akzenten (siehe Textabbildung 13) verstärkt Aufnahme in die weibliche Kleidung. Wenn es die Situation erforderte, trugen die Frauen beispielsweise auch zweckentsprechende, lange enge Röhrenärmel (siehe große Abbildung 4, Textabbildung 11).

Ende der 80er und zu Beginn der 90er Jahre war die Frau von vorne gesehen durchaus schlank und „natürlich" anzusehen. Im Profil betrachtet, hatte sich jedoch ein gewisser Ausbau über dem Gesäß entwickelt, der damals angeblich schon „Cul de Paris" genannt wurde. Auch im Bereich der Frisur sieht man sich wiederum einer Parallelität von männlicher und weiblicher Linie gegenüber. Die aufgeplusterte „Wollkräuselfrisur" (siehe große Abbildung 4), die sich langsam der natürlichen Haarfarbe annähert, findet auch Anklang bei den Damen.[5] Allerdings noch immer garniert mit den seltsamsten Kopfbedeckungen.

Textabbildung 10
Antikisierender Kostümentwurf für die Regierung der etablierten Revolutionäre. „Membre de Directoire Exécutif dans son grand costume, 1795". Jacques Grasset de Saint-Sauveur

Dem Directoire (1794–1799) blieb es vorbehalten, die antiken Akzente zu setzen. Es waren nicht nur die an die Macht gekommenen Revolutionäre, die Zeugen zu ihrer Rechtfertigung in der Antike suchten, es war die gesamte Programmatik der Aufklärung, die in ihrer ersten Realisierungsphase ebenfalls auf das antike Zeugnis angewiesen schien (vergleiche Winckelmann, Goethe oder die gesamte deutsche Klassik). Den Anlass für die Umsetzung der Antikebegeisterung brachte das Direktorium in Frankreich. Die etablierten Vertreter des neuen Staates mussten entsprechend eingekleidet werden, sollten jedoch nicht dem alten Regime ähnlich sein. Man stand gewissermaßen unter Zugzwang, die Regierung brauchte neue Kleider. Man ließ nach antikem Vorbild entwerfen.

Auch für die Frauenmode sollte diese Realisierungsphase die Umsetzung antiker Vorstellungen bringen, die sich vermutlich in ihrer radikalen Form stärker auf den Porträts und in der Gesellschaftskleidung ausgewirkt haben dürften. Ein beachtenswertes Ergebnis sollten diese neuen Moden jedoch bringen: Die Versenkung des Mieders vom Oberkleid- in den Wäschebereich. Anzumerken bleibt noch, dass die *Englische Mode* hier schon grundlegende Vorarbeit geleistet hatte. Die späten englischen Kleider könnten gleichsam als die ersten antikisierenden Gewänder angesehen werden. Es war schlussendlich doch die Geisteswelt des Empirismus, die zur Entwicklung dieser in der zweiten Jahrhunderthälfte tonangebenden Mode führen konnte, wenn man bedenkt, dass hier bereits im nachcromwellschen England das große Staatsexperiment eines von zwei Parteien bestimmten Verfassungsstaates möglich war (1689 Bill of Rights). Absolutistischer Zentralismus in einer Hauptstadt war hier jedenfalls nicht gefragt. Es war vielmehr die gleichmäßige Verteilung der englischen Adligen auf ihre Landsitze, die zu einer unnachahmlichen Kultivierung dieser Positionen führen sollte. Vor diesem Hintergrund war es auch möglich, dass sich in der ersten

Textabbildung 11
Englische Mode mit antiken Akzenten.
Gesamteuropäische Erscheinungsform um die Mitte der 1790er Jahre.
Madame Emilie Sériziat, 1795, Jacques-Louis David (1748–1825).
Abbildung: Archiv der Abteilung Kostümkunde an der Universität für angewandte Kunst, Wien

Hälfte des 18. Jahrhunderts eine perfekte, informelle Kleidung entwickeln konnte (siehe Textabbildung 1). Den Franzosen und anderen absolutistischen Höfen hat man es überlassen, die formellen Kleidungsarten zu gestalten, die man dann in England – wenn man den überbreiten, elliptischen Reifrock als wichtigstes Kennzeichen dieser höfischen Kleidung ansieht – am längsten beibehalten hat. Die „Landkleidung" hingegen erreichte nirgendwo sonst die elegante Selbstverständlichkeit wie in England, und das schon in der ersten Hälfte des 18. Jahrhunderts (siehe Textabbildung 1). Die englischen Ladys ließen sich schon in der freien (oft recht wilden) Landschaft oder auf einer Rasenbank sitzend in der passenden Kleidung porträtieren. Das entsprechende Kleid war in zarten Pastelltönen oder überhaupt in Naturweiß gehalten. Das Haar wurde bisweilen in der natürlichen Farbe getragen, dazu ein großer Strohhut aufgesetzt (siehe Textabbildung 1). Fallweise nahm man sogar eine transparente Zierschürze und ein zartes Dekolletétuch um. Alle diese Ansätze wurden in der zweiten Hälfte des Jahrhunderts perfektioniert. Nun verlängerte man die Ärmel bis zum Handgelenk hinunter und das Dekolletétuch wurde stärker in die Optik des Oberteils integriert (siehe große Abbildung 4). Zum Lieblingsmaterial wurde nun die Baumwolle mit ihrer stumpfen Oberfläche in Naturweiß auserkoren. Das Kleid hielt man in der Taille mit einer breiten Schärpe, die am Rücken in einer üppigen Schleife endete und im Farb- und Materialkontrast ausgewählt wurde, zusammen. Mit dem starken Akzent des Gürtels manifestierte man den Verzicht auf das Mieder. Das Kleid sollte nun tatsächlich von dieser breiten Schärpe zusammengehalten erscheinen und nicht durch das (Oberkleid)-Mieder fassoniert. Die Fischbeine waren sozusagen in den unsichtbaren Wäschebereich verbannt worden. Dass man auch in England das Mieder bis ins 20. Jahrhundert unterhalb tragen sollte, tat dieser Pioniertat keinen Abbruch. Gerade zu dieser Silhouette fühlte man sich damals im gesamten Europa – und nun auch schon in Amerika – hingezogen. Obwohl die Gestaltung dieser Silhouette nicht überall in Europa[6] in der englischen Perfektion gelungen ist, war sie doch in allen Ländern die Basis, auf der sich die Antikebegeisterung realisieren hat lassen (siehe Textabbildung 11).

Große Abbildung 4
Englische Mode, 1785.
„Aufgeklärte" Mode, wie sie für ganz Europa vorbildhaft geworden ist. Lange enge Röhrenärmel, verdecktes Dekolleté, weiße ornamentlose Stoffe, farbig kontrastierender Gürtel, der die Weite des Kleides zusammenhält – getragen bei allen informellen Anlässen. Daneben dezente „Einfarbigkeit" des Männeranzugs, der aus „bürgerlichen" Vorstellungen entwickelt wurde. Unterschiede zwischen den Ständen beginnen sich zu verwischen.
Der Morgenspaziergang. Elizabeth und William Hallet, 1785, Thomas Gainsborough (1727–1788).
Abbildung: Archiv der Abteilung Kostümkunde an der Universität für angewandte Kunst, Wien

Einige *typisch aufklärerische Kostümstücke*, die eine gesamteuropäische Entwicklung durchmachten, müssen noch gesondert Erwähnung finden. Die beschriebene grenzübergreifende Toleranz der Aufklärungsprogrammatik zeigt sich speziell in der kompakten Ausbildung dieser Gewänder.

Es sind dies zunächst Kleidungsstücke, die sich aus den beschriebenen *Manteaugestaltungen* des ausgehenden 17. Jahrhunderts ableiten lassen.

Eine Variante zeigt sich in der antaillierten Form mit der schleppenartigen Rockgestaltung, die sogar in der Zeit der großen elliptischen Rockgestaltungen im Bereich der Galakleidung Verwendung gefunden hat. Obwohl eine zufrieden stellende technische Lösung in Kombination mit dem seitlich ausladenden Rockvolumen nicht zu erreichen war, gelangen einige – zumeist etwas manieriert anmutende – Kreationen. Bis zur Neuformierung der Hofkleidung unter Napoleon blieb diese Courschleppe erhalten. Daneben taucht gerade der Manteau häufig in der Negligékleidung auf.[7]

Das technische Problem der Manteaugestaltung zeigte sich immer wieder – seit seiner Entstehung im 16. Jahrhundert aus der Schaube – in der Antaillierung an der Vorderfront der Dame im Gegensatz zum lose fallenden Rücken. Da man zumeist nicht auf das Dekolleté verzichten wollte, musste man am Vorderteil eine Anpassung vornehmen, die allerdings den „losen" Charakter des Kleides nicht ganz zerstören sollte. Eine Möglichkeit, die man sehr bald auch perfektionierte, bestand darin, dass man – ohne das Dekolleté zu verkleinern – die Rückenfalten unter Weglassen der Schulternaht nach vorne zog. Dabei wurden die Ärmel T-förmig angesetzt oder angeschnitten, womit man den locker sitzenden Eindruck des Kostümstückes unterstützte. Da diese typischen Sackkleider mit den losen Rücken in Frankreich (nach dem Tod Ludwigs XIV.) rasch Verbreitung fanden, während sie von den Engländerinnen zunächst wenig Beachtung ernteten, nannte man sie *Robe à la française* (siehe große Abbildung 2), während der Typus mit den im Rücken antaillierten Falten *Robe à l'anglaise* (siehe Textabbildung 12) hieß. In der Literatur sind die Kleider mit den losen Faltenrücken auch unter der Bezeichnung „Watteaufaltenkleider" bekannt. Da man speziell bei der Gestaltung der Negligéformen den oberen Rock variabel aufzustecken beliebte, ergaben sich auch aus dieser Manier unterschiedliche Bezeichnungen. Die häufigst vertretene Art quer durch Europa ist wohl: *à la polonaise* (siehe Textabbildung 9). In diesem Fall erscheint der Oberrock wie ein Wolkenstore mehrfach hochgerafft. Die weiterhin beliebte Vielfalt dieser Kleider wird variiert durch Ausgestaltung, Material, Ornament, Kragenformen, Ärmelformen usw., was sich speziell in der Vielzahl der Bezeichnungen ausdrückte.

Textabbildung 12
Robe à l'anglaise.
Manteaugestaltung mit antaillierter Rückenpartie. Transparentes Dekolletétuch über dem Busen gekreuzt und am Rücken zu einer Masche gebunden. Eine Dame mit Harfe, undatiert, zwischen 1785 und 1788, Elisabeth Louise Vigée Lebrun (1755–1842).
The Metropolitan Museum of Art, Bequest of Susan Dwight Bliss, New York, 1966.

Eine Verkörperung der aufklärerischen Toleranz, die zwischen den einzelnen sozialen Schichten angestrebt schien, drückte sich in einer begeisterten Übernahme der gewissermaßen „unterprivilegierten" *Jacken* aus. Seit dem Beginn der Neuzeit haben sich Jacken in der Kleidung der sozial schwächeren Schichten immer mehr etabliert. Während es im Mittelalter der kurze Hemdkittel war, ist es später die „Kürze" der Jacke gewesen, die man sich in den ärmeren Schichten gerade noch leisten konnte: Man benötigte einfach weniger Stoff für dieses noch dazu bewegungsfreundliche Kleidungsstück. Eine Art Überbegriff stellt die Bezeichnung *Casaquin*, verdeutscht *Kossäcklein*, dar. Es tauchen unter anderem aber auch *Pierrotjacken* oder auch *Figarojacken*[8] auf. Jacken, die sich gewissermaßen aus einer Verkürzung des Manteaus ergeben, sind als *Caraco*[9] bekannt. *Vom Justaucorps abgeleitete Jacken,*[10] die von den Frauen schon im 17. Jahrhundert zur Jagd oder auf Reisen getragen worden sind, werden im ausgehenden 18. Jahrhundert förmlich als ein erstes Anzeichen von Emanzipation auch in anderen Situationen getragen und ideenreich abgewandelt.

Als weiterer ausbaufähiger Beitrag zur aufklärerischen Programmatik kann wohl der Ansatz zum *Chemisenkleid* (siehe Textabbildung 3) betrachtet werden. Es erscheint beachtenswert, dass diese Kleididee schon vor der Forcierung des antiken Vorbildes auftaucht. In seiner unverfälschten Form zeigt sich das Hemdkleid am Halsausschnitt und an der Taillenlinie, wo es in seiner ganzen Weite zusammengefasst wird, wobei man am Ausschnitt zumeist eine Rüsche stehen lässt. An der Taillenlinie trägt man häufig einen kontrastierenden Schärpengürtel. Die Ähnlichkeit mit der oben beschriebenen

Englischen Mode ist nicht zu übersehen. Das berühmteste Hemdkleid dieser Art wurde das bereits erwähnte von Elisabeth Louise Vigée-Lebrun an Marie Antoinette gemalte (siehe Textabbildung 3). Ende der 80er Jahre hatte sich die französische Königin in diesem angeblich den Kreolinnen nachempfundenen Hemd malen lassen. Vermutlich ein Ausdruck des toleranten Beglückungsstrebens der Aufklärung, das sich über die Grenzen Europas hinaus erstreckte. Man wollte förmlich die ganze Welt umarmen, ohne Verständnis für die Realität der Tatsachen aufbringen zu können. Dies wäre nur eine Komponente des Chemisenkleides. Die andere, vielleicht wichtigere Vorbereitungswoge ist wiederum von England ausgegangen. Neben der oben beschriebenen Englischen Mode sind hier auch noch die so genannten „Bedgowns" anzutreffen. In der modischen Version ist damit ein bodenlanges Wickelkleid gemeint, das von einer Schärpe zusammengehalten wird und meist aus heller Seide oder auch aus Musselin gefertigt ist. Berühmtheit erlangten diese Kleider durch Joshua Reynolds (1723–1792), der die Frauen schon zu Beginn der 1760er Jahre in „zeitlosen" Kostümen, die jedoch eindeutig klassisch-antiken Ausdruckswert besaßen, malte.[11] Diese seine Vorstellung von der vorteilhaftesten (Porträt)Kleidung der Frauen legte er in seinen berühmten Diskursen nieder.

Die Manteauvariationen, die Sackkleider, die Jackenforcierungen und die Chemisenkleider dienten alle instinktiv einem ganz bestimmten Ziel, nämlich der *Transferierung des Mieders in den Wäschebereich*. Das Mieder den Natürlichkeitsbestrebungen, der Zweckentsprechung, der Situationsgebundenheit der Aufklärung anzupassen, bedeutete eine kostümgestalterische Großaktion, die nur auf mehreren Fronten erledigt werden konnte, wobei Manteau, Sack und Jacken dazu geeignet waren, das in der Oberkleidschicht befindliche Fischbeinmieder zunächst zu verdecken, während die Chemisen gleichsam ein Herausdringen der Wäscheschicht an die Oberfläche und damit eine Verdeckung des Mieders von innen her bedeuten. Dieses Faktum blieb auch in der Zukunft wirksam, während alle anderen antikisierenden Gestaltungen wiederum in der Versenkung verschwanden. Obwohl man in späteren Zeiten sogar wiederum zu extremen Schnürungen des weiblichen Körpers zurückkehren wird, werden alle Verformungen des weiblichen Körpers mit dem Korsett im Wäschebereich stattfinden: Das Mieder sollte nie wieder in den Oberkleidbereich zurückkehren!

An der weiblichen *Überkleidung* hatte sich vor allem zu Beginn des Jahrhunderts noch nicht allzu viel „Vernünftiges" getan, denn Kapuzencapes, Umnehmtücher[12], Dekolletétücher, lange Handschuhe und Muffs zählten bereits im ausgehenden 17. Jahrhundert zum Bestand der Überkleidung. Eine Bereicherung brachten die beschriebenen Jacken und die dem Justaucorps entlehnten

Redingotes (siehe Textabbildung 13), die nun nicht mehr nur für die Jagd und auf Reisen getragen wurden, sondern auch im Alltag. Bleibt noch zu erwähnen, dass es sich hierbei nicht um echte Überkleider handelte, sondern um eine Art Mantelkleider, die zwar fürs Freie gedacht waren, aber nicht mit einem darunter gezogenen Oberkleid getragen worden sind. Übrigens eine Vorgangsweise, die der Zweckentsprechung etwas zu punktförmig Rechnung getragen hat, da man dieses „Überkleid" nicht wirklich ablegen konnte. Ferner sollten sich diese Mantelkleider erst im 19. Jahrhundert besonderer Beliebtheit erfreuen.

Textabbildung 13
Redingote.
Ein für den Alltag adaptiertes Kleidungsstück. Weiterentwicklung der ursprünglich in die weibliche Reitkleidung übernommenen Varianten des männlichen Justaucorps, 1787.
Galerie des Modes et Costumes français, 1778–1787

Bild-Anmerkungen

1 Napoleon im Hofkleid, Kupferstich von Ribault, aus dem „Krönungswerk". Abbildung: Abteilung Kostümkunde an der Universität für angewandte Kunst, Wien

2 Modes et Manières de Jour, Debucourt, 1798–1808. Abbildung: Abteilung Kostümkunde an der Universität für angewandte Kunst, Wien

3 Galerie des Modes et Costumes français, 1778–1787. Abbildung: Abteilung Kostümkunde an der Universität für angewandte Kunst, Wien

4 Die Töchter des Malers, Wilhelm Tischbein (1751–1829). Abbildung: Abteilung Kostümkunde an der Universität für angewandte Kunst, Wien

5 Mme. De Sorcy-Thelusson, Jacques Louis David, 1790. Abbildung: Abteilung Kostümkunde an der Universität für angewandte Kunst, Wien

6 Herzogin von Alba, Francisco Goya, 1795. Abbildung: Abteilung Kostümkunde an der Universität für angewandte Kunst, Wien

7 Jean François de Troy, 1727. Abbildung: Abteilung Kostümkunde an der Universität für angewandte Kunst, Wien

8 Galerie des Modes et Costumes français, 1778–1787

9 „Caraco en veste".
Galerie des Modes et Costumes français, 1778–1787

10 „La jeune Amazone".
Galerie des Modes et Costumes français, 1778–1787

11 Miss Falconer,
Stich nach Joshua Reynolds, 1790.
Abbildung: Abteilung Kostümkunde an der Universität für angewandte Kunst, Wien

12 Galerie des Modes et Costumes français, 1778–1787

7 18. Jahrhundert

Kostümkundliche Literatur

(siehe auch 6. Kapitel: 17. Jahrhundert)

Bourhis, Katell de (general editor): The Age of Napoleon. Costume from Revolution to Empire 1789–1815. Ausstellungsbuch: (Metropolitan Museum). New York 1989

Buck, A.: Dress in Eighteenth-Century England. London 1979

Chertsey Museum. Ausstellungskatalog: Costume in Chertsey Museum 1700–1800. Chertsey (Surrey) 1976

Cornu, P.: Galerie des modes et costumes Français. 1778–87. Faksimile. 13. Bde. Paris 1910

Cunnington, C. W. & P.: Handbook of English Costume in the Eighteenth Century. London 1971

Delpierre, M.: Dress in France in the Eighteenth Century. London 1997

Metropolitan Museum. Ausstellungskatalog: The Eighteenth-Century Woman. New York 1981

Ribeiro, A.: Dress in Eighteenth-Century. Europe 1715–1789. London 1984

Ribeiro, A.: Fashion in the French Revolution. London 1988

Ribeiro, A.: The Art of Dress. Fashion in England and France, 1750–1820. London 1995

Yale Center for British Art. Ausstellungskatalog: The Conversation Piece: *Arthur Devis* and his Contemporeries. New Haven 1980

Kunsthistorische Literatur mit kostümgeschichtlich brauchbaren Abbildungen

Adhemar, H.: Le Portrait Français de *Watteau à David*. Ausstellungsbuch. L'Orangerie des Tuilleries. Paris 1957/58

Allen, B.: *Francis Hayman*. Ausstellungskatalog, Yale Center for British Art. New Haven 1987

Ananoff, A.: L'opera completa di *Boucher*. In: Classici dell'arte. Milano 1980

Bauer, J. H.: *Daniel Nikolaus Chodowiecki*. Hannover 1984

Baumgärtel, B. (Hrsg. u. Bearb.): *Angelika Kauffmann*. Ausstellungsbuch. Ostfildern-Ruit 1998

Bindmann, D.: *Hogarth*. London 1994

Blei, F.: Geist und Sitte des Rokoko. München 1967

Blüm, A. (Hrsg.): *Philipp Otto Runge – Caspar David Friedrich*. Ausstellungsbuch: Amsterdam. Zwolle 1996

Boehn, M. v. (Hrsg.): *Moreau* und *Freudenberg* – Trois suites d'estampes. Nach den Originalausgaben. Berlin 1920

Boehn, M. v. (Hrsg.): Deutschland im 18. Jahrhundert. Das Heilige Römische Reich Deutscher Nation. Berlin 1921

Boehn, M. v. (Hrsg.): Deutschland im 18. Jahrhundert. Die Aufklärung. Berlin 1922
Boehn, M. v. (Hrsg.): England im 18. Jahrhundert. Berlin 1922
Boehn, M. v. (Hrsg.): Rokoko. Frankreich im 18. Jahrhundert. Berlin 1921
Börsch-Supan, H.: Der Maler *Antoine Pesne*. Franzose und Preuße. Friedberg, H. 1986
Börsch-Supan, H.: Die deutsche Malerei von *Anton Graff* bis *Hans von Marées*. 1760–1870. München 1988
Bourgoing, J. de: *Heinrich Friedrich Füger* (Sammlung Bourgoing). Wien 1925
Boysen, L. R. (Hrsg.): *Carl Gustav Pilo* i Denmark. Stockholm 1985
Brême, D.: *François de Troy*. 1645–1730. Ausstellungsbuch. Toulouse Musée Paul Dupuy. Paris 1997
Brettagno, A. (Hrsg.): *Francesco Guardi*. Ausstellungskatalog, Venedig. In: Cataloghi di mostre/Fondazione Giorgio Cini, Istituto di Storia dell'Arte, 51. Milano 1993
Bristol Museum and Art Gallery. Ausstellungskatalog: Eighteenth Century Woman's Costume at Blaise Castle House. o. J.
Burke, J.: *Wiliam Hogarth*. Das graphische Werk. Wien, München 1968
Burke,J. / Caldwell, C.: *Hogarth*. The complete engravings. London 1968
Christiansen, K. (Hrsg.): *Giambattista Tiepolo*. Ausstellungsbuch, Venedig, New York. Ostfildern-Ruit 1996
Clark, A. M.: *Pompeo Batoni*. Oxford 1985
Cormack, M.: The paintings of *Thomas Gainsborough*. Cambridge 1991
Cuzin, J. P.: *Fragonard*. München 1988
Diederichs, Eu.: Deutsches Leben der Vergangenheit in Bildern. Bd. 2. Jena 1908
Egerton, J.: *Wright of Derby* 1734–1797 [Anm.: Joseph Wright …]. Ausstellungskatalog: London (Tate Gallery), Paris (Grand Palais), Metropolitan Museum. London 1990
Egerton, J.: *George Stubbs*. 1724–1806. Ausstellungskatalog: Yale und Tate Gallery. London 1985
Erffa, H. v. / Staley, A.: The paintings of *Benjamin West*. New Haven 1986
Fosca, F.: Das 18. Jahrhundert. In: Die großen Jahrhunderte der Malerei. Genf 1952
Garlick, K.: *Sir Thomas Lawrence*. Oxford 1989
(Goncourt, E. & J.): *Gravelot, Cochin, Moreau, Debucourt, Fragonard, Prudhon*. In: L'art du dix-huitième siècle. O. O. 1882
Grasselli, M. / Rosenberg, P.: *Watteau*. 1684–1721. Ausstellungskatalog: Washington, Paris, Berlin. Berlin 1985
Hautecœur, L.: *Greuze*. Paris 1913
Hayes, J. (Hrsg.): *Thomas Gainsborough*. Ausstellungskatalog: Ferrara. Ferrara 1998
Herdt, A. de: Dessins de *Liotard*. Ausstellungskatalog: Genf, Paris. Paris 1992
Hernmarck, C.: *Georg Desmarees*. Uppsala 1933
Hirth, G.: Kulturgeschichtliches Bilderbuch. 5. u. 6. Bd. Leipzig, München 1881–90

Koef, J.: *Cornelis Troost*. Amsterdam 1947

Laveissière, S.: *Pierre Paul Prud'hon*. Ausstellungsbuch: Paris , New York. New York 1998

Lee, S.: *David*. London 1999

Lefrançois, Th.: *Charles Coypel* peintre du roi (1694–1752). Paris 1994

Links, J. G. (aus dem Englischen von G. und E. Felten): *Canaletto*. Stuttgart 1982

Los Angeles County Museum of Art, Collection of Costumes and Textiles. Zsgst. v. Edward Maeder: An Elegant Art. Fashion & Fantasy in the 18th Century. Los Angeles/New York 1983

Lüdtke, D. (Konzeption): *Jean Pierre Chardin* 1699–1779. Ausstellungskatalog: Karlsruhe. Ostfildern-Ruit. 1999

Lundberg, G. W.: *Roslin* (Alexander). Malmö o. J.

Mandel, O.: The art of *Alessandro Magnasco*. 1667–1749. Florenz 1994

Markov, W. u. K. / Midell, M. (Hrsg.): Die Französische Revolution. Bilder und Berichte 1789–1799. Berlin 1989

Mengden, L. v.: Der Schönheit Malerin ... (*Elisabeth Vigèe-Lebrun*). Darmstadt 1985

Milne Henderson, P.: *George Romney*. Milano 1966

Nanteuil, L. de: *J.-L. David*. 1748–1825. New York 1985

National Portrait Gallery, London (Ausstellungskatalog): *Johann Joseph Edler von Zoffany*. London 1976

Oppermann, H.: *Jean-Baptiste Oudry*. 1686–1755. Ausstellungskatalog (Grand Palais, Paris). Paris 1982

Paulson, R.: The Art of *Hogarth*. London 1975

Pignatti, T. (Mitarb.): L'opera completa die *Pietro Longhi*. In: Classici dell'arte. Milano 1974

Postle, M.: *Sir Joshua Reynolds*. Cambridge 1995

Raux, S.: Catalogue des dessins français du XVIIIe siècle de *Claude Gillot* à Hubert Robert. Paris 1995

Roettgen, St.: *Anton Raphael Mengs*. Bd. 1: Das malerische und zeichnerische Werk. Bd. 2: Leben und Wirken. München 1998, 1999

Sani, B.: *Rosalba Carriera*. Torino 1988

Schönberger, A. / Soehner, H.: Die Welt des Rokoko. München 1951

Siegfried, S. L.: The art of *Louis-Leopold Boilly*. New Haven 1995

Smart, A.: *Allan Ramsay*. Ausstellungskatalog: Edinburgh. Edinburgh 1992

Symmons, S.: Goya. London 1998

Taverner Holmes, M. (J. Focarino, Hrsg.): *Nicolas Lancret*. Ausstellungskatalog: Frick Collection, New York. New York 1991

Traeger, J.: *Philipp Otto Runge* und sein Werk. München 1975

Wildenstein, G.: *Chardin*. Zürich 1963

8 | 19. Jahrhundert

Einleitung, kostümhistorischer Hintergrund

Welt- und Menschenbild als Basis der Gewandgestaltung

Die zu Beginn des 19. Jahrhunderts größtenteils noch unerfüllte Parole der Französischen Revolution „Freiheit – Gleichheit – Brüderlichkeit" sollte auch den Grundton für das nun zu betrachtende Säkulum abgeben.

Der Abbau der ständischen (adeligen) Privilegien – als vordergründigstes und auch drückendstes Problem – wurde zuerst in Angriff genommen. Der damit verbundene Aufstieg des Bürgertums, das einerseits die Ideen des Liberalismus und der Demokratie aufgegriffen hatte, schien in der ersten Jahrhunderthälfte politisch noch eingebremst. In dieser äußerlichen, aber doch aufgezwungenen Ruhephase schärften sich gleichsam die Ideologien, um in den 48er Revolutionen zum Ausbruch zu kommen. Von nun an war die „Karriere" der bürgerlichen Schicht nicht mehr wirklich aufzuhalten. Der bürgerliche Unternehmer, dessen Ziel die Produktionssteigerung und die Kapitalanhäufung war, hatte nun die wahren Trümpfe in der Hand. Dadurch wird aber auch der Konflikt mit der sich notwendigerweise bildenden (Industrie-) Arbeiterschaft heraufbeschworen, die nach und nach ebenfalls ihre Rechte fordern sollte.

Freiheit – Gleichheit – Brüderlichkeit als Volkssouveränität betrachtet, beinhaltet aber auch den Nationalismus, so unbegreiflich das zunächst auch klingen mag. Zuerst musste man sich allerdings damit beschäftigen, den Begriff „Volk" zu definieren, denn das Volk sollte ja der Nutznießer von „Freiheit – Gleichheit – Brüderlichkeit" sein. Die alten ständischen Kriterien hatten keine Geltung mehr und das Musterbeispiel der (fernen) Griechen (Freiheit, Demokratie) verlangte nach allgemein verständlicher und emotional ansprechender Aktualisierung. Den geistigen Hintergrund dazu lieferte die Romantik mit ihrer zunächst noch intuitiv künstlerischen Volkstumsbegeisterung. Hier wurden geheime unverbrauchte Kräfte vermutet, die man in historischer und künstlerischer Aufarbeitung der „Volksmaterie" zu erfassen trachtete. Den Anlass zur nationalen Färbung lieferte Napoleon. Der Kaiser der Franzosen hatte seinerseits den nationalen Trend der Revolution schon früh erkannt und für seine imperialen Zwecke zu nutzen verstanden. Europa (allen voran die deutschen Staaten) wurde sich unter der Herrschaft Napoleons (1804–1814/15) der völkischen Eigenheiten schmerzlich bewusst und man begann sich gegen die Herrschaft des Franzosen zu wehren. Daraus musste wohl oder übel das Bedürfnis nach nationaler Einigung entstehen. Als federführend und beispielgebend für ganz Europa erwiesen sich die deutschen Romantiker, die es sogar zustande brachten, aus der deutsch-nationalen und damit antifranzösischen Haltung heraus zu einer (alt)deutschen Nationaltracht (1812, 1815) zu animieren, um nicht den Anschein zu erwecken, französisch gekleidet zu sein. Dieses eher geistige Konstrukt war speziell in der Damenmode vom Anfang an zum Scheitern verurteilt. Nur in männlichen Künstler- und Studentenkreisen konnte sich der altdeutsche, hochgeschlossene, halbschenkellange Leibrock, zu dem man sich das Haar lang wachsen ließ und in der Mitte scheitelte, länger halten. An dieser Frisur waren auch die in Rom weilenden deutschen Künstler zu erkennen, die dazu noch einen so genannten altrömischen Mantel anlegten. Diese Tatsache erklärt die eigenartige Kleidung Goethes, die er auf dem Tischbein-Porträt, das den Dichter in Rom zeigt, trägt.

Das Interesse am eigenen Volk, an der Nation lenkte den Blick unausweichlich auch auf die eigene Vergangenheit, auf die Wurzeln und auf die Herkunft. Das zunächst gefühlsmäßige Interesse wurde in der zweiten Jahrhunderthälfte zum wissenschaftlichen Interesse. Die Weichen zum Historismus waren damit gestellt. Man wollte wissen, wie es „wirklich" war. Die Liebe zum Detail, zum historischen oder gegenwärtigen, war somit zur Methode erhoben. „Realistisch" und später „naturalistisch" genau wollte man nicht nur wissen, sondern auch gestalten. Die Verwandtschaft von Historismus, Realismus (in allen seinen Spielarten) und Naturalismus in allen Sparten künstlerischen Gestaltens war demnach gegeben. Diese Grundhaltung musste folgerichtig auch zu einem noch nie da gewesenen Individualismus führen, der ebenfalls von der romantischen Philosophie vorbereitet erscheint. Das Ich-Erlebnis wurde zum Selbstzweck. Das „Ich" wird sogar zum Prinzip der Philosophie erhoben (Schelling). Die nahezu unerfüllbare Forderung nach dem Aufgehen des Ich im Du ohne Selbstverlust wird zu einem Lieblingsthema der romantischen Künstler. Auf dieser Basis konnte schlussendlich die Psychologie als Wissenschaft entstehen, und letztlich wird dadurch auch ein Sigmund Freud möglich.

Textabbildung 1
Annäherung von adeliger und bürgerlicher Kleidung. Franz I. mit Familie, 1826, Leopold Fertbauer. V. l. n. r.: Caroline Augusta, Franz I., Herzog von Reichstadt (Sohn Napoleons), Marie Luise (Witwe Napoleons), Sophie von Bayern (Mutter Franz Josephs), Erzherzoge Ferdinand und Franz Carl (Vater Franz Josephs).
Historisches Museum der Stadt Wien

Die Realisierung dieses Monsterprogramms musste gleichsam mehrgleisig stattfinden. Die Ansatzpunkte des 19. Jahrhunderts sind so zahlreich, dass sich daraus kein einheitlicher Stil ergeben konnte. Diese Uneinheitlichkeit und Gleichzeitigkeit verschiedener Richtungen musste sich auch in der Mode abzeichnen. Obwohl sich als Haupttrend die Demokratisierung der Mode erkennen lässt, die als Ausdruck der sozialen Demokratisierungsvorgänge mit dem späteren Endziel der klassenlosen Gesellschaft zu werten ist, bleiben dennoch zahlreiche modische Erscheinungsformen unerklärt.

Die erste bürgerliche Welle zeigt sich in den *Biedermeiermoden*, die zuerst als Verbürgerlichung mit nachfolgender Verspießbürgerlichung der Empiremoden zu klassifizieren wären. Erst die Verdrängung der Bürger ins politische Abseits bis zu den 48er Revolutionen brachte eine Verfeinerung der modischen Ausdrucksformen, bedingt durch die Konzentration dieser Gesellschaftsschicht auf künstlerische Bereiche. Die Biedermeiermode zeichnet sich durch eine zutiefst bürgerliche Grundhaltung aus. Dieser Dominanz hat nun der Adel nichts mehr entgegenzusetzen, sodass z. B. so manches adelige Porträt sehr bürgerlich anmutet (vergleiche Textabbildung 1). Auch in der zweiten Jahrhunderthälfte ist dieser Vorsprung vom Adel nicht mehr aufzuholen. Die Herrscherhäuser sind auf lange Sicht nicht mehr in der Lage, ein Vorbild abzugeben. Es ist vielmehr die bürgerliche Unternehmerschicht, die – vor allem mit Hilfe ihrer Frauen – den modischen Ton angibt. Um als Adliger standesgemäß mit dieser neuen wichtigen (und reichen) Gesellschaftsschicht verkehren zu können, wurden Bürgerliche gewissermaßen reihenweise (als Ritter, Barone etc.) in den Adelsstand erhoben, was nun die Mode an sich auch nicht mehr aristokratischer hat werden lassen.

Was nicht in die Demokratisierungswelle (zunächst Verbürgerlichung der Mode) zu passen scheint, ist die Damenmode mit ihren Schwellformen in der zweiten Hälfte des Jahrhunderts, während die Herrenmode etwa seit der Mitte des 19. Jahrhunderts bereits die moderne Silhouette erreicht hatte und nur mehr in Feinheiten variiert werden konnte. Derart unterschiedliche Ausbildungsformen der Frauen- und Männersilhouette hat es bis dato noch nie gegeben.

Eine Erklärung dieser Situation bietet sich in der Mehrgleisigkeit des Realismus an. Grob formuliert könnte man die Männermode als Ausdruck des „bürgerlichen" Realismus sehen, der sich u. a. „tatkräftig" und auch politisch aktiv zeigt, während die Damenmode Kennzeichen des „Monumentalrealismus" trägt, der sich u. a. auch die wissenschaftliche und künstlerische Aufarbeitung der Vergangenheit als Aufgabe gesetzt hatte. Zur Ehrenrettung des Historismus sei hier angeführt, dass man sich der Geschichte – zum ersten Mal in der europäischen Kultur – die Wahrheit suchend künstlerisch und wissenschaftlich genähert hat. Da die Demokratisierung ohnehin noch nicht so weit gediehen war, dass sie sich mit der Emanzipation der Frau auseinander setzen konnte, wurde die Frau vorerst einmal zum Gradmesser für den Reichtum des Mannes. Nichts konnte in diesem Zusammenhang willkommener sein als die Liebe zum Detail, wie sie einer realistischen Grundhaltung anhaftet, und nichts schien nahe liegender als der Griff zum historischen (oder auch exotischen – beispielsweise nordafrikanischen) Detail. Neben diesen kapitalistischen Luxusgeschöpfen nahm sich selbst die damalige Gesellschaftskleidung des Mannes (der zur Konvention erstarrte schwarze Frack) wie ein Büßerhemd aus. Als prunkvoller Restbestand verblieb einzig und allein die militärische Uniform, die damals allerdings noch mehr Ansehen besaß als etwa nach dem Ende des Ersten Weltkrieges. Der Normalanzug des Mannes zeigte sich dagegen bestechend einfach. Es handelte sich schließlich gleichsam um den „Arbeitsanzug" des bürgerlichen Unternehmers, mit dem er im Comptoir, in der Bank oder auch in den Sälen der Börse seinen Geschäften nachgehen konnte. Realistische Anpassung an den „grauen"

Geschäftsalltag war gefragt. Die bunte Männerkleidung hatte somit ausgedient. Die Eintönigkeit war nun angesagt und die feinen Unterschiede konnten in Zukunft nur mehr durch Qualität und durch den besseren Schneider erreicht werden. Diese Grundhaltung in der Gestaltung der Männerkleidung ohne nennenswerten Silhouettenwandel führt zu einem gewissen Desinteresse seitens der grobmaschigen kostümhistorischen Betrachtungsweise. Auch durch die Nähe zum heutigen Standpunkt, die einen gewissen Bekanntheitsgrad der gewandlichen Gegebenheiten erzeugt, wird eine Vernachlässigung der Männerkleidung seit 1850 möglich. Im 19. und 20. Jahrhundert liegt der Schwerpunkt des Interesses unbestritten im Bereich der Frauenkleidung.

Kostümkundliche Interpretation

Frauenkleidung

Vorbemerkung:
Die Uneinheitlichkeit der Stile im 19. Jahrhundert zieht nun eine etwas andere kostümgeschichtliche Darstellungsweise der Mode nach sich, als dies bei der Betrachtung vorangegangener Jahrhunderte der Fall war. Einzelne Zeitabschnitte müssen vielmehr als geschlossenes Ganzes behandelt werden und einzelne Kostümstücke können nicht wie bisher durch das ganze Jahrhundert hindurch verfolgt werden.

1795–1815 (Empiremoden)

Diese Zeitspanne ist als modische Einheit zu betrachten, obwohl sie vom historischen Standpunkt aus in *Directoire* (Direktorium) von 1795 bis 1799, in das *Konsulat* von 1799 bis 1804 und in das *Kaiserreich* (Empire) von 1804 bis 1814/15 zu unterteilen wäre. Die

Persönlichkeit Napoleons verleiht dieser Zeitspanne eine gewisse Einheitlichkeit. In kostümkundlichen Bereichen geht diese Einheitlichkeit über die Entwicklungsstufen des historischen Napoleon hinaus und die modische Zusammengehörigkeit dieser drei Zeitabschnitte erlaubt, diese mit einer einheitlichen Bezeichnung zu belegen. Diese Bezeichnung hat sich im historischen Modebereich schon seit langem richtiggehend eingebürgert, nämlich: Empire. Wenn man von Empiremoden spricht, dann meint man die Kleidung von 1795 bis 1815. Wobei vorauszuschicken wäre, dass von ca. 1795 bis 1805 die stärksten antiken (hellenistischen) Anklänge zu beobachten sind, während die Kleider in der Folge tragbarer, zweckentsprechender werden und sich mehr und mehr dem Bürgerlichen annähern.

Die Empirekleider waren bestens vorbereitet worden durch die in ganz Europa getragenen „englischen" Kleider der frühen 90er Jahre des 18. Jahrhunderts (siehe Textabbildung 11, 18. Jahrhundert). Der hellenistische Bezug in der Mode kam erst nach der Revolution hinzu. Wie bereits an anderer Stelle erwähnt, benötigten die neuen nachrevolutionären Volksvertreter dringend neue, nicht aristokratische Kleider, denen die griechischen Gewänder speziell in der Zeit des Direktoriums und der Konsularregierung als Vorbild dienten (siehe Textabbildung 10, 18. Jahrhundert). Dabei war es von Vorteil, dass die antike Materie wissenschaftlich und künstlerisch seit den 70er Jahren des 18. Jahrhunderts bestens aufgearbeitet worden war. Die Antike lag gleichsam im Trend, wie das u. a. die Schriften von Johann Joachim Winckelmann (1717–1768) oder auch – zwar auf anderer Ebene – die Attitüden der Lady Hamilton beweisen, die großteils nach der berühmten Antikensammlung ihres reichen Mannes gestaltet waren und selbst durch Goethe Erwähnung fanden. Die „Empiremoden" hatten also eine reiche Basis, auf der sie aufbauen konnten.

1795–1805

In diesem Jahrzehnt ist die stärkste modische Antikebegeisterung anzutreffen. Als Bremsfaktor erwiesen sich allerdings die klimatischen Diskrepanzen zwischen dem Mittelmeerklima, in dem die Vorbilder entstanden waren, und den mitteleuropäischen Wetterverhältnissen. Viele der überlieferten duftigen, transparenten Gewandgebilde werden vermutlich – trotz der angeblich darunter getragenen fleischfarbenen Trikots – nur auf den Porträts anzutreffen sein oder bestenfalls im Hochsommer oder im Ballsaal,

Große Abbildung 1
Über antikisierende Vorbilder gelingt
die Bewältigung der Moden des Ancien Régime.
Familie Schimmelpenninck, 1801.
Pierre Paul Prud'hon.
Abbildung: Archiv der Abteilung Kostümkunde
an der Universität für angewandte Kunst, Wien

in der Oper und an ähnlichen Orten. Bis über den Ellbogen hinaufreichende Handschuhe, der beliebte Kaschmirschal, eine Federboa oder auch ein Muff mussten schon bald die luftige Kleidung ergänzen. Fest steht jedenfalls, dass sicherlich nicht alle Frauen wie die berühmte, in kostümhistorischen Bereichen immer wieder zitierte Madame Récamier[1] (gemalt von François Pierre Gérard, 1802) ausgesehen haben. Wollte man diese Mode auch wirklich tragen, dann musste man sie auch in diesem Jahrzehnt bereits adaptieren.

Trotzdem sind in diesem Dezennium einige auffallende europäische Gemeinsamkeiten und nachhaltig wirksame Errungenschaften zu beobachten. An erster Stelle wäre die Vorliebe für das helle Baumwollmaterial zu nennen, das den „aristokratischen" Seidenstoffen vorerst den Rang ablaufen sollte. Auch den Vorstellungen von der antiken Kleidung kam dieser Stoff mehr in die Nähe als die kostbaren, gemusterten Seiden des Ancien Régime. Auf diese Weise ließ sich der antike Faltenwurf zumindest partienweise nachahmen.

Die hohe Taillenlinie war schließlich das auffälligste und „haltbarste" Merkmal der Empiremode. Bis in die 20er Jahre des Jahrhunderts ist die hoch sitzende Taille nachzuweisen. Dieses Kennzeichen sollte sich für alle Zukunft als typisch für das Empire einprägen. In dieser Taillenmarkierung konzentrierten sich gleichsam alle antiken Gewandvorstellungen der Zeit. Verständlich wird diese Einstellung, wenn man sich die

Textabbildung 2
Die antikisierenden Vorbilder werden den mitteleuropäischen Verhältnissen angepasst. Titusartige Frisur mit helmähnlicher Haube, mit einem sonnenabwehrenden Schleier ausgestattet. Bevorzugung ungemusterter, fließender Baumwollstoffe mit stumpfer Oberfläche. Kreuzbandschuhe in Anlehnung an die Schnürung der antiken Sandalen.
Debucourt: Modes et Manières de Jour. 1798–1808

vorangegangenen Miedermoden – vor allem die nun mehr oder weniger verhassten höfischer Machart – vergegenwärtigt. Das Hochschieben der Taillenlinie bedeutete hingegen eine unübersehbare und nachhaltig wirksame Umwälzung: Die durch Jahrhunderte geübte Miedertradition konnte damit erschüttert werden! Die Berufung auf hellenistische Moden erscheint deshalb nahezu als notwendige Maßnahme. Man musste sich das Rückgrat stärken! Die eng und tief geschnürte Taille, die immer wieder als Ausdruck höfischer Moden eingesetzt worden war, konnte mit der Empirelinie deutlichst kaschiert werden. Die vorgeschobene (grundsätzlich ungeeignete) hellenistische Mode war also nur Mittel zum Zweck, bis sich die neuen Inhalte auch in der Kleidung in einem geeigneteren Formenkatalog niederschlagen konnten. Als bleibende Errungenschaft der Empiremoden blieb jedenfalls die Versenkung des Mieders in den Wäschebereich erhalten, wo es von nun an richtiger als Korsett anzusprechen wäre. Diese „unterirdische" Fassonierung des Körpers sollte sich bis ins 20. Jahrhundert hinein erhalten. Obwohl noch zahlreiche körperverformende Korsetts entstehen werden, ist die Verbannung aus dem Oberkleidbereich doch der erste Schritt zum Abbauen des Mieders, das seit der beginnenden Neuzeit den Frauenkörper – außen sichtbar – umzuformen trachtete. Ab nun wird die Verformung verschwiegen, sie ist unsichtbar, und das Oberkleid schmiegt sich wie durch Geisterhand modelliert der vorgegebenen Korsettform an. Die hochgeschobene Taille stellte gleichzeitig ein Hilfsmittel dar, um das

Textabbildung 3
Die Versenkung des Mieders in den Wäschebereich bleibt als Errungenschaft der Empiremoden erhalten. Die vorgetäuschte äußere Leichtigkeit der Empirekleider wurde vermutlich durch panzerartige Mieder unterstützt. Man verzichtete auch nicht auf den vorderen, hier sehr kräftig dargestellten Miederstab (Planchette), der nicht gerade zur Bequemlichkeit beigetragen haben mag.
James Gillray, 1810

miederlos gewordene Oberkleid nicht gleich in einer ungewohnten Technik an eine eng geschnürte Korsetttaille heranführen zu müssen. In der Oberkleidschicht ohne panzerartige Versteifung durch die Fischbeine des Mieders auszukommen war neu. Man hat sich im Oberkleidbereich schnitttechnisch mühsam an die mehr oder weniger schlanke Taillenlinie heranarbeiten müssen.

Im Bereich der Accessoires, die schließlich nicht als unmittelbar silhouettebildend wirken, nützte man jede Gelegenheit, um antik (in der Hauptsache hellenistisch) zu wirken. Ein beliebtes Thema für antike Akzente stellten die *Frisuren* dar. Speziell Abendfrisuren waren in diesem Sinn ein wichtiges „Kostümdetail". Im ersten Dezennium trifft man auch gelegentlich so genannte Titusfrisuren (ein Kurzhaarschnitt!) für Frauen an. Dabei dürfte es sich vermutlich um Einzelfälle gehandelt haben. À la grecque, à la romaine war eher in dezenteren Formen gefragt. Helmartige *Kopfbedeckungen* aus den unterschiedlichsten Materialien, die unter dem Kinn zu binden waren und mit einem vorhangartigen Schleier versehen sein konnten, um die Sonnenstrahlen abzuhalten, kamen in Mode (siehe Textabbildung 2). Es sei vorweggenommen, dass sich die Biedermeierschute[2], jener Hut, dessen Krempe im Bereich der Ohren von einem Band niedergehalten wird, um unter dem Kinn mit einer Masche geschlossen zu werden, von ebendieser Helm-Mode ableitet (siehe Textabbildung 20). Kopfbedeckungen, die dem Aufenthalt im Freien Rechnung trugen und die bei Bedarf sogar winterlich zu adaptieren waren, sind als absolute Neuheit zu betrachten. Die Aufforderung Rousseaus „Zurück zur Natur" nahm erste modische Formen an!

Ein weiteres der Antike entlehntes Thema waren die *Schuhe*. Eine Annährung an die antiken Sandalen war angesagt. Flache Sohlen im Gegensatz zum aristokratischen Stöckel wurden nun allgemein üblich. Die antike Fußbekleidung diente auch in diesem Fall als Zeugin. Allerdings konnte man nicht immer Sandalen – manchmal sogar barfuß ohne Strumpf – tragen. Auf diese Weise entstand der absatzlose Pumps (auch Escarpin genannt), dessen besserer Halt mit einer kreuzweisen Verschnürung über die halbe Wade hinauf erreicht wurde (siehe Textabbildung 2). Die allgemein bekannten Kreuzbandschuhe des Biedermeier sind auf diese antike Schuhvariante zurückzuführen. Wichtig war in jedem Fall das Sichtbarmachen der modischen Schuhe durch ein Verkürzen eines meist rund verlaufenden Rocksaumes. Der verkürzte Rocksaum war zudem bestens geeignet, das bürgerliche Element in der Mode zum Ausdruck zu bringen. Ein runder, hängender, verkürzter Rocksaum ist eben nur vor einem bürgerlichen, liberalen Hintergrund denkbar, während die schleppenden Säume immer wiederum einen höfisch aristokratischen Eindruck suggerieren. Richtige Courschleppen sollten erst wiederum in Napoleons Kaiserreich erforderlich sein (siehe Textabbildung 4). Für den höfischen Bedarf half man sich vorderhand noch mit antiquierten zeremoniellen Formen wie etwa in England, wo um 1800 noch immer der alte elliptische Reifrock anzutreffen war, über den man die modisch aufbereiteten Kleider darüber zu ziehen versuchte.

Den Pariserinnen wird nachgesagt, dass sie in diesem Dezennium ohne Unterwäsche ausgekommen wären und auf diese Weise die Nacktheit in den Oberkleidbereich geholt hätten. Diese Nacktmode wird sich wohl auch in Grenzen gehalten haben, wenn man bedenkt, dass schon im Winter 1799/1800 Napoleon – damals erster Konsul – folgende Botschaft an drei Damen der Gesellschaft sandte, die tags zuvor in der Oper als kurz gekleidete Nymphen mit nackten Füßen, die in zierlichen Sandalen steckten, erschienen waren: Die Zeit der Märchen (Fabeln, Sagen) sei vorbei, die Herrschaft der Geschichte hätte begonnen. Man sagt, Josephine hätte ihn zu dieser Mitteilung veranlasst. Damit war zumindest ein modischer Trend für seine Kaiserherrschaft bereits festgelegt.

Textabbildung 4
Prunkvoll gestaltetes Hofkleid des napoleonischen Kaiserreichs, wie es an allen europäischen Höfen getragen wurde. Als besonderes Kennzeichen gilt die abnehmbare Courschleppe, die nun nicht mehr in das Kleid integriert erscheint, sondern zusätzlich umgenommen wurde, sodass das Kleid auch für unterschiedliche formelle Gelegenheiten verwendet werden konnte. Kaiserin Marie Luise, 1812, Robert Lefèvre.
Abbildung: Archiv der Abteilung Kostümkunde an der Universität für angewandte Kunst, Wien

1805–1815

Die betont antikisierenden Tendenzen des vorangegangenen Dezenniums wurden nun den mitteleuropäischen Verhältnissen angenähert; sie wurden tragbar gemacht und im Wesentlichen der bürgerlichen Gesellschaft angepasst. Daneben war der Bedarf an neuen kaiserlichen Gewändern durch das napoleonische Imperium aktuell geworden. Nicht nur des Kaisers eigener Hofstaat, sondern auch die von ihm in ganz Europa eingesetzten, meist mit ihm verwandten Potentaten mussten mit entsprechenden „Kostümierungen" versorgt werden. Der bereits

im Directoire bewährte Jacques Louis David wurde wiederum als Entwerfer herangezogen. Die neuen kaiserlichen Gewänder und die Hofuniformen sind prunkvoller denn je ausgefallen. Man hat aus der Historie alles zusammengetragen, was den Prunk unterstützen konnte, sodass eine ganz spezielle Hofkleidung entstand, die nur für formelle Zwecke eingesetzt werden konnte, während sich daneben die „bürgerliche" Linie weiter perfektionierte. Spezialkleidung für bestimmte Zwecke hatte sich auf diese Weise entwickelt, wie es die Aufklärer schon im 18. Jahrhundert gefordert hatten. Als wichtigste Errungenschaft für die Mode im Allgemeinen ist in dieser Spezialisierungswelle wohl das hochgeschlossene Tageskleid zu nennen, wobei das Hochschließen geradezu unterstrichen wurde. Man trug häufig einen halskrausenähnlichen Kragen,[3] der diesen neuen Schwerpunkt der Tagesmode auffallend markieren sollte. Die Bezeichnung „hohes Kleid" oder auch „hohe Taille" hielt sich bis in die zweite Hälfte des 19. Jahrhunderts und bedeutet nichts anderes als ein hochgeschlossenes Kleid. Diese modische Neuerung musste eben speziell betitelt werden,

Textabbildung 5
Empirekleider als Reiseoutfit.
Die bereits im Aufklärungszeitalter propagierte zweckgebundene Kleidung erfährt zu Beginn des 19. Jahrhunderts diffizilere Ausformungen. Josephine wird mit ihrer Begleitung am Gardasee überfallen. Hippolyte Lecomte, 1806 (der Vorfall ereignete sich bereits 1796).
Abbildung: Archiv der Abteilung Kostümkunde an der Universität für angewandte Kunst, Wien

um ihr das entsprechende Gewicht zu verleihen. Korrespondierend zum hohen Verschluss wurde das Tageskleid – häufig der Jahreszeit entsprechend – mit langen Ärmelröhren versehen, die man an die vorhandenen, kurzen gebauschten (Empire-)Ärmelchen anhing. Auch die bis zum Handgelenk reichende Armbekleidung unterstrich man mit zahlreich variierten Dekorelementen. Besonders beliebt war das Abbinden in mehrere Bauschen,[4] die nicht selten mit zusätzlichen Rüschen akzentuiert erscheinen. Der runde, etwas verkürzte Rocksaum erscheint meist in dieses Dekordesign mit einbezogen und wird auf diese Weise ebenfalls hervorgehoben. Das Dekolleté ist nun endgültig dem Gesellschaftskleid oder dem Sommerkleid vorbehalten.

Die Silhouette selbst hat sich kaum verändert. Es sind eher die Materialien, welche die Kontur etwas steifer und weniger beweglich erscheinen ließen. Man verwendete nun festere undurchsichtige Stoffe. Stickereien verhärten speziell im höfischen Bereich die Oberfläche zusätzlich (siehe Textabbildung 4). Neben dem bevorzugten Weiß tauchen nun auch schon andere, bisweilen sogar sehr kräftige Farben auf. Vom Zuschnitt her fällt auf, dass die Zufälligkeit der durchgehenden Hemdkleider, die oft nur durch einen Tunneldurchzug in der Taille zusammengehalten erschienen, nun wiederum in ein speziell angepasstes Oberteil und in einen Rock geteilt sind (siehe Textabbildung 2). Ein „europäischer" Zuschnitt für die Taille, wie das Oberteil im 19. Jahrhundert genannt wurde, begann sich nun – ohne die bisher in diesem Bereich praktizierte Miedertechnologie – anzubahnen. Es sei daran erinnert, dass die alten Oberkleid-Fischbeinmieder von Männern hergestellt worden sind und die neuen „skelettlos" gewordenen Taillen von Frauen (Schneiderinnen) gearbeitet wurden. Die exakte Passform der alten Fischbeinpanzer im Obermieder bedeutete gleichsam eine Herausforderung für die neuen (nur geschneiderten) Taillen. Die Bewältigung dieses Problems zieht sich schließlich durch das ganze Jahrhundert hindurch. Wie von den erhaltenen Kostümstücken und aus den (späteren) zeitgenössischen Fotos abzulesen ist, kann die Passform – trotz aller Bemühungen – in den meisten Fällen mit den Ansprüchen des 20. Jahrhunderts nicht verglichen werden.

Weiters arbeitet man an einer stärkeren Differenzierung der zweckgebundenen Kleidung. Morgen-, Nachmittags- und Abendkleidung werden zu gebräuchlichen Begriffen, ebenso Promenadenkleidung oder Balltoilette. Variationen sind auch im Bereich der Überkleidung zu bemerken. Mäntel lassen sich in diesem Jahrzehnt besonders gut über die durchgehend „schlanke" Silhouette ziehen. Diese günstige Mantelkonstellation mit den schmalen Ärmeln und der dezenten Rocksilhouette sollte im 19. Jahrhundert nicht wieder vorkommen. Großer Beliebtheit erfreuten sich auch langärmelige, meist starkfarbige Jäckchen, die mit oder ohne Schößel gearbeitet waren und als „Spenzer" bezeichnet worden sind. Ein Kostümstück, das verständlicherweise im Trachtenmilieu und später auch im „Dirndlbereich" besondere Verbreitung finden sollte.

Biedermeiermode (1815–1850)

Mit der Besiegung Napoleons und dem Wiener Kongress hatte die Empiremode begreiflicherweise ein Ende gefunden, wobei das Imperiale im politischen Geschehen erhalten geblieben ist und das nicht mehr zu verdrängende bürgerliche, liberale Element zum Teil in modische und andere ähnlich unwichtige Bereiche verlagert worden ist. Diese mehr oder weniger aufgezwungene Konzentration der Kräfte auf unpolitische Bereiche hat zu einer bürgerlich orientierten Verfeinerung der kostümlichen Ausdrucksweise geführt.

Textabbildung 6
Verbürgerlichte Form der Empiremode. Mantelkleid mit funktionstüchtigen langen Röhrenärmeln und hochgeschlossener Fasson. Die helmartige Haube mutiert bereits zur Schute.
Wiener Zeitschrift für Kunst, Literatur, Theater und Mode. 1816

1815–1825

Dieses Dezennium erweist sich als typisches Übergangsjahrzehnt von den Empiremoden zu den biedermeierlichen Ausdrucksformen. Auffallend ist das Hinunterschieben der hohen Taillenlinie, die allerdings noch immer nicht endgültig die anatomisch richtige Position erreichen sollte. Bis 1825 hat sich – zumindest im Bereich der Abendtoiletten – eine Art Miederchen entwickelt,[5] das bisweilen schon wieder mit einer dezenten Pseudoschnürung an der Vorderseite versehen sein konnte. Die anderen Kleider zeigen meist einen akzentuierenden Gürtel zur Markierung der Taillenlinie. Das Absinken der Taillenlinie wird auf diese Weise zu einem Hauptthema der modischen Gestaltung. Die übrigen Veränderungen dienen mehr oder weniger diesem zentralen Thema und setzen die Ansätze des vorangegangenen Jahrzehnts fort. Die gebauschten Kurzärmel mit der angesetzten engen Röhre weiten sich insgesamt kontinuierlich bis 1825 zu *Schinkenärmeln*[6], die mehr Volumen bilden und die Taille daneben zarter erscheinen lassen, aus. Die Veränderung des Rockes dient demselben Zweck. Der *Rock* erweitert sich am Saum, wodurch eine größere Grundfläche des Rockkegels entsteht und auf diese Weise der gesamte „Rauminhalt" des Kegels vergrößert erscheint. Die Versteifung und – die teilweise recht skurrile – Ornamentierung der Oberfläche unterstreicht die Volumensteigerung. Diese Maßnahme unterstützt die Zartheit der Taille ebenfalls recht vorteilhaft. Der Rock bleibt von vorne und von der Seite gesehen faltenlos und vereinigt die notwendige Bewegungsweite am Rücken in einer betonten, dicht gedrängten Faltenpartie.

Die im vorangegangenen Jahrzehnt aufgestellte Modifizierung der Zweckgebundenheit tritt noch markanter in Erscheinung. Im *Überkleidbereich* wäre anzumerken, dass das Zunehmen des Ärmelumfanges die Mantelsituation[7] etwas verändert hat. Da der Mantel wegen der größer gewordenen Ärmel nun nicht mehr so einfach an- und auszuziehen ist, favorisiert man das *Mantelkleid* (siehe Textabbildung 7), das zwar einen Mantel vortäuscht, aber dem Oberkleidbereich zuzuordnen ist.

Analog der Versteifung des Materials, die von den antikisierenden Vorstellungen wegführt, ist auch die Veränderung der *Frisur* einzustufen. Der antike Knoten, der zunächst eher klassisch, d. h. tiefer sitzend erschienen war, rückt höher hinauf, was mehr den späthellenistischen Frisuren entspricht, und nimmt zunehmend bizarr versteifte Formen an. Die gesichtsumrahmenden Haarpartien, die eine eher ungeordnete Titusfrisur vortäu-

Textabbildung 7
Hochgeschlossene Mantelkleider
gewinnen an Beliebtheit, da echte Mäntel nicht
ganz einfach über den immer größer werdenden
Schinkenärmeln getragen werden können.
Wiener Zeitschrift für Kunst, Literatur,
Theater und Mode. 1825

schen sollten, werden durch einen Mittelscheitel streng geteilt und lassen bereits die typischen, hochbiedermeierlichen seitlichen Lockenbüschel ahnen. Dieser neuen Frisur folgend tendiert die *Kopfbedeckung* in diesem Jahrzehnt zu runden Hüten neben den bekannten „Helmabkömmlingen". Mit der Zunahme der kreisrunden Hutkrempen (siehe Anmerkung 7) steigt gleichzeitig der Bedarf an haubenartigen Kopfbedeckungen, wie sie die Helmderivate bieten (siehe Textabbildung 6 und 7). Von nun an sollte ein kultiviertes Nebeneinander an Hauben und Hüten herrschen. Nach dem Perückenzeitalter (18. Jahrhundert) entwickelte sich geradezu eine einzigartige Hut(Hauben)kultur, die bis in die 50er Jahre des 20. Jahrhunderts anhalten sollte. Variationsmöglichkeiten ergeben sich schon damals aus der Zweckgebundenheit der Kleidung. Die Kopfbedeckungen passen sich nicht nur den Jahreszeiten an, sondern auch den Tageszeiten. Von den Morgenhauben bis zu den Ballcoiffuren sind alle Schattierungen anzutreffen. Zusätzliche Anregungen bieten die Lebensalter der Frauen: Vom Baby bis zur Witwe versucht man möglichst viele Abstufungen herauszuarbeiten. Nicht zuletzt stürzen sich die seit der Französischen Revolution geschätzten und neu entstandenen Trachten auf die Kopfbedeckungen: Auf dem Kopf lässt sich die regionale Identität ebenso nachdrücklich zur Schau stellen wie auch der modische Luxus.

1825–1835

In diesem Jahrzehnt sollte die Biedermeiersilhouette ihren Höhepunkt erleben. 1830 formieren sich die politisch gleichsam zur Ruhe gezwungenen bürgerlichen Kräfte zu einer markanten Silhouette, der es bis 1835 noch gelingen wird – allerdings bereits in manierierten Übertreibungen –, eine üppige, aber doch unverdorbene und eigenständige Bürgerlichkeit mit Selbstverständnis zum Ausdruck zu bringen. Material, Ausgestaltung und Accessoires tragen dazu bei, die biedermeierliche Originalität in der modischen Silhouette zu manifestieren. Die Ansätze, adelige Vorbilder zur Steigerung der eigenen bürgerlichen Bedeutung nachzuahmen, müssen notgedrungen aus der Vergangenheit bezogen werden, wie das Aufgreifen barocker und rokokohafter Elemente zeigt.

Nicht zuletzt sind diese für den heutigen Betrachter nicht eben als fortschrittlich und bürgerlich-revolutionär wirkenden Biedermeiermoden auf das noch wenig veränderte Frauenbild zurückzuführen. An den drei „K" hat sich schließlich noch nicht viel geändert, außer dass „Kirche, Kinder, Küche" nun auch auf die bürgerliche Frau appliziert erscheinen. Das Kinderkriegen mit allen seinen Begleiterscheinungen war eben noch immer die hoch geschätzte Hauptbeschäftigung der Frau. Dies ist wohl einer der Gründe, warum die biedermeierliche Frau noch keine „revolutionären" modischen Formakzente setzen konnte. Dazu gesellt sich noch die „romantische" Schwärmerei für die Historie, sodass es weiters nicht auffällt, wenn man bisweilen in den alten aristokratischen Formentopf gegriffen hat. Man hatte schließlich auch nicht die Möglichkeit, in einen alten bürgerlichen Formentopf zu greifen, da es vor der Französischen Revolution keine bürgerliche Mode gegeben hat! Trotzdem ist es von 1825 bis 1835 gelungen, mit Hilfe des Materials (Stoff und Ornament) – man denke an die nahezu zahllosen bunten Baumwolldrucke des Biedermeier (siehe Textabbildung 9 und große Abbildung 3) – das bürgerliche Image zu festigen.

Zudem sind auch bürgerlich-biedermeierliche Formelemente zu bemerken, die der heutige Betrachter jedoch nicht auf den ersten Blick zu entdecken vermag. Der moderne Mensch bringt die biedermeierlichen Schwellformen nur schwer mit seiner Vorstellung von „Bürgerlichkeit" in Verbindung. Trotzdem sind es gerade die voluminösen, barock anmutenden *Ärmel*, die als bürgerliche Errungenschaft gelten können. Die Ärmel werden förmlich zum Schwerpunkt der Gesamtsilhouette erklärt. Die starke Akzentuierung der Armbekleidung birgt endlich eine ideale Möglichkeit zur Modifizierung aufgeklärter (bürgerlicher) Gewandthemen. In der Ärmelszene folgt bürgerliche situationsabhängige Zweckgebundenheit den Jahreszeiten, den Tageszeiten, den Anlässen, wie sie in der Bürgerstube anzutreffen sind. Es sind nun nicht mehr die adeligen Schlossbewohner, die zu kurze, zu enge oder auch zu lange Ärmel vorbildhaft tragen, sondern es sind vielmehr die aufgeblähten, kugeligen Ärmel der Bürgerin, die den Ton angeben. Weite Schinkenärmel, die vom kurzen Ballärmelchen bis zum langen Tageskleidärmel, der am Handgelenk eng anliegend abschließt, reichen, sind nun in schier unendlichen Variationen anzutreffen (siehe Textabbildung 8, 9 und große Abbildung 2). Es ist vor allem die betonte Weite um den Ellbogen, die – speziell beim langärmeligen Typus

Textabbildung 8
Canezou (Bluse) aus Spitzenstoff.
Rock und Bluse können als Ansatz zur bürgerlichen Verwirklichung gelten.
Wiener Zeitschrift für Kunst, Literatur, Theater und Mode. 1827

Textabbildung 9
Der Ansatz der prallen Ballonärmel wird mit Hilfe einer kontrastierenden schwarzen Berthe zusätzlich hervorgehoben. Biedermeierliche Musterfreude kennzeichnet das Stofformament, dessen streifige Anordnung die Falten, die nun rund um den Rock verteilt sind, besonders akzentuiert.
Wiener Zeitschrift für Kunst, Literatur, Theater und Mode. 1833

trotz des eng geschnürten Mieders – Bewegungsfreiheit gewährt. Ähnliche Ärmel hat es wohl auch schon früher gegeben, jedoch niemals bildeten sie den Schwerpunkt der Silhouette: Nun aber ist die Bewegungsfreiheit um den Ellbogen herum zum Hauptthema der Gesamtsilhouette geworden. Mit heutigen Maßstäben lässt sich diese neu gewonnene Bewegungsfreiheit jedoch nicht messen. Die Ellbogenweite erlaubte damals – verglichen mit früheren Möglichkeiten – einen gewissen Aktionsradius für den Arm. 1830 hatte man wohl das größte Ärmelvolumen erreicht, das vom Handgelenk ausgehend in Richtung Ellbogen hochgeschoben erscheint. 1835 (siehe große Abbildung 2) erfasst die Weite den gesamten Ärmel bis hinunter zum engen Abschluss am Handgelenk. Fünf Jahre lang waren demnach wahre Monsterärmel modern. 1836 beginnt man bereits wiederum mit einem variantenreichen Abbau der Ärmelriesen.

Im Gegensatz zum weiten Ärmel des Frühbarock – mit dem der Hochbiedermeierärmel gerne in Verbindung gebracht wird – setzt letzterer an einer stark fallenden, bis in den Oberarmbereich hinabreichenden Schulterlinie an. Der barocke Ärmel hingegen reicht mit seiner Ansatzlinie tief in den Rücken hinein, und hier wird auch die Weite des Ärmels zusammengefasst, sodass der Anblick der Frau von vorne wenig ausladend erscheint und auf diese Weise die Gesamtansicht der Frau – trotz der voluminösen Ärmel – schmalschulterig wirkt. Im Biedermeier hingegen bringt der über die Schulter hinuntergeschobene Ansatz des Ärmels eine Verbreiterung der Schulterlinie mit sich, die noch durch horizontal verlaufende Kragenformen – oft in mehrfacher Lage – gesteigert wird (siehe Textabbildung 9). Eine ähnliche Wirkung erzielt man mit den so genannten Epauletten[8], die bisweilen ein sehr ausgeprägtes Eigenleben entwickeln und in degenerierten Spielformen lange Zeit aus der Mode nicht wegzudenken sind.

Der *runde Taillenabschluss* wird in diesem Jahrzehnt im Gegensatz zur höfisch anmutenden, geschnebbten (spitzen) Miederabschlusslinie als bürgerliches Detail demonstrativ getragen. Glatte Gürtel oder Bindebänder, bisweilen sogar kontrastierend gearbeitet, unterstreichen diese Tendenz (siehe Textabbildung 9 und große Abbildung 2). Mit dem Längerwerden des Mieders schnürt man das Korsett allerdings wiederum enger, was eigentlich nicht unbedingt als typisch bürgerlicher Trend angesehen werden kann. Die technische Interpretation dieser Maßnahme liegt jedoch auch in dem Fülligerwerden des noch immer *frei hängenden Rockes* (siehe Textabbildung 9 und große Abbildung 2). Ein Rock, der sich nicht am Boden abstützen kann und kuppelförmig an Volumen zunimmt, bedarf einer sicheren Aufhängung an einer eng geschnürten Taille. Mit großen Haken wird der schwere Rock am unteren Rand des fest sitzenden Oberteils eingehängt. Der rund schließende, noch immer etwas bodenscheue Rocksaum wird in diesem Jahrzehnt als bürgerliches Kennzeichen beibehalten. Silhouettemäßig betrachtet, kommt dem Rock um 1830 weniger Bedeutung zu als den Ärmeln. Von 1825 bis 1830 (siehe Textabbildung 7, 8) zeigte sich der Hauptanteil der Falten des Rockes noch immer an der Rückseite. Vorne und seitlich erscheint die Rockkontur eher glatt und faltenlos. Bis 1835 haben sich die Falten schließlich über den ganzen Rock verteilt (siehe Textabbildung 9) und damit beginnt zaghaft der Kampf gegen die Vorherrschaft der Ärmel. Die gesteigerte Faltenfülle führt zu einer kuppelförmigeren Silhouette, da der Hüftumfang – durch die mehrfachen Stofflagen der Falten bedingt – zunimmt. Nicht zuletzt ergibt sich durch die Zunahme der Faltenanzahl eine Erweiterung des Rocksaumes. Der gesteigerte Rockumfang erforderte aus Proportionsgründen auch eine Verlängerung des Rockes, wobei der Saum allerdings noch immer nicht den Boden erreichte. Die fülligen, dekorativen Rocksaumskulpturen der späten 20er Jahre, die den faltenlosen Rock begleiteten, werden zunehmend flacher. Die Rockdekoration wird häufig von einer einzigen „hohen Falbe" (siehe Anmerkung 8) gebildet, was gleichbedeutend mit einem auf- oder angesetzten Volant zu werten ist. Der Volant ist offensichtlich besser dazu geeignet, dem weiteren, faltigen Rockumfang zu folgen, als die plastischen Stoffskulpturen. Die Rockdekorationen sind eindeutig im Rückgehen begriffen, da die von innen her durch stärkere Krinolinen (rosshaarverstärkte Gewebe) gestützten Röcke auch ohne äußere Skulpturen das gewünschte Volumen erreichen.

Schürzen (Tablier)[9] und die Kombination von *Rock und Bluse* (siehe Textabbildung 8) dürfen wohl auch als bürgerlicher Akzent in diesem Jahrzehnt angesehen werden, wobei die feinen (Zier-)Schürzchen freilich oft nur als dekorative Struktur des Rockes erscheinen. Die Beliebtheit von Rock und Bluse dürfte sich – gemessen an der Zaghaftigkeit der Darstellung in den Modezeitungen – in Grenzen gehalten haben. Auch entsprechen die Blusen noch nicht unseren Vorstellungen, sondern sie zeigen sich eher als modifizierte, dem Körper angepasste Schultertücher oder Stolen. Obwohl diese Kleidungsstücke die Ahnen unserer Blusen darstellen, werden sie damals noch als *Canezou* (siehe Textabbildung 9) bezeichnet. Die Form deckt sich zwar mit heutigen Vorstellungen nicht immer, zeigt aber dieselbe Absicht, nämlich Rock und Oberteil in Material, Farbe und Schnitt zu trennen.

Als weiterer bürgerlicher Akzent gilt die Tatsache, dass ein Bemühen stattfindet, die „Kreolenhemden" (siehe Textabbildung 3, 18. Jahrhundert) und die Chemisenkleider des Empire in die Biedermeiermoden hinüberzuretten. Es sind dies die so genannten *Weißen Kleider* (große Abbildung 2), die teilweise schon vor der Französischen Revolution exotischen oder hellenistischen Vorbildern nachempfunden waren, um zur Mode des Ancien Régime eine Alternative zu bieten. Allerdings erst im Jahrzehnt von 1825 bis 1835 wurden sie „bürgerlich" tragbar gestaltet. Aus dünnen, weißen, leicht transparenten Stoffen wie Linon, Batist, Barège u. Ä. stellte man einheitlich gestaltete Kleider (bisweilen als „Blous-Kleider" angeführt) her oder auch Oberröcke, die mantelkleidartig gestaltet waren. Die Kostbarkeit der aristokratischen, gemusterten Seidengewebe ersetzte man in diesem Bereich häufig durch Weißstickereien.

Die *Überkleidung*, die nun gemäß dem aufklärerischen Gedankengut bürgerlich zu realisieren gewesen wäre und als eigene Gewandkategorie nicht übergangen werden durfte, hatte mit den riesigen Biedermeierärmeln zu kämpfen. Mit dem „Wickler" (siehe große Abbildung 3), einem Umhang, meist mit einem großen Pelerinenkragen ausgestattet, konnte man sich der Lösung des Ärmelproblems zumindest annähern. Mit Hilfe differenzierter Materialauswahl ließ sich dieses Überkleid auch allen vorgegebenen Gelegenheiten anpassen.

Last, not least sei noch ein typisch biedermeierlich-bürgerliches Kostümstück erwähnt, das sich in Anbetracht der übergroßen Ärmel als äußerst praktikables Überkleid bewährte: der *Kaschmirschal*. Als Longschal[10] oder in

Große Abbildung 2
„Weißes Kleid" in Fortführung der Englischen Mode, der Chemisenkleider und der antikisierenden Empirekleider.
Die bürgerliche Materialgestaltung hat in diesen Kreationen ein reiches Betätigungsfeld gefunden. Außerdem eigneten sich derartige Modelle im Besonderen für informelle Anlässe, deren man sich im gutbürgerlichen Haushalt mit Begeisterung – wohl im bewussten Gegensatz zu den höfischen Zeremonien – angenommen hatte.
Wiener Zeitschrift für Kunst, Literatur, Theater und Mode. 1835

quadratischer Grundform durchzieht der Schal gleichsam die ganze erste Jahrhunderthälfte, wobei er in den 30er Jahren die üppigste Ausformung erreicht.

Die *Kopfbedeckungen* werden mit ganz besonderer Kreativität den unterschiedlichen Situationen angepasst. Das Volumen der Kopfbedeckungen nimmt bis etwa 1830 zu. Sie bilden gleichsam ein Pendant zu den aufgeblähten Ärmeln. Die Silhouetten erscheinen deshalb auch ein wenig „kopfschwer". Dieses Übergewicht wird in den folgenden fünf Jahren (1830–35), zugleich mit der oben beschriebenen Rockvergrößerung, abgebaut. Alle Arten von Kopfbedeckungen haben merklich an Volumen verloren, sodass die Gesamterscheinung der Frau durch die praktizierte Kopfverkleinerung ein wenig graziler wirkt. Die großen, kreisrunden Krempen werden gleichsam ersetzt durch heiligenscheinartig um das Gesicht herum aufgestellte Krempen (siehe große Abbildung 3). Man unterteilt in: Hauben, Capotten (die Bezeichnung der Schuten in Wien), Hüte, Turbane oder Barette. Die Garnierungen erscheinen dem heutigen Betrachter nahezu abenteuerlich.

Große Abbildung 3
„Wickler mit Capeärmeln".
Der pelerinenartige Kragen wird in einzelne Ärmelcapes geteilt, wobei vermutlich lange Schlitze als Armlöcher fungieren, um den Ballonärmeln das Durchschlüpfen zu ermöglichen.
Wiener Zeitschrift für Kunst, Literatur, Theater und Mode. 1834

Die besten Möglichkeiten allerdings, bürgerliche Aspekte modisch zu verkörpern, sah man schlussendlich in den *Stoffen*. Die Textilindustrie expandierte, florierte und befand sich in bürgerlichen Händen. Damit etablierte sich eine reicher werdende Gesellschaftsschicht in ganz Europa. Man besaß in diesen Kreisen zwar das Geld, aber keine Tradition. Dies mag vielleicht der Grund gewesen sein, weshalb sich zunächst ein ungeheurer Reichtum im Textildessin entwickeln konnte, der immer mehr in eine gewisse Protzigkeit ausartete. Es wurde massenhaft und in Qualitätsunterschieden produziert, sodass sich auch die etwas weniger Bemittelten die billigeren Stoffe anschaffen konnten. Es versteht sich, dass diese Situation der Güte des Stoffdessins generell nicht förderlich sein konnte. Trotzdem sollte die ungehemmte Freude am Textildessin zum typischen Kennzeichen der bürgerlichen Stoffmuster – zumindest in der ersten Hälfte des 19. Jahrhunderts – werden (siehe Textabbildung 9).

1835–1865

Die Intensität der modischen Gestaltwerdung der Bürgerlichkeit im Jahrzehnt von 1825 bis 1835 reichte aus, um eine Basis zu schaffen, die bis etwa 1865 gleichsam zum Nährboden der Kleidgestaltung werden konnte.

Das auffallendste Merkmal der Biedermeiersilhouette war wohl der aufgeblähte Bürgerinnenärmel. Der *Ärmel* sollte auch in dem nun zu betrachtenden Zeitabschnitt der Gradmesser eines intensiven modischen Wandels werden. Bis zur Jahrhundertmitte hin war das Ärmelvolumen einem rapiden Schrumpfungsprozess ausgesetzt. Man zwängte sich förmlich in eine mehr oder weniger lange Ärmelröhre (siehe große Abbildung 4) hinein, die besonders bei handgelenklangen Varianten in Verbindung mit dem enger und tiefer schnürenden Mieder zu einer heute unvorstellbaren Bewegungseinschränkung geführt hat. Man könnte darin eine Parallele zur teilweise gewaltsamen Einschränkung der liberalen (bürgerlichen) Ideen sehen, die vor den 48er Revolutionen in ganz Europa zu beobachten war. Eine prosaischere Erklärung wäre allerdings die Untragbarkeit der Riesenärmel, die mit Fischbeingestellen gestützt werden mussten, um ihre Form zu erhalten. Diesem untragbaren Manierismus ist man schon 1836 zu Leibe gerückt, indem man beispielsweise den Ärmel im Unterarmbereich mehrfach abgebunden hat oder auch die am Oberarm zu einer Kugel zusammengeschobene Weite mit einer engen Röhre bis zum Handgelenk hinunter verlängert hat. Halbärmel zeigen sich 1837 größtenteils bereits eng und wenig dekoriert. Der lange Ärmel wird ab 1840/42 mehrheitlich nur mehr als enge Röhre gestaltet. Es erinnern oft nur mehr die „Jockeys" (siehe Textabbildung 10) – degenerierte, dekorative Halbärmelrelikte – an das ehemalige Volumen. Obwohl etwa ab 1843 zaghafte Ärmelerweiterungsversuche – wie etwa glockenartige Endigungen am Handgelenk – zu beobachten sind, ist doch die enge Röhre vorherrschend. Der Ärmelansatz bleibt tief, um nicht die Schulterlinie unnütz zu verbreitern. Das Interesse, das der Ärmel verloren hat, wendet man zunächst bis zur Jahrhundertmitte dem Rock zu. In diesem Bereich hat man die Möglichkeit – zumindest bis zu den 48er Revolutionen –, sich gleichsam „bedeckt" zu halten, da man keine neuen Formen kreieren musste, sondern mehr oder weniger auffällig die vorhandenen vergrößerte. Ab der Jahrhundertmitte allerdings beginnt der Ärmel förmlich zu explodieren (siehe große Abbildung 5): jetzt nicht an der Schulter, sondern am unteren Ende. Aus einfachen glockenförmigen Erweiterungen entstehen die variationsfreudigen, bisweilen phantastischen Pagodenärmel. Mehrheitlich werden diese weiten Ärmelendigungen mit den so genannten „Lingerieärmeln" abge-

Große Abbildung 4
„Halbhohes Kleid, Hut Clementine".
Nach Abbau der biedermeierlichen Riesenärmel zu einer engen Ärmelröhre wird das Rockvolumen nach allen Richtungen gesteigert. Eine „Tunique" – in Rokokomanier gestaltet – liegt über einem diagonal gestreiften Rock und trägt auf grafische Weise zur optischen Volumsvergrößerung bei.
Wiener Zeitschrift für Kunst, Literatur, Theater und Mode. 1843

schlossen. Die gängigste Form sind gebauschte, zarte, weiße Vorsteckärmel, die in die Weite der „Pagoden" hineingeheftet werden und am Handgelenk mit einem Bündchen abschließen. 1859/60 sind die gewagtesten Formen erreicht.[11] Die Bewegungsfreiheit, die durch die weiten Ärmel entstanden war, wurde durch eine höher geschobene Taillenlinie ergänzt. Zwischen 1860 und 1865 schmolz das Ärmelvolumen zu einem lockeren Röhrenärmel zusammen. Das Interesse hatte sich in diesem Zeitraum auf das monströse Rockvolumen konzentriert.

Mit dem Abbau der Bedeutung des Ärmels ist ein Dezenterwerden der gesamten *Taille (Oberteil)* untrennbar verbunden. Die Schulterverbreiterungskrägen, Berthen, Rüschen etc. des Hochbiedermeierjahrzehnts sind nun nicht mehr gefragt. Auch ist man bemüht, die überbreiten Dekolletés über die Schulter hinaufzuschieben. Es tauchen beispielsweise (1843) so genannte „Halbhohe Kleider" (siehe große Abbildung 4) auf, die nicht ganz so hochgeschlossen erscheinen wie die „Hohen Kleider", sondern ein eher schmächtiges V-förmiges Dekolleté besitzen, das ein willkommenes Mittel zur Schulterverschmälerung abgibt. Selbst die großen Dekolletés zeigen sich häufig V-förmig. Daneben existiert – in der Hauptsache an Ballkleidern – der breite abendliche Ausschnitt, der nun nicht mehr mit seitlich abstehenden Berthen oder aufgeblähten Puffärmeln begrenzt wird, sondern mit einer ungesteift hängenden, nicht allzu weiten, etwas längeren, rundum gleich breiten Rüsche, die nicht selten aus Spitze besteht, abgeschlossen wird.[12]

Das biedermeierlich rund schließende Mieder, das an der anatomisch richtigen Taillenlinie endete, wird nun zunehmend schlanker geschnürt. Um den Schlankeffekt noch zu erhöhen, reicht das Oberteil bisweilen über die natürliche Taillenlinie hinunter. Auf diese Weise lässt sich die Taille besonders zart herausmodellieren. Der Höhepunkt dieser Zierlichkeit ist zwischen 1845 und 1850 anzusetzen. Mit der beschriebenen Explosion der unteren Ärmelendigungen, die ab 1850 zu beobachten ist, verbindet sich allerdings wiederum eine Rückkehr zur bürgerlich verkürzten Taille, die durch diese Maßnahme gleichzeitig etwas breiter erscheint. Die Verkürzung sollte sich bis 1865 (und noch etwas länger, was noch zu beschreiben sein wird) fortsetzen (siehe Textabbildung 11).

Die bisherige Beschreibung der Silhouette macht deutlich, dass das Interesse der modischen Gestaltung einen neuen Schwerpunkt gefunden haben musste: Das Hauptinteresse galt eindeutig dem *Rock*. Von 1835 bis 1865 ist ein stetes Anwachsen des Rockvolumens zu bemerken. Bis zu den 48er Revolutionen war das Anwachsen des Rockes mehr oder weniger unmerklich erfolgt. Nach dem radikalen Abbau des bürgerlichen Ärmelvolumens hatte man nach einem weniger auffälligen modischen Betätigungsfeld innerhalb der Silhouette gesucht. Man fand dies schließlich in der Rockkontur. Am Rockvolu-

Textabbildung 10
Die bürgerlichen Übertreibungen sind im Revolutionsjahr gleichsam der Zensur zum Opfer gefallen. Eine vergleichsweise bescheidene Silhouette, die sich mit dem nicht allzu auffälligen Aufbau des Rockvolumens beschäftigt. Aufgesetzte Volants und schräg gestelltes Karomuster tragen zur Volumenvergrößerung bei. Eine wiederum schlanker und spitz geschnürte Taille erhöht den Teepuppeneffekt. Wiener Zeitschrift für Kunst, Literatur, Theater und Mode. 1848

men, das im Rahmen der biedermeierlichen Sanduhrsilhouette ohnehin schon groß genug gediehen war, ließ sich in Länge, Weite und Struktur doch noch einiges hinzufügen, ohne auffällige Änderungen durchführen zu müssen. Als typisch für dieses zaghafte Vorgehen erweist sich die Silhouette von 1845. Bis zu diesem Zeitpunkt lassen sich Rocksteigerungen feststellen, die jedoch im Rahmen des gegebenen Umfanges bleiben, wie etwa das Übergreifen der ehemaligen Rocksaumdekorationen auf nahezu die gesamte Rocklänge mit Hilfe von aufgesetzten Volants (siehe Textabbildung 10), Säumen, aufgesetzten Bändern u. Ä. 1845 scheint es keine direkte Volumenvergrößerung zu geben, sondern man bedient sich gleichsam einer indirekten Methode, den Rock größer wirken zu lassen. Die schmal gewordenen Schultern, die engen Ärmelröhren, die überschlanke Taille und die wesentlich verkleinerte Kopfsilhouette erzeugen eine Art Teepuppeneffekt: Der Rock erscheint überdimensional im Vergleich zu Kopf, Armen und Oberkörper, obwohl der Rock selbst kaum an Volumen zugenommen hat. Ab 1850 jedoch – nach den 48er Revolutionen – gibt es kein Halten mehr für die extrem akzentuierte Zunahme des Rockvolumens. Bis 1865 entstehen die größten Röcke, die es je in der Damenmode gegeben hatte. Nachdem man 1856 die so genannte künstliche Krinoline – eine Stahlfederkonstruktion – erfunden hatte, konnte auf die bisher üblichen äußerlichen „Aufbauschungen" verzichtet werden, das Volumen kam nun gewissermaßen von innen her. Die Verkleinerung des Oberkörpers durch die erwähnte hochgeschobene Taillenlinie trug ebenfalls zur Überbetonung des Rockes bei. An der Oberfläche wurden die Röcke kontinuierlich glatter, die Ornamente wurden grö-

Bauer imp.

ber. Besonders großflächige und kontrastreiche Rockdekorationen sind um 1860 zu beobachten.

Diese Rockexplosion bedarf einer Interpretation, da sie nach den modischen Errungenschaften der Französischen Revolution und des (bürgerlichen) Biedermeier besonders unverständlich und auch rückschrittlich erscheinen muss. Eine wichtige Begründung für diese letzte Übertreibung des Reifrocktypus ist mit Sicherheit in der steigenden gesellschaftlichen Bedeutung der bürgerlichen Unternehmerschicht zu suchen. Der etwas derbe Geschmack dieser Zeit lässt sich aus der Traditionslosigkeit dieser Gesellschaftsschicht, die plötzlich in Führungsposition geraten ist und für diese Stellung keine modischen Ausdrucksformen besitzt, zurückführen. Eine willkommene Möglichkeit ergibt sich in der Übertreibung der Rocksilhouette. Unterstützt wird diese Vorgangsweise durch die Ideen des Historismus, der vergangene Moden von vornherein favorisiert und in der großen Krinoline Renaissance, Barock und Rokoko verkörpert sieht. Formengeschichtlich handelt es sich wohl um eine letzte und manierierte Aufblähung des Reifrocktypus, der damit in der Silhouette von 1865 sein endgültiges Ende gefunden hat. In der Übertreibung manifestiert sich ein letzter Abschied von der zunehmend untragbarer gewordenen Krinoline, danach ist nur mehr ein Abbau des Volumens möglich.

Große Abbildung 5
Die Ärmelgestaltung bildet nun wieder den Schwerpunkt der Silhouette. Variantenreiche Pagodenärmel, die zum Handgelenk hin mit einem zumeist eingehefteten Lingerieärmel abgeschlossen werden, stehen im Zentrum des Interesses.
Die Wiener Elegante. 1859

Ab 1865 beginnt man gegen die neuzeitliche Tradition des großen Rockvolumens, die seit dem beginnenden 16. Jahrhundert tonangebend war, anzukämpfen. Dass sich dieser Kampf zäh gestalten würde, war zu erwarten: Man hatte schlussendlich fast vier Jahrhunderte die Vorstellung von Weiblichkeit mit einem großen Rockvolumen und einem eng schnürenden Mieder in Verbindung gebracht.

Die *Überkleid*situation hat sich wie immer auch in diesen drei Jahrzehnten (1835–1865) den Oberkleidgegebenheiten anzupassen versucht. Da die Extremsituation der fischbeingestützten Ballonärmel des Hochbiedermeier endgültig vorbei ist, hat man wiederum Gelegenheit, das Überkleid stärker der modischen Oberkleidsilhouette folgen zu lassen. Besonders in den Phasen der engen Röhrenärmel hebt sich das Überkleid kaum von den modischen Konturen des Oberkleides ab. Diese günstige Konstellation führt dazu, dass in der Überkleidkategorie selbst feiner differenziert werden kann, da man keine alternativen Formen zur Umfassung von ausgefallenen Ärmelformen erfinden muss. Die extremen Pagodenärmel sind zwar auch nicht immer problemlos den Mantelärmeln zu integrieren, aber sie sind unversteift

Textabbildung 11
Die größten Ausmaße der Krinoline sind erreicht. Um die Schwingungen, die in der Bewegung eines derart großen Reifrockes entstehen, zu verhindern, hat man den Rocksaum rundherum am Boden schleppend verlängert. Auch in den Taillenbereich schiebt sich der Rock hoch: es entsteht abermals eine verkürzte Taillenlinie. Die aufwändigen Pagodenärmel sind im Schatten des größten Reifrockes aller Zeiten zu schlichten, aber bequemen Röhrenärmeln zusammengeschmolzen.
Der Bazar. Berlin 1865

und lassen sich mit einigem Geschick durch das Armloch hindurchstecken und in dem eigentlichen, ebenfalls glockenartig konzipierten Mantelärmel unterbringen. Umhänge, wie etwa der alte Wickler, sind für die geänderte Ärmelsituation nicht mehr unbedingt notwendig und erweisen sich andererseits für den zunehmenden Rockumfang als ungünstig. Die kürzeren Umhänge, wie die schon bekannte Crispine oder der neuere Kurzumhang mit Kapuze, der Burnus, sollten sich für das gesteigerte Rockvolumen besser eignen. Mantel und Paletot decken sich schon mit unseren heutigen Begriffen.

Frisur und Kopfbedeckung machen einen ähnlichen Silhouettenwandel durch wie die Gesamterscheinung der Frau. Die kugeligen, hoch sitzenden seitlichen Lockenbüschel – ein Pendant zu den biedermeierlichen Ballonärmeln – büßen von ihrer Breitenausdehnung ein: Sie werden schmal, lang hängend und sinken tiefer, sodass sie etwa ab 1842 bereits bis zur Schulter reichen (siehe große Abbildung 4). Das in der Mitte gescheitelte, fast ausschließlich dunkle Haar legt sich knapp dem Kopf an und verläuft bis zum Ohr, wo die erwähnten Stoppellocken (Korkenzieherlocken) ansetzen. Auch die Kopfbedeckungen folgen der Verkleinerungstendenz. Die Krempen verlaufen seitlich, nahe der Gesichtskontur, und werden auch über der Stirn flach gestaltet, sodass das Gesicht wie von einem Hufeisen umrahmt erscheint. Hutkopf und Krempe wirken oft wie zu einer einzigen Form verschmolzen (siehe große Abbildung 4). Die seitlichen Endigungen der Krempe werden häufig über die Kinnlinie hinuntergezogen, und die Krempenrundung zeigt sich nicht selten abgeflacht. Auf diese Weise endet die Hutkrempe – links und rechts vom Kinn – häufig in einer Spitze[13] und nicht wie bisher in einer Kurve. Ab der Jahrhundertmitte beginnt man wiederum mit einer Volumensteigerung, wie schon bei den Ärmeln und beim Rockvolumen zu sehen war. Man führt nun die lang hängenden Locken ohrbedeckend, in einem mehr oder weniger gebauschten Bogen in den Nacken, um sie an dieser Stelle zu einem laufend üppiger werdenden Chignon aufzustecken. Ab 1860 beginnt sich auch über der Stirn das Haar voluminös aufzubauen. Die Kopfbedeckungen folgen dieser geänderten Situation, indem sie der seitlichen Haarfülle Raum geben und in einem breiteren Rahmen um das Gesicht verlaufen. Der tief sitzende, füllige Chignon ergibt für die Kopfbedeckung eine hinterkopflose, erst im Nacken ausgebuchtete Seitenansicht (siehe große Abbildung 5). 1865 ändert sich diese ungünstige Seitenansicht, da der Chignon nun nicht mehr in der Kopfbedeckung untergebracht werden kann und außerhalb positioniert werden muss (siehe Textabbildung 11). Eine Verbesserung der Seitenansicht wird auch durch das leichte Ansteigen der Krempe über der Stirn – dies war durch das Anwachsen der Frisur über der Stirn notwendig geworden – gewährleistet.

1865–1900

Dieser Zeitabschnitt ist gekennzeichnet durch den Kampf gegen das *Rock*volumen. Die Erfolge sind für die damalige Anschauung mit Sicherheit großartig gewesen, während der heutige Betrachter Mühe hat, in den oft recht umständlichen Formen eine fortschrittliche Entwicklung zu sehen. Trotzdem hat das Ringen um die so genannte „Schlanke Linie" begonnen: Man rückt dem Rockvolumen zunächst in seinem Umfang zu Leibe, jedoch noch nicht in seiner Länge. Dieses Schwerpunktprogramm lässt für andere modische Veränderungen wenig Raum. Es sind immer nur optische Ablenkungsmanöver oder unterstützende Akzente, die das Rockgestaltungsproblem nicht ernsthaft überdecken können. Hinter der angestrebten schmalen Rockkontur verbirgt sich schon erstes emanzipatorisches Gedankengut, obwohl die Herrschaft des Korsetts, die immer wieder als Symbol der Unterdrückung der Frauen zitiert wird, noch lange nicht zu Ende sein sollte (bis etwa 1910).

Die Rockgestaltungen ergreifen in diesen drei Jahrzehnten gleichsam die gesamte Silhouette, sodass eine diachrone Darstellung der Kostümdetails wenig zielführend wäre und sich vielmehr die Gesamterscheinung der Frau als Interpretationsobjekt aufdrängt. *Nach 1865* beginnt man zunächst damit, die glatte Großflächigkeit des größten Krinolinenrockes aller Zeiten durch Zusammenfassen seiner rundum verlaufenden Überlänge zu einer eventuellen Schleppe zu dezimieren. Doppelte Röcke tauchen wiederum häufiger auf, wobei man darauf bedacht ist, den oberen Rock auf vielfältige Weise zu verkürzen: man steckt ihn hoch, man rafft ihn hoch oder man lässt ihn auch nur mit Hilfe optischer Effekte kürzer erscheinen. Die eigentliche

Textabbildung 12
Schon 1868 ist die große Krinoline zu einer schmalen Kegelform geschrumpft, die jedoch noch immer stützende Reifen vermuten lässt. Harper's Bazar. 1868

Krinoline (Stahlfederunterrock) schrumpft zu einer Kegelform zusammen (siehe Textabbildung 12). Bis 1870 hat man es schließlich geschafft, auf die Unterstützung durch den künstlichen Reifrock zu verzichten. Dieser Verzicht wird allerdings zunächst durch Stoffmengen ersetzt, die eine sehr unförmige Erscheinung der Frau erzeugten. Es war nicht möglich, dass die Frauen den größten Reifrock aller Zeiten einfach abstreiften und gertenschlank daraus entstiegen. Aus dem abzubauenden Rauminhalt des Rockes muss förmlich zuerst die Luft abgelassen werden und die große verbleibende Hülle wird drapiert, hochgezogen, in Falten gelegt etc. Es werden immer wieder neue Versuche gestartet, die sich sehr bald mit der Tatsache konfrontiert sehen, dass sich ein bis zum Boden reichender Rock nicht enger und enger gestalten lässt, ohne die Bewegungsfreiheit der Trägerin zu beeinträchtigen oder im Extremfall sogar unmöglich zu machen. Die erste brauchbare Phase der Rockverminderungen zeigt sich in der Turnüre von *1870*. Die alte Rockweite wird förmlich an der Hinterseite der Dame zusammengefasst und hochgesteckt. Da die auf diese Weise entstandene Stoffmenge nicht „selbsttragend" sein konnte, wurden verschiedene Stützen eingebaut. Vom einfachen Rosshaarpolster bis zu apsisähnlich ausgebauten und stahlfederverstärkten Unterrockgebilden reicht die Palette. Der Aufbau bewirkt, dass die Rockkontur am Rücken der Dame von der noch immer hoch liegenden Taillenlinie ausgehend einen horizontal abstehenden Verlauf nimmt. Man teilt die Röcke häufig in eine Tunika, die sich wegen ihrer Kürze leichter drapieren lässt, und in eine Jupe, die nicht selten zu einer Schleppe verlängert erscheint.

Als besonders günstig zum Aufbauschen der Turnüre erwiesen sich langschößelige Jacken, die in vielen Variationen anzutreffen sind. Die *Oberteilgestaltungen* stehen ganz im Schatten der Rockkreationen. Es ändert sich nicht viel. Als besonders ungünstig fällt dem heutigen Betrachter die hoch verlaufende Taillenlinie auf, die zusammen mit der gebauschten Turnüre jede natürliche Schlankheit der anatomischen Taille mit plumper Stofffülle umgibt. Dieser Effekt tritt ganz besonders bei den tief und breit dekolletierten Gesellschaftskleidern auf: In diesem Fall rückt die üppige Rockdrapierung fast ohne Zwischenraum an die Dekolletéeinrahmung heran.[14]

Als Pendant zur Turnüre muss die *Frisur*gestaltung angeführt werden. Das Haar wird länger und voller, und wird ähnlich der Turnüre am Hinterkopf „drapiert". Die Fülle des Chignons setzt sich über den Hinterkopf bis zur Höhe des Scheitels fort, sodass sich auch über der Stirn die Frisur stark ansteigend zeigt. 1872/73 hat sich das Volumen der Turnüre speziell bei Gesellschaftstoiletten noch vergrößert.

Ab *1875* (siehe Textabbildung 14) hat man die Turnüre gleichsam in einer Schleppe ausfließen lassen. Die Wichtigkeit der Schleppe zeigt sich in der Häufigkeit ihrer Verwendung: Auch Reisekleider oder Promenadenkleider werden schleppend gestaltet. Die Schleppe erscheint zwar aufwändig und variantenreich, bildet aber trotzdem gleichsam ein mehr oder weniger leicht abzunehmendes Rockdetail. Das alte Rockvolumen beginnt in dieser

Textabbildung 13
Die riesige Oberfläche des skelettlos gewordenen Krinolinenrockes wird ab 1870 zu einer monströsen Turnüre drapiert und aufgesteckt, die in Verbindung mit dem verkürzten Oberteil die Gestalt der Frau etwas dicklich erscheinen lässt. Die Vorliebe für Strukturdetails (eine der Vorlieben des Historismus) hat ihren Höhepunkt erreicht. Der Bazar. Berlin 1874

Phase förmlich aus dem Rock „hinauszuwachsen". Die Weite sinkt nach unten und lässt die Frauen auf diese Weise um die Hüften herum schlanker erscheinen. Damit war man der „Schlanken Linie" schon etwas näher gekommen. Dieses Ziel unterstützten auch die jackenartigen Oberteile, die eng anliegend bis auf die Hüfte hinunter reichten. Weiters wurde der Schlankheitseffekt – zumindest von vorne gesehen – durch querdrapierte, schürzenartige Elemente weitergeführt. An der Rückseite der Dame quoll aus der „Schürze" die Schleppe hervor. Die enganliegenden Jackenoberteile erlaubten auch ein „verstecktes" Annähern der Taillenlinie an die anatomisch richtige Position. Unmerklich, von der Oberfläche aus betrachtet, war die Taille tiefer gesunken. Verglichen mit den gedrungenen Oberkörperkonturen der Frauen in den vorangegangenen Jahren, erschien die Dame von 1875 in einer ungewohnten Schlankheit. Längs gerichtete Ornamente verstärkten diesen Eindruck.

Der schlanken Vertikaltendenz glich man auch den Ärmelansatz an. Die Schulterlinie hatte sich nun endgültig von den Resten der breiten biedermeierlichen Rundung gelöst: Ein unauffälliger Röhrenärmel wird an der Achselhöhe angesetzt. Das untere Ende des Ärmels passt sich dieser Schlichtheit durchaus an und endet zumeist in einer mehr oder weniger glatten Röhre. Die Zeit der glockenförmigen Pagodenärmel ist nun endgültig vorbei.

Die *Überkleidsituation* ist durch das Absinken der Turnüre und die glatten Röhrenärmel der Oberkleidsilhouette unproblematisch geworden. Sehr funktionell anmutende Mäntel gewinnen die Oberhand.

Die *Frisuren* sinken, ähnlich der Turnüre, zu einfacheren und weniger voluminösen

Textabbildung 14
Mit dem Ausfließen der Turnüre in eine Schleppe ist die Silhouette der Dame merklich schlanker geworden. Die oberen Röcke gleichen nicht selten Kleiderschürzen, die an der Rückenmitte zugebunden erscheinen.
Der Bazar. Berlin 1876

Drapierungen ab. Die schwere Fülle des Chignons läuft nun in gedrehten, gelockten oder auch geflochtenen, nahezu schütteren Haarsträhnen aus, die bisweilen sogar hochgesteckt werden. Der „Höhepunkt" der Frisur liegt am Scheitel, von hier aus geht es schräg abwärts zur Stirn, wo sich schon zaghafte Ansätze zu Stirnfransen zeigen. Die *Kopfbedeckungen* finden auf dem Scheitelaufbau der Frisur Halt, ohne von dem tief sitzenden Chignon irritiert zu werden, sodass man sich schon häufiger zu runderen, hutähnlicher anmutenden Gebilden entschließen kann. Eine seltenere Variation zeigt sich in denjenigen Kreationen, die auf der Schräge, die von der Stirn zum Scheitel hochzieht, postiert werden.[15]

Bis *1880* (siehe Textabbildung 15) treibt man die Schlankheit der Damen förmlich an die Spitze. Die so genannte *Kürasstaille* scheint zunächst die Lösung der „Schlanken Linie" zu bedeuten. Um dieses Ziel zu erreichen, beginnt man schon beim Unterbau: Das Korsett hat nun die Aufgabe, neben der Taille auch die Hüften schlank zu machen. Damit beginnt die Schnürung des weiblichen Körpers problematisch zu werden. Denn ursprünglich war das Mieder nur dazu gedacht, ein eng anliegendes Oberteil im Gegensatz zu einem voluminösen Rock zur Geltung zu bringen. Unterhalb der Taillenlinie unter den mehr oder weniger weiten Röcken hatte der Körper bisher immer die Möglichkeit, in seiner natürlichen Form – uneingeengt – existent zu sein. Nun wollte man mit den alten, für die neuen Ziele ungeeigneten Methoden den Körper der Frau bis über die Hüften schlank schnüren. Dazu kam noch, bedingt durch die hoch schließenden Kleider, dass auch der Busen in das Korsett mit eingeschlossen war, was beim dekolletierten Oberkleidmieder nicht der Fall war. Auch am oberen Ende des Korsetts gab es also keine „Freiheit"! Das Kleidoberteil seinerseits trachtete nun die Korsettsilhouette – üppiger Busen, zarte Taille und schlanke (allerdings noch weibliche) Hüfte – nachzuformen. Die anatomische Taillenlinie war nun keine Grenze mehr zwischen Oberteil und Rock, sondern die „Taille" schloss auch die Hüften mit ein. Die eng umschlossene Hüfte wurde häufig durch hüftlange, enge Jacken zum Ausdruck gebracht. Oder man verwendete die alte Miedertechnik, wobei man die Taille häufig in einer tief reichenden Spitze enden ließ. So genannte „Trikottaillen" finden ebenfalls Verwendung, die selbstverständlich das figurgebende Korsett voraussetzen, diesem eng anliegen und am Rücken geschlossen werden. Während die Trikottaillen mit wenig Dekor auskommen, tauchen an den übrigen Taillen vielfach längs gerichtete, schlankheitsunterstützende Formelemente wie lang gezogene, oft bis über die Taille nach unten reichende Revers oder reversähnliche Details auf. Fallweise setzt man sogar eine in Farbe und Material kontrastierende, spitz zulaufende Mittelbahn ein, die von der Halsgrube bis zum unteren Ende der Kürasstaille reicht (siehe Textabbildung 15). In diese Formenpalette fügen sich auch die oblongen (eckigen) oder spitzen Halsausschnitte ein. Diese Schlankheit wollte man verständlicherweise nicht wieder mit dem *Rock* zerstören. An der hinuntergeschobenen Taillenlinie setzte meist eine knapp gehaltene, seitlich anliegende Querdrapierung an, die nicht selten bis zu den Knien reichte. Zum Saum hin wurde der Rock zumeist mit einem gezogenen oder in Falten gelegten

Volant abgeschlossen, wodurch sich die nötige Bewegungsfreiheit zum Ausschreiten ergab. Die Betonung der Schleppe von der Taille abwärts hatte an Bedeutung verloren. Die Rockkonstruktion ergab sich jetzt vielmehr aus der so genannten Tunique (die erwähnte Querdrapierung im oberen Rockbereich) und den Volantkreationen, die entweder durch „die Jupe" (der untere Oberrock) gebildet wurden oder an dem Jupon (Unterrock) angebracht waren. Obwohl die Tunique in der Vorderansicht schmal gehalten wurde, raffte man die Querdrapierung – zumeist an der rückwärtigen Seite – vertikal hoch oder man imitierte hier einen Pseudoknoten oder auch eine Schleife. Insgesamt konnte dieser Silhouette keine großartige Zukunft beschert sein, da weder das enge und noch dazu lange Mieder weiter steigerungsfähig war, noch der bodenlange Rock schmäler werden durfte, ohne die Bewegung der Frau überhaupt unmöglich zu machen.

Dieser schmalen Silhouette mit einem *Überkleid* zu folgen, bot keine Schwierigkeiten, trotzdem erfand man einen zusätzlichen modischen Gag: den Dolman. Der Dolmanschnitt folgte zwar der neuen Schlankheit, versuchte aber dennoch einen Umhang vorzutäuschen, weshalb bei jackenähnlicher Engheit in Taillenhöhe Ärmelstummel, die nur aus Manschetten zu bestehen schienen, angebracht wurden. Um dieses Kleidungsstück zu tragen, musste die Frau die Oberarme eng an den Körper pressen und konnte nur mit den Unterarmen, deren Aktionsrichtung allerdings durch die „Manschettenärmel" eingeengt erschien, agieren.

Textabbildung 15
„Toilette de Promenade". Bis über die Hüfte reichende Kürasstaille in Kombination mit schlank machender Querdrapierung im daran schließenden Rockbereich, wodurch die Bewegungsfreiheit der Beine empfindlich eingeengt wird. Sichtbare, aber funktionsfeindliche Erfolge für die „Schlanke Linie" zeichnen sich ab.
Specialités en Modes par Adolf Studnitzka. Wien 1880, II. Jahrgang, Nr. 5

Die *Frisur* war über Stirn und Scheitel noch flacher geworden und legte sich nun schon eng an die Schädeldecke an. Als unverzichtbar erscheinen die immer dichter werdenden Ponyfransen, die allerdings noch variabel frisiert werden. Auch der Umfang des Knotens ist weiter verringert worden, sodass man dieser Volumenverminderung zufolge auch kleinere *Hüte* kreierte. Sehr beliebt scheinen topfartige Variationen mit eher kleinen Krempen und bescheideneren Dekorationen – im Vergleich zu früher – gewesen zu sein.

Bis *1885* (große Abbildung 6) scheint, oberflächlich betrachtet, eine rückschrittliche Entwicklung abgelaufen zu sein. Man ist nämlich wiederum zu einem Gesäßaufbau zurückgekehrt, der noch extremer in Erscheinung tritt als die Turnüre von 1875. Die wieder aufgenommene modische Ausbuchtung bekommt allerdings einen neuen Namen: *Cul de Paris*. Trotz des scheinbaren Rückschrittes ist ein verdeckter Fortschritt, nämlich eine weitere tragbare Annäherung an die schlanke Linie, zu beobachten. Die Kürasstaille mitsamt den schmalen Röcken hat bis an den Rand des Möglichen geführt und musste schließlich abgelöst werden. Eine Verkürzung der Kürasstaille machte das Oberteil wiederum bequemer, obwohl man die schlank geformte Taillenzone beibehalten hat. Der Busen wirkt nun noch etwas üppiger, da er als „Monobosom" noch eine Kleinigkeit höher getragen wird. „Korsettfreiheit" gibt es für den Busen nur ganz selten, denn der „Einbusen" bedarf in seiner ballonartig unnatürlichen Form der Gestaltung durch das Korsett. Die Ärmelkugel beginnt sich leicht nach oben zu wölben und setzt an einer etwas verkürzten Schulterlinie an. Neu erscheinen auch das Heranführen der Schulternaht an den Hals und das Fortsetzen dieser Linie in einem den Hals eng umfassenden Stehkragen. Diese Stehkrägen sind nicht allzu hoch und ihr oberer Abschluss verläuft noch in einer geraden Linie. Der Ärmel bleibt schmal und unauffällig. Die schon 1880 zitierten längs gerichteten Oberteildekorationen bleiben nach wie vor aktuell. Die Perfektion in der Gestaltung der Taillen (Oberteile) erweckt den Eindruck, dass man die technische Ausführung der hochgeschlossenen Kleider nun endgültig im Griff hat.

Die markantere Veränderung hat der *Rock* durchgemacht. Der extreme Cul de Paris bedeutet einerseits eine technische Notlösung für den zu eng gewordenen Rock und andererseits eine Kaschierung für tatsächliche Neuerungen. Es fällt zunächst auf, dass außer den festlichen Roben, wie Soireetoiletten, Ballkleider etc. die Kleider keine Schleppe mehr besitzen und in einem rund schließenden, hängenden Saum enden. Die ehemalige Jupe, die oft nur als Volant zu sehen war, mutiert jetzt zum Hauptstück der Rockkonstruktionen und wird (zumindest im österreichischen Raum) als Schoß bezeichnet. Sehr oft besteht diese Schoß aus einem Faltenrock, dessen Faltenanordnung unterschiedlich variiert erscheint. Darüber wird oft

eine „Draperie" gelegt oder auch eine Tunique, fallweise auch eine so genannte „Doppeljupe". Die Schoß bleibt jedoch bei all diesen Varianten das wichtigste Stück. Die genannten Zusätze werden vor allem zum Arrangement des Cul benötigt. Unter dem Schutz des Cul konnte sich in aller Stille ein bewegungsfreundlicher (Falten-)Rock entwickeln. Die Cul-Konstruktionen werden schließlich immer mehr zu verzichtbaren, abnehmbaren Einzelteilen. In wenigen Fällen zeigt sich der Cul in die Schoßkonstruktion integriert. Diese Varianten zeichnen sich dann in der Regel durch leicht erfassbare, konstruktiv notwendige Linienführung aus.

Die *Überkleidung* passt sich wie zumeist der Linienführung der Oberkleidung an. In diesem Fall führte es dazu, dass an Mänteln, Paletots, Jacken und Dolmans apsisähnliche Ausbuchtungen zur Unterbringung des Cul angefügt werden mussten.

Die *Frisuren* werden noch schlichter. Die Ponyfransen werden förmlich zum wichtigsten Element, während der Knoten, der sich 1880 noch am Hinterkopf befunden hatte, nun am Scheitel locker angehäuft wird. Über den Ohren wird das Seitenhaar noch straffer nach hinten gekämmt, sodass die Frisur insgesamt noch mehr an Volumen verloren zu haben scheint. Die *Kopfbedeckungen* hingegen gewinnen an Größe und damit auch an plastischer Selbständigkeit. Der auf den Scheitel hochgerutschte Knoten bedingt bisweilen eine eigenartige Position der Hüte, wobei der glatte Hinterkopf meist frei gelassen wird und die Hüte sich über dem Scheitel auftürmen und über das Knotenvolumen gleichsam „inhaltslos" hinauswachsen.[16]

Bis *1890* (siehe Textabbildung 16) hat man es fast geschafft, den doch recht zähen Cul weitgehendst abzubauen, sodass die Frau in der Gesamtansicht nun schon recht „schlank" geworden ist. Um diesen Eindruck zu unterstützen, greift man zu einem bewährten Mittel, das sich bis 1895 noch gewaltig steigern sollte, und zwar zur Ärmelvergrößerung. Die gebauschte Ärmelkugel setzt an der noch immer verkürzten Schulternaht an und neigt sich mit ihrer Fülle mehr nach innen als nach außen. An der Schulter besitzt der Ärmel zwar sein größtes, aber noch immer mäßiges Volumen. Nach unten hin verjüngt er sich zum schon gewohnten Röhrenärmel. Zusätzlich wird die schon durch den Ärmel akzentuierte Schulterlinie noch durch den höher gewordenen Stehkragen unterstützt. Die Reste der Kürasstaille sind gänzlich verschwunden: Das Oberteil reicht kaum merklich unter die natürliche Taillenlinie und

Große Abbildung 6
„Toilette de Promenade".
Um der verloren gegangenen Beinfreiheit der Kürasssilhouette zu entgehen, wird abermals eine Rockdrapierung am Rücken hochgesteckt, diesmal als Cul de Paris bezeichnet. Die Rockgestaltungen sind nun wesentlich konstruktiver als im Falle der Turnüre. Man arbeitet sich immer näher an eine funktionstüchtige „Schlanke Linie" heran.
Specialités en Modes par Adolf Studnitzka.
Wien 1885, VII. Jahrgang Nr. 318

schließt hier gerade oder in einer leichten Spitze ab. Allerdings wendet man an der Grenzlinie von Oberteil und Rock einen neuen „Schlanktrick" an: Man lässt entweder das gesamte Oberteil oder nur eine mittlere oder auch die Seitenpartie prinzessartig in den Rock überfließen, was eine Vertikalstreckung der Gesamterscheinung bedeutet. Dieser Tendenz folgt auch eine Umformung des „Monobosom", der etwas von seiner vorstehenden Ballonform verliert und leicht flach gedrückt erscheint. Es ist nicht zuletzt der kugelige Ärmelansatz, der gleichsam die Busendimension zu überstrahlen beginnt.

Die Prinzessform erlaubte es auch, die Hüfte schmal zu halten, da der *Rock* nicht angesetzt werden musste und man glatt und faltenlos über die Hüfte hinweggehen konnte. Auf diese Weise verzichtete man ohne Schwierigkeit auf die alten Querdrapierungen. Selbst dann, wenn in Oberteil und Rock getrennt wurde, fielen die Querdrapierungen nahezu alle weg, speziell bei der Verwendung von kompakteren Stoffen. Bei der Verarbeitung von leichteren Materialien zu duftigeren Modellen sind zierliche Oberflächendrapierungen allerdings nach wie vor zu beobachten. An der Rückseite des Rockes ist die gewaltige Kontur des alten Cul fast stereotyp in eine eher flache, aber dennoch markante vertikale Faltenpartie umgewandelt worden, die bisweilen sogar am Boden zu schleifen beginnt.

Textabbildung 16
Die Dame erscheint noch schlanker.
Der Cul de Paris ist von mächtigen Faltengruppen gleichsam platt gedrückt worden.
Auf diese Weise ist auch die Bewegungsfreiheit gesichert, ohne die Silhouette unnötig breiter erscheinen zu lassen. Die Vertikale betonende Hilfsmittel wie etwa Längsstreifen, vom Halsausschnitt bis zum Saum verlaufend, kommen häufig zum Einsatz. Die schmäler gewordene Schulterlinie und der leicht hochgezogene Ärmelansatz unterstreichen diese Wirkung.
Specialités en Modes par Adolf Studnitzka.
Wien 1890, XII. Jahrgang Nr. 543

Nach dem Abbau des Cul des Paris konnten auch die *Überkleider* nahezu natürliche Dimensionen annehmen. Auch der aufgebauschte Ärmelansatz der Oberkleidung brachte noch keine ernst zu nehmenden Anziehprobleme für Mäntel, Paletots, Jacken, Dolmans etc. mit sich. Man konnte sich daher verstärkt der Ausgestaltung widmen. Es entstehen in dieser Zeit auffallend elegante und auch differenziert gestaltete Überkleider.

Hier wäre noch eine Besonderheit, die im Bereich der dekolletierten Gesellschaftskleider zu beobachten ist, anzufügen: Die Dekolletéform hat sich verändert. Der hochgerutschte Ärmelansatz und die verkürzte Schulterlinie brachten es mit sich, dass der breite, berthengerahmte, abendliche Ausschnitt nicht mehr in das modische Bild passte. Den aktuellen seitlichen Abschluss des abendlichen Dekolletés bildeten daher kleine, über die Schulter hinaufgezogene Ärmelarrangements oder auch trägerartige Konstruktionen.[17] Manche Trägerkreationen erwecken sogar den Eindruck einer schulterfreien Korsage, die in der Mitte einen tiefen V-förmigen Einschnitt zeigt und an den Seiten in spitzen Winkeln hochgezogen erscheint.

Die *Frisuren* sind noch einfacher und zufälliger geworden. Die früher eher breite Anhäufung des Knotens am Scheitel wurde noch weiter nach vorne verlagert und nach oben hin pyramidenhaft zugespitzt. Die Oberfläche der Frisur tendiert nun zu löckchenhafter Auflösung. Neben dieser Einfachheit muten die *Kopfbedeckungen* etwas exaltiert an. Damit sind vor allem die flachen Hüte gemeint, deren Krempe schnabelartig weit über das Gesicht hinausragt und im Hinterkopfbereich vollkommen zu fehlen scheint.[18] Mit dem Knoten nach vorne gerutscht sind auch die Kapotten, während der Hinterkopf unbedeckt bleibt. Die Bindebänder führen von dieser hohen Scheitelposition hinter dem Ohr vorbei bis unter das Kinn, wo sie in einer Masche enden. Über der ponybedeckten Stirn baut sich die Dekoration dieser Kopfbedeckungen oft pyramidenähnlich auf. Ohne Bindeband tauchen ähnliche Kopfbedeckungen auf, die dann als Barett bezeichnet werden.

Bis *1895* (siehe Textabbildung 17) hatte man es schließlich geschafft, den Wunschtraum der „Schlanken Linie" auch schnitttechnisch einer „tragbaren" Lösung zuzuführen. Von 1893 bis 1896 hat sich diese neue Silhouette nur wenig verändert. Dem Kampf gegen das Rockvolumen war nun endlich Erfolg beschieden: Man war um die Hüfte herum schlank geworden und konnte sich auch bewegen. Von 1865 bis 1895 hatte im Rockbereich eine fast unglaubliche Reduzierung stattgefunden. Auffallend schlicht und nahezu angenähert an eine moderne Funktionalität zeigen sich die neuen Rockkonstruktionen. Der *Bahnenrock* bzw. der *Glockenrock* sind nun die absoluten Renner geworden. Die Oberfläche des Rockes zeigt sich erstaunlich glatt und undekoriert. Der Grund für diese Einfachheit ist wohl darin zu suchen, dass der Rock mit seiner nunmehr gelungenen Lösung nicht mehr im Zentrum des Interesses stehen musste, sondern man einen neuen Silhouetteschwerpunkt setzen konnte: Das *Oberteil* mit dem darunter getragenen, noch immer eng schnürenden Korsett musste schlussendlich das Ziel der nächsten grundlegenden Silhouetteveränderung darstellen. Mit dem Verlust des Rockvolumens – vorerst den Umfang betreffend – war nun auch die Existenz des engen Mieders zumindest einmal in Frage gestellt. Die zahlreichen Betonungen eines breiten weiblichen Hüftbereichs durch die Vielfalt der Rockvolumina in der europäischen Kostümgeschichte wurden immer wieder durch ein enges Mieder besonders deutlich gemacht. Nun war diese formale Symbiose durch das dem Umfang nach verschwundene Rockvolumen gestört. Die ersten gesetzten Maßnahmen bezüglich der bevorstehenden Korsettauflösung geschehen gleichsam verdeckt und sind für den nachmaligen Betrachter oft nicht als Kampfmaßnahme gegen das Korsett zu erkennen. Unter dem Vorwand extremer Ärmelgestaltungen gelingen erste Lockerungen im Oberteilbereich. Die Ärmel blähen sich in diesem Zeitraum wiederum zu großen Ballons auf, deren Hauptumfang am Schulteransatz liegt. Diese üppige Weite wird optisch durch den eng umschlossenen Unterarm kontrastiert. Daneben wurden mehr oder we-

Textabbildung 17
„Garten-Party und Curorttoiletten".
Nachdem mit dem Bahnen- bzw. Glockenzuschnitt das Rockproblem (Beinfreiheit beim langen Rock trotz schmaler Silhouette) vorläufig gelöst erscheint, wendet man sich dem Korsettproblem zu.
Wiener Mode, 1895

niger unbeachtet einige Neuerungen an der Taille (Oberteil) vorgenommen, wie z. B. eine angedeutete Blusigkeit über dem Gürtel vorne in der Mitte, die sich günstig auf eine weitere Abflachung und ein fast unmerkliches Absinken des Busens auswirkte. Besagtes Gestaltungselement sollte erst später voll zur Geltung kommen. Zu diesen unauffälligen Veränderungen zählt auch der runde Taillenabschluss, der sich nun an der anatomisch richtigen Position befindet und nicht selten durch einen schlichten Gürtel betont erscheint. Fast unmerklich hat sich der Taillenumfang an dieser Stelle verbreitert. Die Einfachheit und der Tragekomfort des Glocken(Bahnen)rockes hat wohl dazu angeregt, die Kreation von *Blusen* zu verstärken, die seit ihrem Auftauchen im Biedermeier als Canezou wieder in Vergessenheit geraten waren. Die neuen Blusen werden sowohl innerhalb des Rockbundes als auch außerhalb – dann meist mit Schößchen und Gürtel – getragen. Blusen gibt es für jede Tageszeit,[19] sie passen sich auch der Jahreszeit an.

In der *Überkleidung* zeigt sich abermals die Problematik der übergroßen Ärmel, was sich in der erneut auftauchenden Beliebtheit von Umhängen mit ein- oder mehrfachen capeartigen Kragen niederschlägt. Daneben sind kurze Capes in Überkreiszuschnitten, in mehreren Schichten und in phantasievollen Materialzusammenstellungen stark vertreten. Gerne werden diese Kurzumhänge mit duftigen Halskrausen ausgestattet.

Die *Frisur* wird bauschiger. Das Seitenhaar wird füllig und leicht das Ohr bedeckend nach hinten genommen. Man schneidet nun keinen Pony mehr, sondern man verwendet auch diese Haarpartien zur Vergrößerung des gesamten Frisurvolumens. Das Kopfvolumen zeigt sich insgesamt ballonartig gesteigert. Die *Hüte* reagieren auf diese Aufbauschung und liegen mehr oder weniger flach, rundherum gleichmäßig überstehend, auf der vergrößerten Frisur. Die Garnierungen haben zugenommen und streben in die Höhe. Daneben sind nach wie vor die kleinen Kapotthütchen und die zierlichen Barette beliebt, die nun mit der Frisur zusammen eine „nestartige" Einheit bilden.

Bis 1900 (siehe große Abbildung 7) hatte man das Ärmelvolumen weitgehendst abgebaut. Der Ärmel ist zu einer sehr engen Röhre geschrumpft, die nur mehr an der Schulter leicht kugelig ansetzt. Nun ist das Ablenkungsmanöver bezüglich der Ärmel abgeschlossen, und man müsste hinsichtlich der Taillengestaltung (Oberteil) eigentlich Farbe bekennen. Jedoch in der Nachbarschaft der engen Ärmelröhren musste man das Korsett erneut enger schnüren, wenn die Taille zierlich wirken sollte. Auch die begonnene Blusigkeit von 1895 lässt sich neben den engen Röhrenärmeln nicht mehr aufrechterhalten. Man passt das Oberteil dem Korsett wiederum glatt an, um der Ärmelkontur zu entsprechen. Der Busen scheint noch mehr in die Breite gequetscht zu sein, da die seitliche Kontur der Oberkörperbegrenzung als konvexe Linie verläuft. Diese extreme Anpassungstendenz erfasst auch die Halspartie, denn der Stehkragen verliert nun seine gerade verlaufende Oberkante und wird vielmehr in einer geschwungenen Linie bis zum Ohr hinaufgeführt, während unter dem Kinn und am Hinterkopf der Schwung nach unten gelenkt werden muss, um eine gewisse Bewegungsfreiheit zu erlauben. Da auch die nun einmal erreichte Engheit um die Hüfte nicht mehr aufgegeben wird, kommt man mit der bisherigen Form des Korsetts in Schwierigkeiten. Ein flacher Busen, eine enge Taille und eine schlanke Hüfte, die oft schmäler erscheint als die Oberweite, sollen vom Korsett vorgeformt möglichst glatt und faltenlos in die Oberkleidschicht übernommen werden. Dieser Anspruch kann mit der aufrechten Korsettform nicht erreicht werden. Die Frau zwingt sich also in ein S-förmig gekrümmtes Korsett, um wenigstens in der Verkrümmung eine fragwürdige Unterbringung der weggeschnürten Massen zu erreichen. Dieser Kreuzhohlschwung ist zwar sehr gesundheitsschädlich, bedeutet aber im Kampf gegen die traditionelle Miederschnürung dennoch einen Fortschritt, da die anatomische Taillenlinie damit gleichsam übergangen wird und nicht wirklich geortet werden kann. Diese Tatsache wird für künftige modische Veränderungen sehr wichtig sein, da ein enger Tailleneinschnitt in der Kreuzhohlstellung nicht mehr machbar ist; auf diese ungesunde Weise wird das Bild der stark geschnürten Taille kaschiert und man beginnt sie zu vergessen. Auch die Schnittlösungen gehen häufig über die Taillenlinie hinweg. Großzügige Linienführungen schließen Oberteil und Rock in eine Einheit zusammen, ohne die Taillenlinie zu beachten. Oft wird ein eher nichts sagender Gürtel verwendet, der lediglich die tatsächliche Trennung von Oberteil und Rock zu verdecken hat. Die Einheit kann oft nur vorgetäuscht werden, da die manierierte Verkrümmung schnittlich nicht zu meistern ist und eine tatsächliche Trennung in Rock und Oberteil nicht zu verhindern war.

Die schlanke *Rockform*, die sich 1895 gefällig und praktisch gezeigt hatte, erfährt eine elegante Wendung, die abermals einen wenig funktionalen, ja sogar rückschrittlichen Ton anzuschlagen scheint: Der Rocksaum liegt rundherum am Boden auf und verlängert sich rückwärts zu einer Schleppe. Der „schwere" Saum bewirkt in dieser Phase der Volumenverminderung des Rockes förmlich ein tieferes Hinunterziehen der schmalen Hüftkontur bis über die Oberschenkel, um von hier aus dann trompetenartig zum

Große Abbildung 7
Eiffelturmlinie.
Die Bezeichnung bezieht sich auf den glockenförmig auf dem Boden aufliegenden Rocksaum. Die schmale Kontur des Rockes bleibt jedoch erhalten. Aus dem Korsett beginnt man sich förmlich herauszuwinden, indem man sich S-förmig verkrümmt in das Sans-ventre-Mieder einschnürt.
Wiener Moden 1900

WIENER MODE

schleppenden Saum hin auszuschwingen. Der scheinbare Rückschritt entpuppt sich demnach als neuer Schlankmacher für die Rockkontur. Diese modische Linie wird treffend als „Eiffelturmlinie" bezeichnet.

Die geschrumpften Ärmel und die neue Rocksilhouette bedeuten für die *Überkleidung*[20] keinerlei Probleme. Der modischen Kontur folgend kreiert man besonders elegante Redingotes. Einreihig, doppelreihig, bisweilen mit großen Krägen ausgestattet, lassen sie die Taille und Hüfte zarter erscheinen.

Die ballonartige Tendenz der *Frisur* schwillt weiter an. Das Haar wird in einem gleichmäßig um den Kopf verlaufenden Wulst hochgekämmt und am Scheitel zusammengefasst. Unterstützende Pölsterchen waren notwendig geworden, um den üppigen Haarkranz zu erreichen. Es versteht sich, dass die *Kopfbedeckungen* auf dieser kunstvollen Frisur nur mehr schweben konnten. Man legte den Hut auf die Frisur.[21] Auf diese Weise saß der Hut nicht mehr wirklich auf dem Kopf. Nun musste man sich auch bei den Garnierungen keinen Zwang mehr auferlegen. Die annähernd flachen Scheiben, die oft mit einem eleganten Schwung versehen sind, boten an der Oberfläche reichlich Platz für Dekor. Aber auch an der Unterseite der Krempe brachte man Gestecke an, wodurch der schwebende Eindruck des Hutes noch gesteigert werden konnte. Daneben sind nach wie vor die Barette zu beobachten, die im Vergleich zu früher etwas kompakter wirken und ebenfalls üppigere Garnierungen aufweisen.

Obwohl die endgültige Befreiung vom großen Rockvolumen und vom Korsett erst mit der Kreation der Garçonne von 1925 (eingeleitet durch Coco Chanel 1918) abgeschlossen erscheint, soll nun eine kurze Unterbrechung in der Darstellung der Entwicklung der Frauenmode eingefügt werden, um einen knappen Überblick über die Männermode des 19. Jahrhunderts zu geben.

Männerkleidung im 19. Jahrhundert (Überblick)

Es wurde schon an anderer Stelle darauf hingewiesen, dass die Männermode – zumindest seit der Mitte des 19. Jahrhunderts – keinen wesentlichen Silhouettewandel mehr durchmacht. Als letzte Kreation in dieser Richtung kann die „Arbeitskleidung" des vorbildgebenden bürgerlichen Unternehmers gelten, die sich um die Mitte des Jahrhunderts herauskristallisierte. In der Männermode handelt es sich seither um Feinheiten, die sich nur innerhalb eines großen starren Rahmens verändern können.

Zu Beginn des 19. Jahrhunderts zeigten sich allerdings noch grundlegende gewandliche Systemprobleme, die schon mit der Französischen Revolution entstanden waren und die auf eine Lösung warteten. Es ist in diesem Zusammenhang vor allem an die

Hose zu denken, während die übrigen Gewandteile des Herrn meist nur durch Oberflächenveränderungen ein neues Aussehen erhalten hatten. Der Hose hingegen musste man eine neue Form verpassen. Die Revolutionäre hatten bereits das Thema der langen Hose aufgegriffen. Dieses bodenscheue, unexakte Exemplar, das den untersten Gesellschaftsschichten entlehnt war, konnte allerdings den etablierten Vertretern der Revolution nicht mehr entsprechen. Das Dilemma war groß, denn man wollte auch nicht auf die royalistische Kniehose zurückgreifen. Andere antiquierte Formen aus der Vergangenheit kamen wohl auch nicht in Frage, da man schlussendlich den Vorstellungen der Aufklärung von einer „vernünftigen" Kleidung entsprechen musste. Die äußerst praktische Kniehose in die neuen Pantalons (lange Hose) zu verwandeln war allerdings kein leichtes Unterfangen. Unter dem Vorwand des antiken Vorbildes wurden die Hosen um die Jahrhundertwende größtenteils hauteng gestaltet (siehe große Abbildung 1). Man(n) wollte damit vermutlich auch den hellenistisch angehauchten Empiredamen entsprechen. Dies hatte den raffinierten Vorteil, dass eine Kniehose von einer langen Hose silhouettemäßig nicht zu unterscheiden war. Um den „marmornen" Urbildern nahe zu kommen, wurden mit Vorliebe helle – oft sogar weiße – Stoffe verwendet. Der enge Zuschnitt zwang bisweilen dazu, Trikotmaterialien oder auch Rehleder zu verarbeiten, um die Bewegungsfreiheit nicht allzu sehr einzuschränken. Die Unentschlossenheit zeigte sich darin, dass neben der engen Variante auch bodenscheue, weite Modelle zu finden sind (siehe Textabbildung 18). Die

Textabbildung 18
Informelle Pantalons (lange Hose) mit hohem Taillensitz in modischer Empirelinie. Weiter, bodenscheuer Saum, dazu weiße Strümpfe mit weit ausgeschnittenen Escarpins, die als Gegenmodell zu den adeligen Schnallenschuhen entstanden waren. Auch die Überlänge der Frackärmel leitet sich vermutlich aus dem Bestreben, die royalistischen Spitzenmanschetten des Hemdes zu verdecken, her. Debucourt, Modes et Manières du Jour. 1798–1808

Herren versuchten auch, sich an die hohe Taillenlinie der Damen anzupassen und zogen den Hosenbund weit nach oben. In dieser Position konnte die Hose jedoch nicht den nötigen Halt finden und musste daher an Hosenträgern aufgehängt werden. Dieses praktische Kostümdetail sollte von nun an nie mehr aus dem männlichen Gewandbereich verschwinden. Die vordere Länge von Weste und Frack wurde auf die „Höhe" des Hosenbundes abgestimmt, sodass der Mann in der Zeit der hohen weiblichen Empiretaille seinen Oberkörper ebenfalls sehr verkürzt getragen hat. Die kompliziertere Problematik lag jedoch in der Saumlänge der Hosenbeine. Hier wurden nahezu exotische Lösungsversuche unternommen, bis man sich um 1820 grundsätzlich zur langen Hose entschlossen hatte. In den 10er Jahren half man sich gerne und häufig mit modisch variierten Stiefeln. Damit konnte man das untere Ende der Hosenbeine undefiniert belassen: Es war nicht zu sehen, wie weit die Hose in den Stiefel hineinreichte. Eine seltenere Lösung wurde mit Gamaschen, die bis unter das Knie reichten und hier an die Hose angeknöpft oder angeschnallt erscheinen, angeboten. Manche Herren tragen verlängerte Kniehosen – über zumeist weißen Strümpfen – zu Escarpins (Pumps) und binden über das untere Beinende ein mehrfach überkreuztes Band, nicht unähnlich den Sandalenbändern der Frauen (siehe große Abbildung 1). Als Kompromiss darf wohl jene Kreation angesehen werden, die mit Hilfe nicht unterscheidbarer Oberflächenähnlichkeit von Kniehose und Kniestrumpf eine lange Hose suggerierte.

Textabbildung 19
Stiefelhose.
Mit dieser sehr verbreiteten Variante ist man bemüht, die Unentschlossenheit in der Hosengestaltung zu kaschieren.
Debucourt, Modes et Manières du Jour. 1798–1808

Es sieht so aus, als ob noch gewisse Antipathien diesem plebejischen Kleidungsstück gegenüber, der langen Hose nämlich, abzubauen gewesen wären, ehe man sich damit identifizieren konnte und letzten Endes die ursprünglich königliche Kniehose als altmodisch, provinziell oder sogar bäuerisch eingestuft werden konnte. Der feine Herr sollte sich erst in ferner Zukunft dieser auf jene Weise tief gesunkenen Kniehose nur mehr funktionell bedienen, d. h. für seine sportlichen Aktivitäten. Noch bis 1810 galt die Kniehose allerdings als uneingeschränktes Muss zur korrekten Abendkleidung des Herrn. Zum Schößelfrack fand sie fallweise auch in der Tageskleidung bis ungefähr 1830 Verwendung. In der Hofkleidung behauptete sich die Kniehose konkurrenzlos ungefähr bis zur Mitte des 19. Jahrhunderts. Ab diesem Zeitpunkt wurde die lange Hose schließlich „hoffähig" und Kniehosen trug nur mehr der livrierte Diener.

Mit der Verlängerung der Pantalons über die Knöchel in den *1820er* Jahren (siehe Textabbildung 20) verlegte man auch den Hosenbund schrittweise an die anatomisch richtige Stelle. Die Hose bekam damit einen tragbaren „Sitz". Die oft recht üppige Erweiterung mit Fältchen am Hosenbund garantierte bequeme Bewegungsfreiheit. In der Saumgestaltung überwiegen wohl die überlangen und auch erweiterten Hosenbeine, daneben tauchen aber auch keilförmig zusammengefasste Formen auf. Um die Länge endgültig zu betonen, wurde ein Steg unter dem Schuh durchgeführt. In den *1830er* Jahren (siehe große Abbildung 8) entschloss man sich zu einer ausgewogenen Form. Die Hosenbeine waren zu gleichmäßig weiten,

Textabbildung 20
Die Diskussion ob Kniehose oder lange Hose ist nun zu Gunsten der Pantalons entschieden. Um keinen Zweifel aufkommen zu lassen, schneidet man die Hose überlang und hält sie mit einem Steg unter dem Schuh in Position. Hosenbund und Fracktaille sind bereits an der anatomisch richtigen Stelle angelangt. Wiener Zeitschrift für Kunst, Literatur, Theater und Mode. 1822

überlangen Röhren geworden. Als Variante neben den modisch aktuellen Hosen wurde schon seit den 1820er Jahren bis etwa 1840 die ab dem Knie leicht erweiterte Hose, à la matelote genannt, angeboten. Zum abendlichen Outfit trug der elegante Herr noch immer eine eng anliegende, die Wadenkontur nachzeichnende Hose (siehe große Abbildung 8). In den *1840er* Jahren verengte sich die gesamte Hose und musste daher – um sie straff zu halten – wiederum häufiger mit Steg getragen werden.

Um die Mitte des Jahrhunderts hatte sich aus den biedermeierlichen Versuchsmodellen die moderne, heute noch getragene Grundform der Männerhose entwickelt: eine lange Röhrenhose, die nur mehr unwesentliche Veränderungen erfahren sollte. Um diese Zeit hat die Hose endgültig ihren Steg verloren und wurde nicht mehr mit einem Latz, sondern mit einem von einer Leiste gedeckten Schlitz geschlossen. Die übrigen Kleidungsstücke wurden sukzessive dieser Business-Hose angepasst. Als Abendanzug erhielt sich der *Frack* mit den typischen langen Schößen bis heute. Schwarz wurde zur obligaten Abendfarbe. Die Frackhose wurde in derselben Farbe gearbeitet. Dieser Totallook des Gesellschaftsanzuges hat mehr oder weniger den ebenfalls aus einheitlichem Material hergestellten Sakkoanzug vorweggenommen. Der Sakkoanzug wurde allerdings ursprünglich nur für sportliche, informelle, jedenfalls nicht städtische Situationen verwendet. Bei der Gestaltung des Sakkos hantierte man zunächst noch mit Kümmerformen des biedermeierlichen Frackes, die immer mehr an Volumen verloren und sich zunehmend, allerdings mit geringem Tempo, der Idee des Sakkoanzuges annäherten (siehe Textabbildung 21). Obwohl der Mann seine Farbenpracht verloren hatte und neben dem eleganten Schwarz die Grautöne vorherrschten, war die Einfarbigkeit für die formellere (nicht abendliche) Kleidung noch nicht üblich. Diese Situation sollte sich im 20. Jahrhundert gleichsam umkehren, denn für uns bedeutet der Anzug aus einheitlichem Material die elegantere Variante der Männerkleidung, während die unterschiedlich gearbeitete Kombination die saloppere Möglichkeit darstellt.

Der Formenwandel spielt sich nach der Etablierung der langen Hose nur mehr in Detailbereichen ab, die nicht mehr in die eigentliche Silhouette einzugreifen vermögen. Der modische Wandel großen Stils ist damit den Frauen (der reichen bürgerlichen Oberschicht) überlassen worden. Die intensive Beschäftigung mit einem derart unbe-

Große Abbildung 8
Tagesanzug und abendliches Outfit.
Tagsüber zeigt sich der Herr noch in bunten Kombinationen, abends beginnt sich der einfarbige (schwarze) Anzug durchzusetzen. Das kontrastierende Weiß für Hemd, Weste und Mascherl gilt schon als Muss für den Gesellschaftsanzug. Tages- und Abendhose werden in ihrer Kontur ebenfalls unterschiedlich gestaltet. Wiener Zeitschrift für Kunst, Literatur, Theater und Mode. 1838

deutenden Bereich, wie die Mode es war, entsprach dem erfolgreichen Geschäftsmann ab 1850 nicht mehr. Das aristokratische Nichtstun, das auch dem Mann die Mode wichtig erscheinen hat lassen, hatte als Vorbild endgültig ausgedient. Bei aller Schlichtheit und Einfachheit blieb doch das Bedürfnis nach Abgrenzung und Akzentuierung der eigenen Person erhalten, nur waren die Mittel subtiler geworden. Der Farbtopf und auffällige Details waren nunmehr den Frauen vorbehalten. Nach Zurückdrängung aller Äußerlichkeiten kam es bei den Männern seit der Mitte des 19. Jahrhunderts speziell auf den perfekten Zuschnitt und der daraus resultierenden guten Passform, auf die erstklassige Verarbeitung und nicht zuletzt auf die qualitätvollen Materialien an. Diese Anforderungen konnten nur vom Fachmann erfüllt werden: Damit war die Herrschaft der Herrenschneider angebrochen. Der Reichtum eines Mannes ließ sich nun an der Qualität (und damit verbunden auch am Preis) seines Schneiders ablesen.

Textabbildung 21
Ab der Mitte des 19. Jahrhunderts beginnt sich die moderne Auffassung der Herrenkleidung herauszubilden. Aus Kümmerformen des Biedermeierfrackes sollte sich die Tageskleidung des Herrn entwickeln. Mit der Entstehung des einfarbigen Sakkoanzuges waren die Weichen für die Zukunft gestellt worden. Ca. 1859.
Abbildung: Archiv der Abteilung Kostümkunde an der Universität für angewandte Kunst, Wien

Bild-Anmerkungen

1 Madame Récamier, François Prevve Gérard, 1802
Abbildung: Abteilung Kostümkunde an der Universität für angewandte Kunst, Wien

2 Wiener Zeitschrift, 1820

3 Wiener Zeitschrift, 1820

4 Wiener Zeitschrift, 1820

5 Wiener Zeitschrift, 1820

6 Wiener Zeitschrift, 1825

7 Wiener Zeitschrift, 1824

8 Wiener Zeitschrift, 1832

9 Wiener Zeitschrift, 1833

10 Wiener Zeitschrift, 1831

11 „Landtoiletten“, Wiener Elegante, 1859

12 Wiener Zeitschrift, 1847

13 „Hüte ... aus Reisstroh“, Bazar, 1865 (Mai)

14 Bazar, 1874 (Jan.)

15 Bazar, 1875

16 Specialités en Modes, Wien (Studnitzka), 1885. Abbildung: Abteilung Kostümkunde an der Universität für angewandte Kunst, Wien

17 Specialités en Modes, Wien (Studnitzka), 1885. Abbildung: Abteilung Kostümkunde an der Universität für angewandte Kunst, Wien

18 Specialités en Modes, Wien (Studnitzka), 1890. Abbildung: Abteilung Kostümkunde an der Universität für angewandte Kunst, Wien

19 Wiener Modezeichner, 1895 (11)

20 „Reise- und Regenmantel", im Hintergrund Aussee mit Dachstein. Wiener Mode, 1900 (17)

21 Wiener Modes 1900 (20), Titelblatt

8 19. Jahrhundert

Kostümkundliche Literatur

(siehe auch 7. Kapitel: 18. Jahrhundert)

Adburgham, A.: Shops and Shopping, 1800–1914. London 1964

Arnold, J.: Patterns of Fashion. Bd. 3. c. 1860–1940. London 1977[4]

Belting, I.: Mode und Revolution, Deutschland 1848/49. Hildesheim 1997

Blum, St.: Victorian Fashions and Costumes. From Harper's Bazar. 1867–1898. New York 1974

Bradfield, N.: Costume in Detail. Women's Dress 1730–1930. London 1981[3]

Braun-Ronsdorf, M.: Modische Eleganz. Europäische Kostümgeschichte von 1789 bis 1927. München 1963

Brooklyn Museum. The House of Worth (ca. 1860–1908). New York 1962

Byrde, P.: Nineteenth Century Fashion. London 1992

Coppens, M.: Mode en belgique au XIXe siècle. Brüssel 1996

Cunnington, C. W: English Women's Clothing in the Nineteenth Century. London 1937

Cunnington, C. W. & Ph.: Handbook of English Costume in the 19th Century. London 1966

Delpierre, M.: Le Costume. De la Revolution à la Belle Époque. Paris 1990

Foster, V.: The Nineteenth Century. In: A Visual History of Costume. London 1982

Gernsheim, A.: Fashion and Reality 1840–1914. London 1963

Gibbs-Smith, C. H.: The Fashionable Lady in the Nineteenth Century. (H.M.S.O.) London 1960

Harris, K.: Victorian and Edwardian Fashions for Women, 1840–1919. Springfield 1995

Lambert, M.: Fashion in photographs. 1860–1880. London 1991

Levitt, S.: Fashion in photographs. 1880–1900. London 1991

Moore, D. L.: The Women in Fashion (ca. 1800–1927). London 1949

Schneider, J.: Schweizer Damenkostüme des 18. und 19. Jahrhunderts. Aus dem Schweizerischen Landesmuseum. Bern 1967

Stevenson, P.: Edwardian Fashion. London 1980

Westphal, U.: Berliner Konfektion und Mode 1836–1939. Die Zerstörung einer Tradition. Berlin 1986

Kunsthistorische Literatur mit kostümgeschichtlich brauchbaren Abbildungen

Académie de France Roma: *Horace Vernet* 1789–1863. Ausstellungskatalog. Rom 1980

Anderson, R. / Koval, A.: *James McNeill Whistler*. London 1994

Bahns, J.: *Wilhelm Trübner*. 1851–1917. Ausstellungskatalog: Heidelberg. Heidelberg 1995

Besing, Th. (Michels, N., Hrsg.): „Ich kann nicht dichten, bin nur Maler". *Franz Krüger* 1997–1857. Zum 200. Geburtstag. In: Kataloge der Anhaltischen Gemäldegalerie Dessau. Weimar 1997

Biddle, E.: The Life and the Work of *Thomas Sully*. Philadelphia 1921

Birke, V.: *Josef Danhauser*. 1805–1845. Ausstellungskatalog: Albertina. Wien 1983

Bourneton, A.: *Gavarni*. Toulouse 1993

Cachin, F.: Europäische Kunst im 19. Jahrhundert. Bd. 2. 1850–1905. In: Große Epochen der Weltkunst. Freiburg, Basel, Wien 1991

Casseou, J. / Leymarie, J.: *Fernand Leger*. Das graphische Werk. Tübingen 1973

Czymmek, G. (Hrsg.) / Billerer, F.: *Wilhelm Leibl*. Ausstellungsbuch: München. Köln, Heidelberg 1994

Daguerre de Hureaux, A.: *Eugène Delacroix*. Das Gesamtwerk. Stuttgart 1994

Daguerre de Hureaux, A.: L'ABCdaire de *Delacroix* et l'Orient. Paris 1994

Doria, B.: *Boldini*, divine Armoniè. Ausstellungskatalog: Ravenna. Ravenna 1997

Dubré, D.: *Courbet* und der französische Realismus. München 1974

Ecker, J.: *Anselm Feuerbach*. München 1991

Ferran, D.: *William John Leech*. An Irish painter abroad. Ausstellungskatalog: Dublin, Belfast. London 1996

Feuchtmüller, R.: *Ferdinand Georg Waldmüller*. 1793–1865. Wien 1996

Frodl, G.: *Hans Makart*. Salzburg, Wien 1974

Frodl-Schneemann, M.: *Johann Peter Krafft*. 1780–1856. Wien 1984

Germer, St.: Historizität und Autonomie. Studien zu den Wandbildern im Frankreich des 19. Jahrhunderts. *Ingres, Chasseriau,* Chenavaud und Puvis de Schavannes. Hildesheim 1988

Goeritz, M.: *Ferdinand v. Rayski* und die Kunst des 19. Jahrhunderts. Berlin 1942

Gordon, R. / Forge, A.: *Monet*. Köln 1985

Grimschitz, B.: *Ferdinand Georg Waldmüller*. Salzburg 1957

Güse, E. G. (Hrsg.): *Max Slevogt*. Gemälde, Aquarelle, Zeichnungen. Ausstellungskatalog: Stuttgart. Stuttgart 1992

Heinzl, B.: *Hans Makart*. Zeichnungen und Entwürfe. Ausstellungskatalog: Salzburg. Salzburg 1984

Hill, D.: Fashionable Contrasts. Caricatures by *James Gillray*. London 1966

Högner, H.: *Hans Thoma*. Aus Leben und Werk. Landshut 1992

Holsten, S.: *Moritz von Schwind*. Ausstellungskatalog: Karlsruhe. Ostfildern-Ruit 1996

Jamot, P.: *Théodore Chasseriau*. Paris 1933

Jensen, J. Ch.: *Adolf Menzel*. Ausstellung: Bad Homburg. München 1998
Keller, H.: *Auguste Renoir*. München 1987
Kelly, R.: The art of *George du Maurier*. Aldershot, Hants. 1995
Kendall, R.: *Degas*. Ausstellungsbuch: London (National Gallery), Chicago. London 1996
Killmurray, E. (Hrsg.): *John Singer Sargent*. Ausstellungsbuch: London (Tate Gallery), Washington, Boston. London 1998
Koschatzky, W.: *Rudolf von Alt*. 1812–1905. Stuttgart 1976
Koschatzky, W.: *Peter Fendi*. 1796–1842. Salzburg, Wien 1995
Kunstverein in Bremen (Hrsg.): *Max Liebermann* – der deutsche Impressionist. Ausstellungskatalog. München 1995
Matteucci, G. (Hrsg.): *Silvestro Lega*. 1826–1895. Bologna 1995
Mazzocca, F.: *Francesco Hayez*. Milano 1994
Müller, O. A.: *Albert von Keller*. 1844–1920. München 1981
Nathan, P.: *Friedrich Wasmann*. 1805–1886. München 1954
Ormond, R.: *John Singer Sargent*. London 1970
Patten, R. L.: *George Cruikshank*. 1792–1878. Princeton, N. J. 1992
Prendergast, Ch.: Napoleon and History Painting. *Antoine-Jean Gros*'s La bataille d'Eylau. Oxford 1997
Probszt, G.: *Friedrich von Amerling*. Der Altmeister der Wiener Portraitmalerei. Zürich, Leipzig, Wien 1927
Schnell, W.: *Georg Friedrich Kersting*. 1785–1847. Das zeichnerische und malerische Werk mit Œuvrekatalog. Berlin 1994
Schröder, K. A.: *Ferdinand Georg Waldmüller*. Ausstellungsbuch: Kunstforum der Länderbank Wien. München 1990
Schultes, L.: Bilder des Lebens. *Johann Baptist Reiter* und der Realismus des 19. Jahrhunderts. Ausstellungskatalog: Francisco Carolinum Linz. Linz 1990
Thode, H.: *Thoma*. Des Meisters Gemälde. Stuttgart 1909
Thuillier, J. / Grunchel, Ph.: L'opera completa di *Gericault*. In: Classici dell'arte. Milano 1981
Vaughan, W.: Europäische Kunst im 19. Jahrhundert. Bd. 1. 1780–1850. In: Große Epochen der Weltkunst. Freiburg, Basel, Wien 1990
Vigne, G.: *Jean-Auguste-Dominique Ingres*. München 1995
Wentworth, M.: *James Tissot*. Oxford 1984
Wildenstein, G.: *Ingres*. London 1956
Wohlgemuth, A.: *Honoré Daumier*. Frankfurt 1996

Modejournale (Auswahl)

(Die Malerei verliert im Laufe des 19. Jahrhunderts immer mehr an Bedeutung für die kostümkundliche Quellenbeschaffung. Die Modejournale beginnen allmählich die Lücke zu füllen und sind in vielen Fällen als Primärquellen zu bevorzugen.)

Cabinet des Modes. Paris 1785–1786 (erstes frz. Modejournal)
Journal des Luxus und der Moden. Weimar 1786–1828
Gallery of Fashion. London 1794–1803/04
Journal des Dames et des Modes. Paris 1797–1839 (Frankfurt 1798–1848)
Allgemeine Moden-Zeitung. Leipzig 1799–1903
Hamburgisches Journal der Moden und Eleganz. Hamburg 1802–1805
La Belle Assemblée. London 1806–1836/37
The Repository of Arts ... London 1809–28
Wiener-Moden-Zeitung (unterschiedliche Titel) – als „Wiener Zeitschrift", auch als „Wiener Zeitschrift für Kunst, Literatur, Theater und Mode zitiert. Wien 1816–1848
L'Observateur des Modes. Paris 1818–1823
Petit Courrier des Dames. Paris 1821–1868 (später mit Journal des Demoiselles fusioniert)
Le Follet. Paris 1825–1882 (USA ab 1843, England 1849–1853, Italien 1850–1862, Deutschland 1848–1871)
Le Bon Ton. Paris 1834–1884
Paris Elégant. Paris 1837–1881
Les Modes Parisiennes. Paris 1843–1885
Le Moniteur de la Mode. Paris 1843–1913 (mit Unterbrechungen)
Journal des Demoiselles. Paris 1833–1922
Victoria. Berlin 1851–1879
Der Bazar. Berlin 1855–1936
Die Modenwelt. Berlin 1865–1932
Le Salon de la Mode. Paris 1876–1914
Specialités en Modes. Wien 1879–1894 (1904)
Wiener Mode. Wien 1887–1937

9 | 20. Jahrhundert

Einleitung

Man sollte meinen, dass am Ende dieses 20. Jahrhunderts eine Geschichte der Entwicklung der Modeformen dieses Säkulums schon geschrieben wäre, dass man sich einen Überblick über den Silhouettenwandel schon verschafft hätte und es nicht sinnvoll erscheint, noch eine Geschichte der Damenmode des zuletzt abgelaufenen Jahrhunderts zu verfassen. Der Stand der Forschung stellt sich vielmehr anders dar: Es sind immer wieder Kulturgeschichten und -geschichtchen der Mode, manche mit philosophischer, psychologischer, soziologischer oder auch anderer Verbrämung; oder es sind oft Couturegeschichten, Couturiergeschichten, Modedesignergeschichten oder auch Geschichten prominenter Trägerinnen. Jedenfalls scheinen die eigentlichen Bekleidungsformen immer wieder aus dem Zusammenhang gerissen, oder es werden mehr oder weniger wahllos aus der Fülle des sich bietenden Materials illustrative Details zu einem vorher geschaffenen Text herausgegriffen. Die überreichen Quellen des 20. Jahrhunderts werden auf diese Weise zum Problem und verstellen die Sicht auf die Entwicklungslinie der Formen. Es ist nicht zuletzt die Vielfalt der Unterlagen, die in einer mehr oder weniger willkürlichen Durchmischung zu Fehlschlüssen führen kann. Es erweist sich besonders in diesem Jahrhundert das Vorhandensein einer in Jahrzehnten zusammengetragenen Formengeschichte der Damenmode in Bildern von Vorteil. Auf der Basis dieses konstruktiven Bildernetzwerks lässt sich nun die Entwicklungslinie der Formen leichter ablesen und letztendlich auch in Worte kleiden.

Es erscheint müßig, den kostümhistorischen Hintergrund, das Welt- und Menschenbild des 20. Jahrhunderts derart zu beschreiben, wie es sich in der Darstellung der vorangegangenen Jahrhunderte als notwendig erwiesen hat. Die Nähe und Präsenz des Welt- und Menschenbildes in dem nun zu interpretierenden Jahrhundert kann deshalb zu Gunsten der Verdeutlichung der Entwicklung der Formen eingeschränkt werden.

Die Demokratisierung der Mode beginnt sich weiter auszubreiten. Die schon im 18. Jahrhundert geforderte Gleichheit aller Menschen erfasst nun tatsächlich „alle" zumindest in westlichen Kulturen lebenden Menschen. Es war von vornherein abzusehen, dass die Mode der gründerzeitlichen, bürgerlichen Luxusgeschöpfe nicht auf alle Frauen bis hinunter zur Fabriksarbeiterin übertragen werden konnte. Man musste also so lange warten, bis sich ein Wertewandel entwickelte, den man gewissermaßen neu einkleiden konnte. Es lag nicht daran, dass man kurze Röcke und Hosen für Frauen nicht zu gestalten im Stande war, sondern dass man sich dazu nicht veranlasst sah. Kurze Röcke und Hosen haben unterprivilegierte Frauen in der Vergangenheit verschiedentlich schon immer getragen, und diese Tatsache hat keine Dame von Stand jemals dazu angeregt, diese Kleidungsstücke ebenfalls anzulegen. Solange Nichtarbeitenmüssen und Kinderkriegen im weitesten Sinn sich in der Silhouette der Frau als Hauptaufgabe abzeichneten, sah man keinen Anlass, die dazu passenden Modeformen, die vom Beginn der Neuzeit bis in das 20. Jahrhundert hinein Geltung hatten, zu ändern. Knappest und vordergründig formuliert, zeigte sich Folgendes: Erst als die berufstätige Frau echte Anerkennung zu finden begann und das Kinderkriegen nebenbei erledigt werden konnte, war auch ein tief greifender Silhouettenwandel nicht mehr aufzuhalten. Die so weit emanzipierte Frau konnte nun dazu übergehen, sich selbstsicher und ohne Bevormundung einzukleiden.

Frauenmode

Ziel der Mode zu Beginn des 20. Jahrhunderts konnte jedenfalls nicht mehr ausschließlich die Gestaltwerdung einer üppigen Weiblichkeit im Sinne eines großen Busens, einer schlanken Taille und gebärfreudiger Hüften sein. Jahrhundertelang war aus diesen Vorgaben ein möglichst großes Rockvolumen – in Breite und Länge – entstanden. Der Kampf gegen den Rockumfang wurde bekanntlich schon im 19. Jahrhundert nach der großen Krinoline von 1865 aufgenommen. Die Frau tritt demnach bereits mit rundum ungepolsterter, schlanker Hüfte in das neue Jahrhundert ein. Bevor man nun an die Verkürzung des Rockes denken kann, muss allerdings noch die Korsettsituation im Sinne der aufdämmernden neuen Anforderungen an die Frau verbessert werden. Die Schnürung zu lockern erscheint vorerst wichtiger, als den Rock zu verkürzen.

Die Ausgangssituation von 1900 wurde bereits im Kapitel über das 19. Jahrhundert interpretiert.

Textabbildung 1
„Erotische Postkarte".
Sans-ventre-Korsett, über dem Wäschehemd getragen, mit Strapsen zur Halterung der Strümpfe ausgestattet, vorne nicht zu verstellender Patentverschluss, am Rücken befindet sich die Schnürung. 1902

1905

(siehe große Abbildung 1)

Zu diesem Zeitpunkt haben sich bereits Kaschierungsmaßnahmen im Bereich der *Oberteilgestaltung* durchgesetzt, um die missliche Korsettsituation zu verbessern. Variantenreiche, mehrschichtig auf dem Busenplateau aufliegende Kragenformen, ebensolche boleroartige Jäckchen und/oder der blusige „Magenbeutel", der über dem Gürtel zu hängen kommt, versuchen die Busensituation zu verbessern. Mit einer weiteren optischen Täuschung bemüht man sich, die Sans-ventre-Linie im Taillenbereich tragbarer zu gestalten. Dazu verwendet man meist einen kontrastierenden Gürtel, der vorne in der Mitte abgesenkt erscheint und in der Rückenmitte angehoben wird. Auf diese Weise wirkt die Taillenlinie in der Seitenansicht schräg verlaufend. Unter den Kaschierungen kann sich die Frau langsam aus ihrer Kreuzhohlstellung aufrichten. Diese Maßnahmen werden zusätzlich durch die veränderte *Rockgestaltung* unterstützt. Die konkav verlaufende Kontur der trichterförmigen Eiffelturmsilhouette wird zu einer konvex verlaufenden Linie gebauscht. Als Folge davon ergibt sich ein Anheben des aufliegenden, schleppenden Kleidsaumes, der nun nicht mehr flächig schleift, sondern nur noch am Boden aufsteht. Der *Ärmel* passt sich abermals durch eine neuerliche Aufblähung der Rocksilhouette an. Das größere Ärmelvolumen mindert außerdem die mächtige Busenfülle.

Frisuren und Hüte erfahren noch einmal eine großartige Steigerung. Um 1905 sind es vor allem die Frisuren, die sich noch stärker aufblähen. Es ist insbesondere die Rolle über der Stirn, die mächtig nach vorne und auch nach oben an Fülle gewinnt. Die Hüte überhöhen im wahrsten Sinn des Wortes die an sich schon überdimensionalen Frisuren. Als besonders raumgreifend zeigen sich die Hüte über der Stirnrolle. Die Krempen wiederholen in einem Schwung nach oben die Form der Stirnrolle. Die Garnierungen befinden sich in diesen Fällen unterhalb der Krempe. Der Hut erhält dadurch – trotz seiner imposanten Größe – eine gewisse Leichtigkeit. Diese Hüte liegen gleichsam auf der ballonartigen Frisur und haben dadurch jeglichen Kontakt mit der anatomischen Gegebenheit des Kopfes verloren. Diese Üppigkeit ist wohl auch als Ablenkungsmanöver vom Problem der Korsettauflösung zu werten.

Große Abbildung 1
„Visitentoilette".
Höhepunkt der Sans-ventre-Silhouette.
Die S-förmige Verkrümmung der Frau ist nun nicht mehr zu steigern. Verteilt über die gesamte Silhouette finden jedoch bereits Kaschierungsmaßnahmen statt.
Wiener Mode Album, Revue Parisienne.
Wien 1905

1910

(siehe Textabbildung 2)

In diesem Jahr sind erste markante Erfolge an der „Korsettfront" zu verzeichnen. Die Verkrümmung ist verschwunden, die Frauen stehen nun wieder aufrecht. Die alten Kaschierungen des Oberteils sind hinfällig geworden. Man ist vielmehr dazu übergegangen, die schon in vergangenen Jahrhunderten bewährte Methode der hinaufgerückten Taillenlinie einzusetzen. Man spricht und schreibt auch wiederum von Empirekleidern. Die Einschnürungsmöglichkeit der Taille erübrigt sich an dieser hochgerückten Position, denn hier lässt sich der Brustkorb nicht so eng schnüren wie an der natürlichen Taillenlinie. Mit dieser Hochrückung hat man sich gleichsam zu einer breiteren Sichtweise der Taille entschlossen. Die engen Schnürungen konnte man mit Hilfe dieses Tricks einfach vergessen. Außerdem bemühte man sich darum, den Rock an der kurzen Taille möglichst dezent anzusetzen oder den Rockansatz überhaupt zu umgehen, indem man senkrecht verlaufende – nicht selten ornamental gestaltete – Rockbahnen vom Oberteil bis zum Rocksaum, ohne die Taillenmarkierung zu berücksichtigen, einsetzte. Der „Unterbau" hatte damit eine neue Aufgabe erhalten: Es war nicht mehr ein Zusammenschnüren der Taille gefordert, sondern ein Schlankhalten der Hüften.[1] Jetzt wurden Hüften, Po und Oberschenkel in die „Zwinge" genommen. Die neuen Hüftgürtel waren notwendigerweise – wie das alte Korsett – ebenfalls fischbeinverstärkt. Eine gewisse Erleichterung erlaubten die Gummieinsätze, sodass man sich wenigstens niedersetzen konnte. Eine legere Sitzhaltung war allerdings noch immer nicht möglich. Mit dem Hüftgürtel war der Busen schließlich ganz frei geworden, sodass ein Büstenhalter erforderlich schien, der damals offensichtlich mehr der Fixierung als der Anhebung der frei gewordenen Massen diente.

Der Gesamteindruck der Silhouette vermittelt eine Reduktion in allen Abschnitten. Als besonders auffällig in diesem Sinne kann die *Ärmelgestaltung* gelten. Es verschwindet nicht nur das Volumen, sondern es wird auch der Ärmelansatz möglichst kaschiert und undeutlich gestaltet. Zerteilt und zerstört erscheint jede konventionelle Ärmelform. Dennoch zählt die Funktionalität bereits zu den obersten Gestaltungsprinzipen und verleiht auf diese Weise den Ärmellösungen eine gewisse Einheitlichkeit. Die „Schnittlosigkeit" greift auch auf das *Oberteil* über: Asymmetrie und Wickeleffekte sollen hier eine legere Zufälligkeit suggerieren. Im Fahrwasser dieser Formlosigkeit fällt die quer verlaufende „Busenfalte" über dem hochgeschobenen Gürtel nicht weiter auf, wo der abgesunkene Busen zunächst mehr oder weniger unauffällig Platz findet.

Der schlichter gewordenen Silhouette entspricht auch eine dezentere *Frisur*. Die ballonartigen Kreationen von 1905 sind zusammengeschmolzen. Das lange Haar wird nun ohne sichtbare Unterstützungen in der Mitte gescheitelt und in lockerem Bogen, leicht gebauscht, die Ohren bedeckend nach

Textabbildung 2
„Neuartige Besuchs- und Dinnertoiletten".
Die Frauen können nun wieder aufrecht stehen.
Die S-Form des Korsetts wurde ausgeglichen.
Die geschnürte Taille war nicht mehr das Ziel, sondern die schlanke Hüfte, wobei die Schlankheit bis zu den halben Oberschenkeln fortgesetzt erscheint.
Wiener Mode. 1910 (Heft 23)

hinten geführt und unkompliziert aufgesteckt.[2] Die *Kopfbedeckungen* erleben in diesem Jahr eine eigenartige Metamorphose. Sie werden beinahe noch voluminöser, als sie es ohnehin schon waren. Die Vergrößerung hat jedoch diesmal funktionelle Gründe. Man ist jetzt bestrebt, den Hut nicht mehr auf der Frisur aufzulegen, sondern ihn tatsächlich aufzusetzen. Der neue Hutkopf muss folglich den Kopf samt Frisur umfassen. Auf diese Weise entstanden riesige Hutköpfe, die über die anatomischen Gegebenheiten weit hinausreichten. Fallweise wurden diese Ungetüme auch noch von einer entsprechend großen Krempe umrundet.[3] Trotz ihrer beachtlichen Größe erscheinen die Hüte bezüglich ihrer Garnierung einfacher. Der funktionelle Aspekt scheint jedenfalls mit diesen nicht zu übersehenden Hüten, die eine eher schmächtige, abgespeckte Silhouette zu bedecken haben, ausreichend pointiert (siehe Textabbildung 2).

(1912/13)

Wegen der Humpelrocksilhouette muss der Fünfjahresrhythmus der Darstellung unterbrochen werden, um die Wichtigkeit dieser Neuerung interpretierend zu würdigen. Der Humpelrock stellt nämlich die Einleitungsphase zur Rockverkürzung – so absurd dies zunächst klingen mag – dar.[4]

Die Oberteilgestaltung mit der hoch liegenden Taillenlinie und der Busenfalte haben sich kaum verändert. Es ist der Rock, dem man nun die volle Aufmerksamkeit widmen kann. Der Humpelrock bedeutet gleichsam die letzte manierierte Phase der Ära des langen Rockes, indem der Saum noch einmal verlängert und vor allem derart verengt wird, dass die Frauen, um dem Ideal zu entsprechen, eine Art enger Achterschleife knapp unter den Knien trugen, um nicht irrtümlich kräftig auszuschreiten und auf diese Weise den Rocksaum zu beschädigen oder gar hinzufallen. Man versuchte dem Problem unterschiedlich beizukommen. Eine Lösung konnten jedoch weder die eleganten Rockwicklungen – oft mit schleppenartigen Verlängerungen – noch die Hosen(röcke) herbeiführen. Die Rocksituation wurde damit in das Stadium der Untragbarkeit hineinmanövriert. Einer radikalen Änderung stand nun nichts mehr im Wege.

1915

(siehe große Abbildung 2)

Die radikale Veränderung ergab sich durch die so genannte *Kriegskrinoline*. Die Neuerung war allerdings vorerst kaschiert durch eine ablenkende Vergrößerung des Rockumfanges. Die Aufbauschung des Rockes aus der Humpelrocksilhouette heraus bedeutete schließlich ein notwendiges Anheben des Rockes, damit eine Verkürzung des Rocksaumes vom Boden bis zur halben Wade. Das Image der Frau hatte sich nun schon so weit verändert, dass ein verkürzter Rocksaum nicht mehr unbedingt mit dem Dienstpersonal oder mit Landpomeranzen in Verbindung gesehen werden musste. Die fortschreitende Emanzipation, die sportliche Betätigung, die schon lange angepeilte Demokratisierung der Mode und die aktuelle Kriegssituation hatten dem verkürzten Rock zum nötigen Ansehen verholfen.

Ab sofort wurden die Damenbeine – zunächst bis zur Höhe der halben Wade – in die modische Silhouette integriert. Dies bedeutete eine gestalterische Beschäftigung mit der Fußbekleidung, die bisher nur von eingeschränktem Interesse war, da die Schuhe ohnehin vom Rock abgedeckt waren. Der Damenschuh emanzipiert sich gleichsam vom Männerschuh und beginnt unverwechselbar weibliche Wege zu gehen, wie die phantasievollen Varianten der Riemchen- und Spangengestaltungen der hochhackigen 20er-Jahre-Pumps deutlich zeigen werden. In der Zeit der Kriegskrinoline erfreuen sich hingegen die hochgezogenen zierlichen Schnürstiefeletten besonderer Beliebtheit. Auf diese Weise gelingt es nämlich, nicht gleich „nacktes" Bein zeigen zu müssen, sondern die Stiefelchen bis zum Rocksaum hoch zu führen. Diese Schnürstiefeletten erwecken jedoch nicht selten – bedingt durch die Gestaltung des Oberleders – den Eindruck von schwarzen, hochhackigen Pumps, die zu hellen (weißen) Strümpfen getragen werden. Zu festlichen Kleidern trägt die Dame allerdings tatsächlich Pumps. Die Verkürzung des Rocksaumes war derart wichtig, dass sogar die Abendkleider nur bis zu den Knöcheln reichten.[5]

Das gestalterische Hauptinteresse galt unbestritten der Rocksaumverkürzung, sodass die übrigen Bereiche daneben verblassen mussten.

Oberteil, Ärmel, Halsbekleidung wurden kaum verändert. Die Taillenlinie erscheint unwesentlich nach unten verschoben, was sich nicht unbedingt positiv auf die Gestaltung der Busenfalte auswirkte, da der Busen damit weiter absinkt.

Die *Frisuren* passen sich ohne viel Volumen bereits der Schädelform an. In der Vorderansicht entsteht bisweilen schon der Eindruck einer Kurzhaarfrisur. Tatsächlich steckt man das lange Haar am Hinterkopf zu einem knappen Knoten hoch. Die *Kopfbedeckungen* folgen den dezimierten Frisuren und zeigen sich mit wesentlich verkleinerten Hutköpfen, die nicht selten den kecken Abschluss der Silhouette bilden.

Große Abbildung 2
Kriegskrinoline.
Das neue Rockvolumen sollte keinesfalls als Rückgriff auf den alten Reifrock gewertet werden. Dieses Hilfsmittel führt vielmehr dazu, den Rocksaum endlich nach vielen Jahrhunderten vom Boden in die Höhe zu heben.
Titelblatt, Zeichnung: Mela Köhler.
Wiener Mode. 1916 (Heft 15)

Wiener Mode
15. HEFT · 29. JAHRGANG
1. MAI 1916
GANZJÄHRLICH K 16.—
VIERTELJÄHRLICH K 4·—
EINZELHEFTE 70 HELLER
MELA KOEHLER-WIEN.

1920

(siehe Textabbildung 3)

Der verkürzte *Rock* ist in diesem Jahr bereits zur Selbstverständlichkeit geworden. Man begnügt sich nun nicht mehr mit weißen oder schwarzen Strümpfen, sondern man ist vielmehr bestrebt, sogar das nackte Bein zu zeigen. Diesem Verlangen tragen die fleischfarbenen Strümpfe Rechnung, die man möglichst anliegend und faltenlos zu gestalten trachtete, wobei Seide als hautähnlichstes Material verarbeitet wurde. Die gewirkten Strümpfe wurden allerdings noch lange flach erzeugt und mit der typischen Naht, die meist in einer verstärkten Ferse endete, an der Rückseite der Wade zusammengefügt.

Mit der Kürze des Rockes verstand man nun schon umzugehen, während das Volumen des Rockes, das durch die Kriegskrinoline neuerlich entstanden war, gestalterische Probleme nach sich zog. Der Körper der Frau war im Bereich des Rockes noch immer von einer mehr oder weniger dicken Schicht umgeben. Die Körperkonturen wurden noch nicht vom Material des Kleides nachgezeichnet. Zwischen Rock und Unterkleidung befand sich gewissermaßen eine Luftschicht, die den Abstand zum Körper gewährleistete. Um diese Reste der Kriegskrinolinie abzubauen, zerlegte man den Rock in kostümliche Einzelteile, die sich in der Folge problemloser reduzieren oder weglassen ließen. Auf diese Weise waren phantasievolle Taschenvariationen entstanden, die meist um die Hüfte herum großes Volumen zeigten und die sich zum Rocksaum hin verjüngten. Tütentaschen, die oft im Farb- oder auch Materialkontrast gearbeitet waren, veranlassten Karikaturisten, die Frauen als (unaufgespannte) Schirme zu interpretieren.[6] Derart übertrieben fielen die Röcke nicht immer aus, aber eine leichte Tonnung ist durchgehend vorhanden.

Neben diesem Rockvolumen musste das *Oberteil* zunehmend schmächtiger erscheinen. Die Schulterhorizontale wurde immer schmäler und der Ärmelansatz immer weniger akzentuiert. Der noch immer höher sitzende Gürtel hingegen lockerte sich weiterhin, sodass die Taillen- und Schulterbreite annähernd gleich wirkten. Die Lockerung brachte auch eine Milderung der Busenfalte mit sich, da sich die Bauschung über dem Gürtel eventuell als „inhaltslos" erweisen hätte können.

Die *Frisur* legt sich noch knapper der Kopfform an. Das zumeist noch lange Haar wird in fast geometrisch ondulierten Wellen zu einem unscheinbaren, sehr hoch sitzenden Knoten aufgesteckt. Der Knoten beinhaltet nur mehr einen kleinen Teil der Haarmenge, denn über Stirn und Ohren kringeln sich kurz geschnittene Locken, die eine Kurzhaarfrisur vortäuschen. Möglicherweise hatten sich auch echte „Bubiköpfe" eingeschlichen. Die *Hüte* zeichnen die Kopfverkleinerung nach. Die Kopfbedeckungen werden tief in das Gesicht gesetzt. Sie verdecken nun schon die gesamte Stirn und

Textabbildung 3
Das Volumen der Kriegskrinoline ist noch nicht überwunden und zeigt sich in erfindungsreichen Drapierungen, phantasievollen Taschen, doppelten Röcken etc., während die Verkürzung des Rockes bereits zur modischen Standardausführung zählt.
Die Dame. Berlin, Wien. 1920 (Heft 17)

reichen bis zu den Augenbrauen.[7] In Erinnerung an das alte Volumen wurde die phantasievoll gestaltete Krempe häufig rundum aufgeschlagen getragen. Daneben tauchen auch die zukunftsweisenden, nahezu krempenlosen Hüte auf. Für Liebhaberinnen breitkrempiger Modelle gibt es nach wie vor ein spezielles Angebot. Die Köpfe derartiger Hüte sind allerdings auf ein Minimum zusammengeschmolzen.

1925

(siehe große Abbildung 3)

Bis nun die Garçonne von 1925 tatsächlich vollendet war, musste an der Silhouette noch einiges verändert werden. Es war vor allem der gebauschte *Rock*, der Restbestand der Kriegskrinoline, den es abzubauen galt. Man wendete raffinierte gestalterische Tricks an, um diese Schichtenreduzierung endlich zu erreichen. Es wurde etwa über der alten Silhouette eine neue graphische, stark kontrastierende Kontur in Form eines Skapuliers getragen. Damit zeichnete man gleichsam die zukünftige, geradlinige Röhrensilhouette auf die noch vorhandene Figur einfach darauf. 1923 entschloss man sich jedoch zu einer wirksameren und allgemein angewendeten Methode: Man verlängerte den Rock radikal. Mit dem kräftigen Hinuntersinken des Rocksaumes gelang es nun, die Rockkontur straff zu ziehen.[8] Dieser vermeintliche Rückschritt konnte jedoch der Rockverkürzung an sich nichts mehr anhaben. Die Einbeziehung der Damenbeine in die modische Silhouette war schon zur unumstößlichen Gewohnheit geworden, sodass die Rockverlängerung einzig und allein dem Schlankerwerden der Rocksilhouette dienlich sein konnte. Das Verlängern des Rockes brachte schließlich indirekt auch die Lösung des zweiten anstehenden Problems, nämlich das endgültige Verschwinden der Busenfalte. Das *Oberteil* wurde gewissermaßen mit dem Rock hinunter- und damit gleichzeitig glatt gezogen. Die Taillenlinie war damit in Hüfthöhe angelangt und hatte sich somit vom Busen endgültig entfernt. Ein neuer, flacher mädchenhafter Busen konnte auf diese Weise an seiner anatomisch richtigen Position entstehen. In der Busenfalte verborgen hatte der Busen ohnehin schon vorher an Volumen verloren.

Hiermit waren nun die letzten Hindernisse für die Garçonne – der vielleicht wichtigsten Silhouette des 20. Jahrhunderts – aus dem Weg geräumt.

Es blieb nur noch, den Rocksaum bis knapp unter das Knie zu verkürzen, und das Aussehen der knabenhaften Frau war damit vollendet. Der Körper der Frau war zu einer etwas flach gedrückten Röhre mutiert, sodass von der Schulter über Oberweite, Taille und Hüfte ein Lot gefällt werden konnte (große Abbildung 3). Um diese Geometrie nicht zu stören, bediente man sich gerne geometrischer Muster, welche die Wirkung der Vertikalen unterstützen sollten.

Da sich die Kleider an die neue Körperkontur heranzutasten trachteten, musste speziell im Bereich der *Unterkleidung* (Wäsche und Mieder) die Schichtenreduktion perfektioniert werden. Schrittweise Vorarbeit war ohnehin schon geleistet worden. Lange Unterhemden, Korsett, Miederleibchen, offene monströse Hosen sowie mehrere Unterrockschichten sind seit Beginn des 20. Jahrhunderts nach und nach abgelegt und umgeformt worden, sodass für die hautnahe Kleidung der Garçonne eine kongeniale Unterkleidung kreiert werden konnte: die Hemdhose.[9] Hier gab es keine Überlappungen und auch keine doppelten Schichten, die sich als Abstandhalter zwischen Körper und Kleid schieben konnten. Miederware wurde nur dort getragen, wo die Frau nicht der Idealvorstellung der Garçonne entsprach. Diese Einstellung zum formenden Unterbau unterschied sich grundsätzlich von den früheren Ansprüchen an das Mieder: In der Vergangenheit wurde die Taille prinzipiell geschnürt, ob sie nun schlank oder von größerem Umfang war. Neuerdings wurden Hüftgürtel nur dann angelegt, wenn es überschüssige Zentimeter zu bezwingen gab. Weiters legte man einen Büstenhalter an, um eine üppige Oberweite knabenhaft flach zu drücken. Da die idealen „Knäbinnen" vermutlich selten anzutreffen waren, florierte die Miederbranche vielleicht besser als zuvor. Ein Problem galt allerdings für alle Frauen gleichermaßen: die Befestigung der Strümpfe. In der Zeit der langen Röcke wurden diesbezüglich auftretende technische Mängel einfach zugedeckt. Jetzt aber ergaben sich durch den kurzen Rock-

Große Abbildung 3
„Theater- und Nachmittagskleid"
(Zeichnung: Gret Kalous).
Die Frau entsprach nun endlich den lange angestrebten Vorstellungen, sie hat die breiten Hüften, die schmale Taille, den üppigen Busen verloren, sie war zur Garçonne geworden. Von der Schulter aus sollte es möglich sein, ein Lot über Taille und Hüfte zu fällen.
Wiener Mode. 1925 (Heft 3)

saum „Einsichten" vor allem bei sitzenden Damen, denn die Strümpfe reichten nur knapp über das Knie. Wenn ein Hüftgürtel vorhanden war, konnten die Strümpfe mittels Strapsen daran festgemacht werden. Auch der Strumpfbandgürtel war bereits bekannt, der zu jeder Art von Unterwäsche zu tragen war. Es musste allerdings entschieden werden, ob man diesen Gürtel mit Strapsen unter oder über der Hemdhose tragen wollte. Dieses Problem ergab sich ebenso bei den fischbeinverstärkten Hüftgürteln. Zu einer optimalen Lösung ist man jedenfalls in den 20er Jahren nicht gekommen, vermutlich vor allem deshalb, weil die Röcke ab 1930 ohnehin wieder länger wurden und die Probleme gnädig verhüllten.

Bleibt noch anzumerken, dass auch die *Abendkleider* mit kurzen Rocksäumen versehen wurden, um damit das endgültige Bekenntnis zum kurzen Rock zu unterstreichen. Die Dekolletés wurden spangenhemdchenartig gestaltet und rutschten ganz tief hinunter, um damit zu zeigen, wie wenig man auf den nicht vorhandenen Busen achten musste.

Die Frauen hatten sich, um die Erscheinung der Garçonne perfekt zu machen, auch von ihrem langen Haar getrennt. Bubikopf und Herrenschnitt galten nun als die modischen *Frisuren*. Dazu wurden badekappenartige Hüte getragen, die nicht selten die Augen zu verdecken schienen, sodass die Frauen den Kopf etwas heben mussten, um unter dem Hutrand hervorschauen zu können.

Einen wichtigen Akzent der Silhouette bildeten die *seidenbestrumpften Beine*, die in *hochhackigen Pumps* steckten, die oft mit Ristriemen in phantasievollen Variationen versehen waren.[10]

Abschließend zur Betrachtung dieser Epoche machenden Silhouette der Garçonne sei angeführt, dass für die Frauen das Thema Hose noch nicht existent war, da die schwer erkämpfte Beinfreiheit nicht gleich wieder in Hosenröhren verschwinden sollte.

1930

(siehe Textabbildung 4)

Der schmale Rock mit dem dazugehörigen gewirkten oder gestrickten Jumper – oft in geometrischer Ornamentierung – zählt nun schon zur Standardgarderobe der Frau. Rock und Pullover sollten schlussendlich bis heute erhalten bleiben. An dieser Stelle wäre Coco Chanel zu nennen, die an der Durchsetzung dieser wichtigen Kleidungsstücke nicht unwesentlich beteiligt war.

Die Silhouette hatte sich 1930 beachtlich verändert.

Während es 1925 noch notwendig erschienen war, die neuen Errungenschaften mit Hilfe der Knabenhaftigkeit extrem zu betonen, konnte man nun die neue Frau schon voraussetzen und mit weniger kräftigen Variationen zu spielen beginnen. Die Frau konnte es sich wiederum gestatten, etwas weiblicher aussehen zu wollen. Vor allem hat man im Bereich des *Rockes* sehr kurzfristig einen erstaunlichen Wandel herbeigeführt. Von der tief liegenden Taillenlinie aufwärts gestaltete man die Hüftpartie zunächst anliegend, sodass eine Art „Gesäßbandage" entstand. Zuerst erscheint die untere Begrenzung dieser Bandage optisch akzentuiert. Schließlich betont man den oberen Rand, der schon nahe an der anatomischen Taillenlinie verläuft, während der untere Rand übergangslos mit dem Rockansatz zusammentrifft. Dies bedeutet eine optische Zusammenfassung von Gesäßbandage und tief angesetztem Rock. Auf diese Weise hat sich der Rock wiederum zur Taillenlinie hochgearbeitet. Zaghaft unterstützt wird dieser Eindruck fallweise durch einen schlichten Gürtel an der anatomischen Taillenposition. Außerdem setzt sich eine Rocksaumerweiterung und -verlängerung durch, die man sich jetzt schon leisten kann, ohne mit dem alten Rockvolumen verglichen zu werden. Die Akzentuierung der Rockerweiterungen wird noch zusätzlich durch die Anwendung einer neuen Verarbeitungstechnik erreicht: Es beginnt die Hoch-Zeit der raffiniertesten Schrägverarbeitungen.

Das *Oberteil* behält seine schmächtige, schmalbrüstige Erscheinungsform mit Ausnahme der Ärmel, die ansatzweise zaghafte Ideen im Manschettenbereich zeigen.

Mit Zipfelsaumvarianten, die der Verlängerung und Erweiterung dienen, beginnen sich die *Abendkleider* erstmalig bezüglich der Saumlänge von den Tageskleidern deutlich abzuheben.[11]

Textabbildung 4
„Nachmittagskleider".
Die zylindrische Garçonne wird mit zarten weiblichen Akzenten versehen: Ein hoch sitzender kleiner Busen, leicht gewölbte Hüften und eine angedeutete Taillenmarkierung sind nicht zu übersehen. Wiener Mode. 1930 (Heft 3)

Frisur und Kopfbedeckung machen eine nicht zu übersehende Wandlung durch. Die Bubiköpfe und Herrenschnitte erscheinen stärker in Wellen gelegt (onduliert). Damit sind die Haare notwendigerweise – jedoch nahezu unbeachtet – wiederum etwas länger geworden. Die *Hüte* werden gewissermaßen als Frisurersatz gestaltet.[12] Auf diese Weise kommt den Hüten eine doppelte Bedeutung zu. Sie sind nicht nur Kopfbedeckung, sondern sie übernehmen auch mehr oder weniger spielerisch die Frisurfunktion. Dies bedeutet eine eher unerwartete Bereicherung und Herausforderung der Modistenbranche, denn ein Ersetzen der Frisur durch die Kopfbedeckung hat es bis dato noch nicht gegeben. Besondere Verbreitung erfuhren die Modelle mit abstehender Nackenkrempe. Über der Stirn und seitlich folgten diese Kreationen noch immer relativ knapp der Schädelform, was den Frisureindruck des Hutes noch unterstützt.

1935

(siehe Textabbildung 5)

Mit Hilfe trickreicher Schrägverarbeitungsperfektion gelingt es, kontinuierlich auf die Gesäßbandage zu verzichten und den verlängerten und erweiterten *Rock* von einer natürlichen Taillenlinie abwärts bis hin zum Saum in einem Stück zu gestalten. In diesem Zusammenhang verzichtet man beim Saumerweiterungsprojekt zunehmend auf Godet- und Falteneinsätze, um einer glatten Rockoberfläche den Vorzug zu geben. Der Schwerpunkt der Silhouette wird vielmehr in das *Oberteil* verlagert, nachdem dieser Abschnitt eine Zeit lang etwas vernachlässigt worden war. Wie die Weiterentwicklung zeigen sollte, wurde als Fernziel nämlich eine schlankere Taille angepeilt. Als bewährtes Mittel, die Taille schmäler erscheinen zu lassen, kam die Verbreiterung der Schulterpartie abermals zum Einsatz. Es ist vor allem der Ärmel, der in seiner Kontur und an seinem Ansatz ein betontes Eigenleben erhält. Im Bereich der *Fest- und Abendkleider* wagt man es wiederum zaghaft, Dekolletés zu gestalten, die allerdings den Umweg über das Rückendekolleté genommen haben.

Man war vermutlich zu der Erkenntnis gelangt, dass die knabenhaften Erscheinungen unter den Frauen nicht allzu häufig vertreten waren und für die Vielzahl der normalen, modewilligen Frauen eine weiblichere Linie kreiert werden musste. An dieser Stelle sei festgehalten, dass es nicht erst das Naziregime war, das den Frauen wiederum mehr Weiblichkeit vorgeschrieben hat. Trotz aller irreführenden Propaganda war es nicht gerade Deutschland, wo die neuen weiblichen Akzente der Frauenmode entstanden waren!

Das Verhältnis von *Hut und Frisur* hat sich zugunsten der Kopfbedeckung verlagert. Frisur und Hut stehen jedoch noch immer in einer guten Beziehung zueinander und sind aufeinander abgestimmt, was man in der Zeit des späteren „Hutverlustes" durchaus nicht immer behaupten kann. Die Frisuren sind mit Hilfe der Dauerwellen länger und voller geworden. Trotzdem lassen die Friseure gleichsam Platz für den Hut. Vom Scheitel abwärts über den Hinterkopf bleibt die Frisur nämlich glatt und anliegend, während die dauergewellten Löckchen kranzartig den Kopf umgeben, wobei sich über der Stirn meist ein „Schopf" etwas absetzt.[13] Es wird nun entweder der Schopf unter den Hut genommen oder man bezieht auch die beschriebene glatte Stelle zur Hutpositionierung mit ein. Frisurergänzungen und Frisurimitationen sind nach wie vor sehr beliebt. Dabei bleibt zu bedenken, dass die Damen die Hüte im Innenraum meist nicht abzunehmen pflegten.

Die *Abendkleider* sind nun endgültig bodenlang[14] geworden, ohne sich von der jeweiligen modischen Kleidlänge beeinflussen zu lassen. Das Differieren von Tages- und Abendkleidung bezüglich der Rocklänge kann als Novum in der Modegeschichte betrachtet werden.

Textabbildung 5
Die Längsausrichtung des zaghaft erweiterten Rockes wird an der Taille nicht selten mit einem miederartigen Gürtel abgeschlossen. Schulterbetonungen und aufgelockerte Ärmelkreationen lassen die Taille abermals zarter erscheinen.
Le Jardin des Modes. 1935 (Dezember)

1940

(siehe Textabbildung 6)

Die Verweiblichung schreitet unaufhaltsam fort. Hinsichtlich des *Rockes* nützt man eine einfache optische Grundregel, ohne viel verändern zu müssen: Der Rock wird bis unter das Knie verkürzt und erscheint auf diese Weise breiter. Von diesem Verbreiterungseffekt „profitiert" nicht zuletzt der Hüftumfang. Mäßig schwingende Röcke mit breiterer Hüfte weisen schon auf die Ligne Corolle eines Dior hin, obwohl das Hüftvolumen 1940 noch keinen gestalterischen Schwerpunkt darstellt. Die wichtigeren Neuerungen finden vorerst am *Oberteil* statt. Leichte Schulterpolster und gebauscht angesetzte Ärmel sind nach wie vor der Schulterverbreiterung dienlich. Die Schulternaht verlängert sich zum Hals hin und läuft hier noch einige Zentimeter hoch. Es kommt allerdings noch eine weitere typisch „weibliche" Neuerung zum Einsatz, die als willkommener Nebeneffekt auch die Taille zierlicher erscheinen lässt: Es tauchen erfindungsreiche Busendrapierungen auf, die eine fülligere Oberweite ergeben (Textabbildung 6). Derselbe Effekt wird auch mit Schultersattelkonstruktionen erreicht, an die blusige Oberteile angesetzt werden, die schlussendlich an der Taille z. B. mit einem Miedergürtel eng zusammengefasst erscheinen.

Textabbildung 6
Die Verweiblichungsakzente treten stärker hervor. Der verkürzte Rock erhält mehr Fülle und die Oberweite wird durch Drapierungseffekte vergrößert. Langes Haar und Dauerwellen unterstützen die feminine Note.
Die Dame. 1940

Auch die Verweiblichung der *Frisur* schreitet weiter fort. Das Haar darf wiederum länger wachsen. Lockige Langhaarfrisuren sind jetzt häufig anzutreffen. Man nützt auch die Möglichkeit, das lange Haar zu den damals so genannten Hochfrisuren aufzustecken. Ob das Haar nun länger oder kürzer getragen worden ist, war für die prinzipielle Konstruktion der Frisur nicht von Bedeutung. Ein

Schopf über der Stirn, jeweils ein Bausch über den Ohren, beides oft mit Kämmen festgesteckt, im Nacken dauergewellte Löckchen und am Hinterkopf eine glatte Haarpartie – eventuell mit einigen quer verlaufenden Wellen versehen – ergaben die modische Grundform. In diese Gegebenheiten wurden die Kopfbedeckungen hineinkomponiert. Es gab schräg in die Stirn gesetzte Behälter für den Stirnschopf, haarnetzartige Gebilde, in denen die Nackenmähne untergebracht werden konnte, turbanartige Gestaltungen für die Hochfrisuren, aufgeblähte, vorne hoch aufragende Kappen, von denen jede Art von Frisur umfasst werden konnte, sowie Hüte, die käppchenartig am glatten Teil der Frisur festsaßen und vorne mit einer stirnumrahmenden, steil aufragenden Krempe versehen waren. Dazu kamen noch die phantasievollen Materialvariationen, wodurch der Hut zu einem wichtigen Akzent der Gesamtsilhouette emporstieg.

Die *Schuhe* konkurrierten in ihrer Variationsfreudigkeit mit den Kopfbedeckungen. Es hat den Anschein, als ob es nicht immer die Materialknappheit des beginnenden Krieges gewesen wäre, die zur Verwendung der so genannten Ersatzmaterialien geführt hat. Kork, Holz, Stoff, Stroh, Hanf usw. wurden den traditionellen Materialien hinzugefügt und belebten die etwas plumper gewordenen Schuhkreationen, die jetzt durch die Verkürzung der Röcke die Blicke wiederum verstärkt anzogen.

1945, 1950

(siehe Textabbildung 7, große Abbildung 4)

Es steht außer Zweifel, dass die Kriegsjahre eine Verzögerung der Modeentwicklung brachten. Obwohl viele Menschen froh sein mussten, wenn sie überhaupt etwas anzuziehen hatten, kann diese Situation doch nicht verallgemeinert werden. Erstens gab es „kriegsfreie" Zonen und zweitens waren der Modewille und die Kreativität weder auszurotten noch zu kommandieren gewesen. Wenn sogar in Wien beispielsweise bereits im Sommer 1945 ein Modeheft gedruckt worden ist und Fred Adlmüller im Herbst 1945 mit einer Kollektion aufwarten kann, zeugt dies von der Widerstandskraft der Mode. Gleichsam im Untergrund entstand auf diese Weise die Basis für Diors *New Look* von *1947*. Dior schwebt mit dieser Ligne Corolle (eigentlich Blumenkrone, oft mit Blütenkelch übersetzt), wie er diese Linie zunächst bezeichnete, nicht im luftleeren Raum.[15] Bis dieser feminine Look weltweit seine Perfektion erreicht hatte, sollte es etwa noch drei Jahre dauern. Nach der Garçonne war der New Look zweifellos die nächste bedeutungsvolle Silhouette des 20. Jahrhunderts. Wie gezeigt, hätte Dior seine typisch feminine Note nicht ohne Vorarbeit anderer schaffen können. Schon 1930 wurde mit dem Wiederaufbau der weiblichen Konturen begonnen. Die Garçonne war gewissermaßen nur ein Mittel gewesen, um der alten Korsettsilhouette mitsamt ihrem Rockvolumen

Textabbildung 7
Dior verstand es, die Wünsche und Sehnsüchte der Frauen nach dem Krieg in seiner Ligne Corolle – von den amerikanischen Journalisten als New Look bezeichnet – im Frühjahr 1947 zusammenzufassen. Speziell im Bereich der Abendkleider kannten die Materialorgien des Couturiers keine Grenzen.
Modell: Christian Dior L'Officiel de la Couture et de la Mode de Paris. 1948 (Oktober)

den Garaus zu machen. Da dieses Vorhaben gründlichst erledigt worden war, konnte man sich sehr bald wieder darauf besinnen, dass die Frau schließlich weibliche Formen besaß und diese auf Dauer nicht verdrängt werden konnten.

In der *Rockgestaltung* des New Look manifestiert sich wohl die auffälligste Neuerung dieser Silhouette. Es ist vor allem die drastische Verlängerung des Rocksaumes, die ins Auge springt. Zuerst kuppelförmig und dann eher glockenförmig präsentiert sich das neue üppige Rockvolumen. Obwohl viele Frauen sich die erforderlichen Stoffmassen noch nicht gleich leisten konnten, wurde der lange und weite Rock doch zum angestrebten Ziel. Den Aufbau des Hüftumfanges hatte man schon mit Drapierungen und Taschenvariationen seit 1944 vorbereitet. Diesen Kreationen kam gewissermaßen doppelte Bedeutung zu, denn parallel zu dem weiten schwingenden Rock gab es kontinuierlich den „engen" Rock. Beide Rockformen wurden friedlich gleichzeitig nebeneinander getragen (große Abbildung 4). Für den engen Rock bedeuteten die Hüftdraperien und die oft abstehenden Taschen ein wesentliches Gestaltungselement, das allerdings nicht selten in die Schöße und Schößchen der zu den Röcken getragenen Jacken integriert erschien. Versteift abstehende Jackenschöße waren keine Seltenheit.

Große Abbildung 4
Bis 1950 sind die extremsten Rocklängen des New Look anzutreffen. Akzentuierende Hüftbetonungen werden in den späten 40ern zu einem der Schwerpunkte der Silhouette. Bleistiftenge und weite Röcke sind nebeneinander anzutreffen. Erst mit dem Vierbahnenrock der 60er sollte diese Zweigleisigkeit fallen.
Inverno. I Tessili Nuovi. Revista dell'Alta Moda. 1949 (Jänner bis März)

BRUNELLI

Abito semplice in scozzese di fiocco

PASCALI

Abito in maglia nera

ARANO

Completo blu, sciarpa rossa e giacca foderata nella stessa tinta

CURIEL

Abito da cocktail in faille di raion nero

Die Veränderungen am *Oberteil* zeigen sich nicht derart gravierend wie am Rock. Die Taille wurde möglichst eng zusammengenommen, was jedoch durchaus nicht bedeutete, dass man wiederum das Korsett anlegen musste, wie das verschiedentlich (fälschlich) behauptet wird. Es genügte in den meisten Fällen ein entsprechend versteifter Rockbund mit kräftigen Hafteln (Haken), ein gegen Zug widerstandsfähig gestalteter Gürtel aus festem Material oder ein Taillenband, das, an der Innenseite eines Kleides angebracht, zuerst eng um die Taille geschlossen wurde, bevor man den eigentlichen Verschluss des Kleides – meist einen kräftigen Zipp – zumachte. Die Kontur des Oberkörpers wirkte wie ein V, das von der schlanken Taille zu den Schultern hin auseinander strebte. Dior ist stolz darauf, die Schultern der Frauen gerundet zu haben.[16] Allerdings sind sie nicht schmäler geworden, sondern man hat nur die Schulterpolster entfernt, was auch zur Folge hatte, dass die Schultern nicht nur abgerundet, sondern auch fallender erschienen. Eine beliebte technische Lösung boten in dieser Hinsicht die Kimonoärmel, die nicht selten als 7/8- oder 3/4-Ärmel endeten und auf diese Weise einen markanten horizontalen Balken innerhalb der Silhouette bildeten. Diese Tendenz unterstützend wurde die Schulternaht der hochgeschlossenen Kleider den Hals hinauf weitergeführt. Dadurch ergaben sich auch hoch sitzende Kragen und Krägelchen insbesondere an Blusen und Kleidern. Den knappen Sitz der Oberteile erreichte man mit stark formenden Abnähern, die den sehr hoch sitzenden, spitz geformten Busen modellierten. Auch der Rückenteil wurde mit entsprechenden Abnähern der Anatomie exakt angepasst.

Bei den *Abendkleidern* dominierte die trägerlose, miederartige Korsage in Verbindung mit extrem gesteigertem Rockvolumen (Textabbildung 7). Wie in der Tageskleidung war auch in dieser Kategorie der schmale lange Rock möglich.

Frisuren und Hüte wurden zugunsten der grazileren Erscheinung der Gesamtsilhouette verkleinert. Schöpfe, Bauschen und Löckchenkranz sowie die üppigen Hochfrisuren mutierten zu schlichten, flachen dauergewellten Kurzhaarfrisuren mit den typischen 6er-Löckchen-Gruppierungen, die eher in die Stirn gekämmt als aus dem Gesicht getragen wurden. Während offen getragenes langes Haar selten zu beobachten ist, erfreut sich der Rossschwanz (Pferdeschweif) – besonders bei der jüngeren Generation – größter Beliebtheit. Brückenartige Hütchen erlauben sogar den Rossschwanzträgerinnen Kopfbedeckungen aufzusetzen. Frisur und Hut nehmen noch immer aufeinander Rücksicht. Zu „normalen" Frisuren wählt man gerne muschelartige, topfartige oder käppchenartige Kreationen. Daneben halten sich nach wie vor die großkrempigen Modelle oder auch die etwas sportlicheren Girardis (Canotier). Gemeinsam ist ihnen allen die niedrige Gestaltung nach oben hin. Die bizarren Kriegsmodelle, die sich über der Stirn turmartig (Schopfbehälter) aufbauten, sind vollkommen in Vergessenheit geraten.

Hinsichtlich der *Fußbekleidung* kann man sich von den etwas plumpen Kriegsmodellen nicht so schnell trennen. Die Plateaus verschwinden zuerst, auch der Absatz wird etwas schlanker, während sich die Zehenkappe nach wie vor rund und hoch zeigt. Auch die Fesselriemen werden zunächst noch zu den neuen langen Röcken getragen.

Bedingt durch die große Rockweite werden auch auf dem *Überkleid*sektor neue weit schwingende Modelle angeboten. Unter der eng taillierten modischen Redingote lässt sich das gesteigerte Rockvolumen problemlos unterbringen. Über den schmalen Röcken trägt man allerdings einen sich nach unten hin konisch verjüngenden Mantel.

Textabbildung 8
Die viel diskutierte H-Linie ließ Befürchtungen aufkommen, dass die – damals als extrem unmodern empfundene – Garçonne wieder zurückkehren könnte. Für den späteren Betrachter zeigt sich jedoch, dass die New-Look-Silhouette gleichsam in die Körperkontur übergegangen war und die H, A, Y etc. der damaligen Figur der Frau nicht wirklich etwas anzuhaben vermochten. Modell: Jacques Fath.
In: Vogue, französisch,
1955 (März)

1955

(siehe Textabbildung 8)

ist der New Look gleichsam schon in Fleisch und Blut übergegangen. Der Körper der Frau hat sich gewissermaßen der neuen Silhouette angepasst, sodass man auf figurbildende Akzente verzichten kann. Ein spielerisch klassischer Umgang mit den bereits eingeübten Formen ist das Ergebnis dieser Einstellung. Um 1955 sind daher die meisten der so genannten „Linien" der Pariser Couturiers anzutreffen, die den New Look variieren. Dior kreiert die Tulpen- (1953), Maiglöckchen-

(1954), H- (1954/55) (siehe Textabbildung 8), A- (1955), Y- (1955/56) oder die Pfeillinie (1956). Jacques Fath nennt seine Linie von 1953 „Römischer Bogen", die sich der Tulpe und dem Y von Dior verwandt zeigt. Balenciaga bringt eine I-Linie. Damit wäre eine Auswahl der Linienmanie dieser Jahre skizziert. Im Grunde genommen umspielen sie jedoch alle die New-Look-Silhouette. Besondere Üppigkeit gönnt man sich nach wie vor bei den *Abendkleidern.* Miederartige Korsagen werden schlank machend etwas über die natürliche Taillenlinie nach unten gezogen, wo dann die üppigsten Rockformationen ansetzen.

Die *Schuhe* sind inzwischen spitz und dünnstöckelig geworden. Dazu werden schon ganz selbstverständlich Nylonstrümpfe mit Naht getragen.

Hosen sind noch immer nicht salonfähig, aber als Freizeitkleidung und (elegante) Hauskleidung durchaus schon weit verbreitet.[17]

1957/1958

sind bereits kräftigere Versuche zu bemerken, die gegen die zierlich-graziöse Weiblichkeit des New Look ankämpfen. Im Prinzip handelt es sich dabei um die altbewährte Methode des Kaschierens: Was man nicht mehr haben will, verdeckt man. Dies ist vor allem die extrem schlanke Taille, die man – wollte man nicht wirklich zum Korsett zurückkehren – nun nicht mehr steigern konnte. Es war nicht Ives Saint Laurent allein, der einen Trendwandel herbeigeführt hat, als er nach dem Tod von Christian Dior (1957) zum bestimmenden Designer geworden war. Er hat mit seiner Trapezlinie vom Frühjahr 1958 vielleicht etwas stärker akzentuiert, was auf breiter Front jedoch allgemein zu beobachten war. Sackkleider, Tonnen- und Ballonlinie hatten alle das eine Ziel, die schmale New - Look-Taille zu kaschieren[18] und damit in Vergessenheit geraten zu lassen. Die Lösungsversuche sind – der Natur neu auftauchender Kreationen entsprechend – durch eine gewisse Uneinheitlichkeit und Unausgewogenheit gekennzeichnet. Als zukunftsweisend sollte sich das Verkürzen der Röcke und das noch kaum merkbare Aufbauschen der Frisur erweisen.

1960

(siehe Textabbildung 9)

erkannte man das Glätten, Verdicken und Verhärten der Oberflächenstruktur der Kleidung als gangbare Methode, der eleganten weiblichen Damenhaftigkeit des New Look, der in seinem Wesen die Lebensfreude und den Aufbauwillen nach einem überstandenen Krieg verkörpert hatte, ein Ende zu bereiten. Das aufzuholende Schönheits- und Luxusbedürfnis der Generation, die den Krieg aktiv und bewusst miterlebt hatte, war mit dem New Look weitgehend befriedigt worden, und diese Generation zählt vor allem in den 60ern nicht mehr zu den ganz

Jungen, sodass der wohlproportionierte Modewille, der dem New Look so selbstverständlich war, nicht mehr unbedingt gefragt war. Mit dem Beginn der 60er Jahre war die Herrschaft der Disproportion angebrochen. Bei der Findung einer neuen Silhouette ist das zunächst noch nicht weiter auffallend. Als vordergründiges Kennzeichen der verlorenen Eleganz kann wohl der schleichende Verlust des Huttragens und das kontinuierliche Weglassen der Handschuhe gelten. Der Kampf gegen den Hut beginnt mit der Vergrößerung der Frisur, die nun ungeahnte Dimensionen annehmen sollte und ein Hut im modernen Sinn – nämlich aufgesetzt und nicht auf die Frisur (funktionslos) obenauf gelegt – nicht mehr möglich erscheint. Der Eindruck des zu großen Kopfes wurde noch durch die Zierlichkeit der Schuhe unterstützt, die zu Beginn dieses Jahrzehnts die dünnsten und höchsten Bleistiftabsätze in Verbindung mit einer extrem spitzen Zehenkappe aufweisen.

Um 1960 ist nun tatsächlich eine Gemeinsamkeit in der Silhouette nahezu nur in der erwähnten Materialversteifung und -verdickung zu finden. Damit ist auch die Wegentwicklung von der textilen Tradition der Modestoffe angebrochen. Die Herausforderung an die Stoffproduzenten, immerzu neue Materialien auf den Markt zu bringen, die ihre konventionelle textile Struktur verleugnen, hat damals begonnen. Als erste Etappe in dieser Richtung kann die Erfindung eines leichten, voluminösen, eher steifen, selbstverständlich pflegeleichten Stoffes gelten. Die weit verbreiteten strukturierten Crimplene-Stoffe erfüllten diese

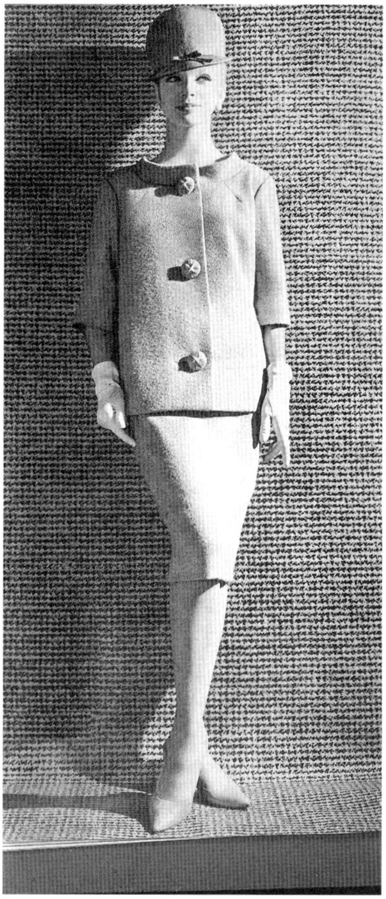

Textabbildung 9
Oberflächen- und Verarbeitungsverhärtung kommen als wirksames Mittel im Kampf gegen die New-Look-Silhouette zum Einsatz. Die klare geometrische Anordnung von monströsen Knöpfen erhöht die angestrebte Wirkung.
Modell: Pierre Cardin.
In: Vogue, französisch, 1960 (März)

Anforderungen. Die Industrie fertigte aber auch an der Innenseite mit Schaumstoff beschichtete Qualitäten. Es waren vor allem die Klebe-Vliese, die individuell aufgebracht werden konnten, sowohl von der Hobby-Schneiderin mit ihrem Bügeleisen als auch vom Großproduzenten mit seinen Maschinen, die Verwendung fanden. Dieser Trend veranschaulicht, dass Chemie und Technik immer mehr Bedeutung gewinnen.

Unter den Taillen-Kaschierungsmanövern von 1957 bis 1960 konnte sich die Taille nun tatsächlich etwas verbreitern. Um dieses Ergebnis zu unterstützen, wurde die Hüfte leicht abgeflacht und die Schulterlinie (fast unmerklich) verschmälert, indem man den Ärmel höher ansetzte. Es ist bezeichnend, dass die Zweigleisigkeit der Rockgestaltungen – weiter Rock und enger Rock – noch nicht überwunden war und die Tonnenröcke neben den engen Röcken nach wie vor das alte Ideal des New Look verkörperten.

Große Abbildung 5
Die Einheitlichkeit in der Rocksilhouette ist noch nicht vollkommen geklärt, obwohl der Vierbahnenrock bereits im Vordergrund steht. Kräftige Farben, klare Linien und eine überspielte, aber deutlich verbreiterte Taillenlinie stellen keine Besonderheit mehr dar.
burda. Modesonderheft Frühling/Sommer 1963

1963/64, 1965

(siehe große Abbildung 5, Textabbildung 10)

sollte es jedoch André Courrèges gelingen, alle Ansätze zu einer neuen Silhouette in seiner berühmt gewordenen Kollektion zusammenzufassen. Er leistete sozusagen Geburtshilfe bei der Kreation einer neuen Frau. Er half gewissermaßen einer Silhouette auf die Welt, die ohnedies schon vorhanden war. Courrèges, der ehemalige Brückenbauingenieur, der aber auch das Schneiderhandwerk erlernt hatte (im Couturehaus Cristobal Balenciaga), war der richtige Mann, die Weltraumeuphorie – und damit den Glauben an den technischen Fortschritt überhaupt – in modische Formen zu übersetzen. Es ist wieder einmal unsinnig danach zu fragen, wem die erste Kreation in dieser Richtung gelang und wer als uneingeschränktes Vorbild gelten kann, da nahezu gleichzeitig ähnliche Formen auftauchten.

Im Bereich des *Rockes* hat sich die Zweigleisigkeit des New Look endgültig aufgehört. Ein leicht ausgestellter Vierbahnenrock wurde eindeutig favorisiert (siehe große Abbildung 5). Die ausgestellten Seitennähte galten nun als unumgänglich. Die mehrgestaltige Erscheinungsform des Rockes, das Nebeneinander von engem und weitem Rock war damit aufgegeben worden und es gab nur mehr eine einzige Rockform. Zweckmäßig, bewegungsfreundlich, faltenlos und klar in den Formen zeigte sich dieser neue Rock. Diese Eigenschaften wurden durch

burda
SCHNITT
MODELLE

eine Verkürzung des Rocksaumes, die in Zukunft beim Minirock enden sollte, unterstützt. Der Rockbund rutschte etwas unter die natürliche Taillenlinie und wirkte an dieser Position nicht mehr einengend. Taillenumfang und Hüftweite näherten sich immer mehr an. Der Rock verlor als Kleidungsstück an Interesse, denn mit zunehmender Verkürzung gewann das ohne Rockbund gestaltete, von der Schulter hängende Kleidchen immer mehr an Bedeutung. Diese Aushöhlung der Rockposition hat gleichsam zur gesellschaftlichen Anerkennung der Hose geführt. Die *Hose* rückt nun in das Zentrum der modischen Gestaltung (Textabbildung 10). Ihr exzentrisches Dasein, ihre Beschränkung auf die Freizeitkleidung hat nun ein endgültiges Ende gefunden. Die Hose dringt sogar bis in den Ballsaal vor. Der Hosenanzug wird schlussendlich zur Standardkleidung fast jeder Altersstufe. Die Minikleidchen mutierten in diesem Zusammenhang auch zum Oberteil des Hosenanzuges. Die traditionelle Trennung in *Oberteil* und Rock war hiermit eindeutig überspielt worden. Die Unselbständigkeit dieses Abschnittes der Silhouette wurde ferner durch eine extrem schmal angelegte Schulterlinie unterstrichen. Die Schulternaht war so kurz wie nie zuvor. Diese Schmalschultrigkeit unterstützte ein überaus enger, eher phantasielos gestalteter glatter Röhrenärmel. Die Fixierungszonen dieser Oberteile bzw. der späteren Minikleidchen am Körper müssen nun in der Schulterpartie mit ihrer kurzen Schulternaht, ihren engen Armlöchern und den straff sitzenden Ärmeln gesehen werden, nicht mehr an der Taillenlinie. Taille und Hüfte bedeuten lediglich Berührungspunkte.

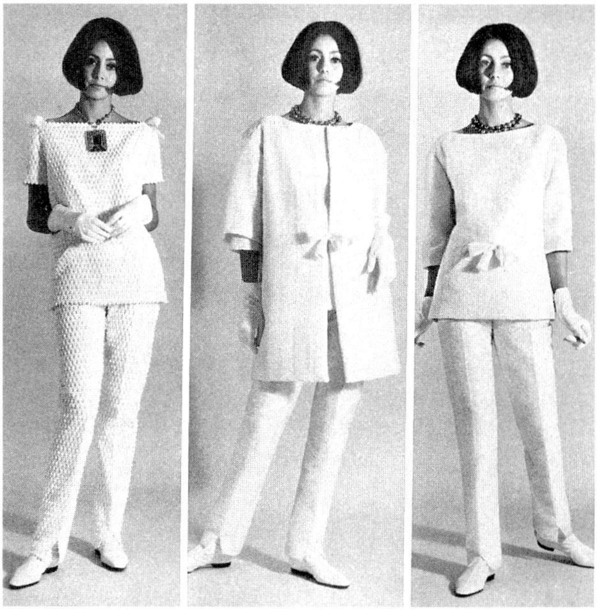

Textabbildung 10
Die Taille als Fixierungszone der Kleidung am Körper trat nicht mehr in Erscheinung. Eine überaus beliebte und weit verbreitete Kreation, die diese Tendenz unterstrichen, bedeuteten die Hosenanzüge, die nun auch in die elegante Szenerie Eingang gefunden hatten.
Modelle: André Courrèges.
Vogue Special. Printemps 1964

Die Aufblähung der *Frisur* hatte schon 1960 begonnen und wurde nun fortgesetzt. Die „Melonen", die Harlekinfrisuren etc. wurden in ihrem Volumen weiter gesteigert. Die Hutverdrängung war damit besiegelt. Hüte waren bald nur mehr bei Modeschauen zu sehen. Die Praxis der toupierten und lackierten Frisuren erlaubte es nicht wirklich, einen Hut zu tragen. Es waren vor allem auch diejenigen Frisuren, wo lackierte Locken sich raumgreifend aufblähten, wodurch sich das Huttragen noch unmöglicher gestaltete. Die bewährte Symbiose von Hut und Frisur war damit zu Ende gegangen. Eine jugendliche Notlösung gegen die Kälte einerseits und gegen den Frisuren zerstörenden Wind andererseits ließ sich in den meist transparenten Kopftüchern finden, die unter dem Kinn gekreuzt mit den Enden im Nacken – von außen sichtbar – gebunden wurden.[19] So genannte „Astronautenmützen", die in ihrer Form das Volumen der Frisur zu berücksichtigen versuchten, wurden in Stoff, Strick, Häkel etc. hergestellt.

Auch die *Beinbekleidung* (Strümpfe und Schuhe) änderte sich in diesen Jahren markant. Die Rockverkürzung zwang die Strumpfindustrie eine Lösung zu finden. Jedenfalls hat man nicht zuerst die Strumpfhose erfunden und dazu den Minirock kreiert. 1966 erzeugte die einschlägige Industrie jedoch bereits 77 % Strumpfhosen und nur mehr den Rest an Strümpfen. Zugegebenermaßen war die technische Möglichkeit, dünne Strumpfhosen ohne Naht herzustellen, auch kein Kinderspiel. Der Maschinenpark, mit dem man bis dato nur Stümpfe mit Naht fertigen konnte, musste nahezu vollends ausgetauscht werden. Zu Miniröcken wären Strumpfhosen mit Naht allerdings unbrauchbar gewesen, da eine bis zum verkürzten Rocksaum sichtbare Strumpfnaht durch die Spannungslosigkeit der Strumpfhose, im Gegensatz zum straff sitzenden Strumpf, niemals gerade hätte verlaufen können. Neben den klassischen Oberflächen waren aber auch phantasievoll strukturierte, farbige Strumpfhosen gefragt, da die Beine zum Schwerpunkt der Silhouette geworden waren und „bekleidet" werden mussten.

Ebenso akzentuiert erscheinen die *Schuhe*. Während zu Beginn des Jahrzehnts die manieriertesten Bleistiftabsätze gefragt waren, gestaltete man um die Mitte der 60er das Schuhwerk bequemer und auch passender zur „technischen" Silhouette, die harte Farbkontraste, geometrische Ornamente, glatte Faltenlosigkeit etc. erforderte. Zu den verkürzten Rocksäumen waren auch mehr oder weniger niedrige Absätze und schrille Farben erlaubt. Courrèges hat mit seiner Vorliebe für flache Absätze die formalen Bedürfnisse der Zeit ventiliert (siehe Textabbildung 10). Besondere Verbreitung fanden seine nahezu absatzlosen (weißen) Stiefelchen, die man Sommer und Winter tragen konnte und die zu den verkürzten Rocksäumen ebenso gut passten wie zu den Hosenanzügen.

1970–1980

(Textabbildung 11)

wurde prinzipiell keine einschneidend neue Silhouette kreiert, sondern die Minimode fand in gewissem Sinn ihren übersteigerten Höhepunkt, obwohl „Midi" und „Maxi" als neue Rocklängen auftauchten. Jeder Designer wollte der Erste sein, der die neue Rocklänge bringt. Aus dieser Zeit stammt die Feststellung Karl Lagerfelds, dass (damals) mit der Rocklänge die Mode nicht zu verändern wäre. Es gab nun auch laufend mehr Impulse, die aufgenommen werden mussten, und diejenigen, die das Geschäft machen wollten, durften nichts verpassen. Die demokratisierte Mode bedeutet nun nicht mehr Mode für die klassenlose Gesellschaft des Westens, sondern vielmehr eine weltweite Ausbreitung. Die Impulse werden demzufolge zahllos und sind einem derart raschen Wechsel unterworfen, sodass sich die Schlange in den Schwanz zu beißen drohte. Dieses zwanghafte Herumschwirren rund um die Erde und kreuz und quer durch die historische Landschaft erweist sich jedoch nicht immer als tief greifend, es konzentriert sich vielmehr propagandistisch auf die Oberfläche, auf Details, sodass es erschwert wird, unter den schrillen Tönen ein silhouettemäßiges Konzept zu erkennen. Es ist zunächst der Zusammenbruch der Technikeuphorie in weitestem Sinn – teilweise bedingt durch diverse Energiekrisen, die Erkenntnis der Umweltverschmutzung, durch den „Zauberlehrlingseffekt" etc. –, der den Abbau der „technischen" Silhouette der 60er Jahre beschleunigt. Der technische Fortschrittsglaube wird jedenfalls kräftig erschüttert. Scheinbar nicht zusammenpassende Ausweichmanöver wie Sexwelle, Hippies, pazifistische Betätigung, Drogenkonsum, Sektenzulauf, Bevorzugung alternativer Lebensformen etc. werden gestartet.

Textabbildung 11
Die Rocklänge zeigt sich zu Beginn der 70er wandelbar. Einerseits ist der Mini so kurz wie nie zuvor geworden, andererseits kokettiert man bereits mit dem Maxi-Look. Die Hose bot daneben noch immer eine willkommene Ausweichmöglichkeit.
burda. 1970 (Heft 12)

Der angeknackste Technikglaube erschuf schlussendlich den Gedanken der Wiederverwertung und des Umweltschutzes. Diese Tendenz führt auch zu einer meist unterbewerteten Umorientierung in der Einstellung zur Mode. Man beginnt erstmalig – freiwillig ohne jede Not – alte, von anderen Personen getragene Kleidungsstücke anzuziehen. Flohmärkte versuchen nun diesem Bedürfnis Rechnung zu tragen. Diese Haltung darf nicht nur als Nostalgiewelle abgetan werden, sondern trägt vielmehr einen zukunftsweisenden Aspekt in sich: Der Anspruch, dass die Kleidung einer bestimmten Person „passen" muss, auf einen speziellen Leib geschneidert werden sollte, wird damit aufgegeben. Die Passform hat auf diese Weise ihre beherrschende Position verloren. Diese Tatsache ist in unterschiedlichen „Verkleidungen" und unter variablen Vorzeichen bis heute erhalten geblieben. Diese „Masche" wurde schließlich auch von den Designern aufgenommen, hat sich immer mehr von dieser ersten Antwort auf die Wegwerfgesellschaft in den Siebzigern emanzipiert und hat zunehmend eine Eigengesetzlichkeit entwickelt, die bisweilen zu Kunstobjekten führte, die mit Kleidung und Mode oft nur mehr eine lose Verbindung besitzen, wenn man den menschlichen Körper als gegebene Form und die Bewegung desselben als Prämissen betrachtet.

Zitate – ob historisch, folkloristisch, außereuropäisch u.s.w. und das Montieren derselben zu immer wieder neuen Kreationen – bilden ab nun ein wesentliches Standbein der Mode. Dabei kommt es allerdings immer wieder – wie auch schon in früheren Zeiten – darauf an, einen Schwerpunkt zu finden und zu setzen.

Der Wirrwarr an Zitaten, der letztlich eine Art Verunsicherung hervorruft, führte schon in den Siebzigern zur verstärkten Bevorzugung der Jeansmode, die nun – entsprechend der weltweiten Demokratisierung der Mode – durchaus als „Welttracht" angesprochen werden könnte.

Neben der „trachtigen" Allgegenwart der Jeans erfahren die „weiblichen" Hosen schon zu Beginn der Siebziger durch die Unentschlossenheit im Bereich der Länge des Rocksaumes einen ungeahnten Aufschwung. Der Hosenanzug ist schließlich aus der Frauenmode bis in unsere Zeit hinein nicht mehr wegzudenken. Man wird darin wohl auch ein weiteres Zeichen der noch immer nicht abgeschlossenen Emanzipation der Frau zu sehen haben, die vorerst einmal den Männeranzug für sich erobert hatte. In diesem Zusammenhang wäre wohl auch die Annektierung des „männlichen" Hosenverschlusses – des Schlitzes – zu sehen, der nun den weiblichen seitlichen Verschluss der Hose endgültig abgelöst zu haben scheint.

Will man nun nach Betrachtung dieser Schwerpunkte die *Gemeinsamkeiten der Silhouette* der 70er Jahre herausfiltern, fällt eine Abkehr vom Futurismus der 60er Jahre und eine Hinwendung zu weichen, unexakten, ja sogar schlampigen Formen auf. Die

Miniröckchen[20] wurden blumengemustert, gehäkelt etc. oder in Hot Pants verwandelt, bevor man sich endgültig von ihnen verabschiedete. Hoch geschlitzte Röcke stellten einen gewissen Kompromiss dar, bevor man sich in der zweiten Hälfte des Dezenniums zu knieumspielenden Formen entschloss. Mit der Aufgabe der Minihängerchen war auch die Taillenmarkierung als Gestaltungsthema wiederum interessant geworden. Kleider mit Gürtel, Wickelblusen, kontrastierende Strickbündchen an kurz gewordenen Pullis, üppige Glockenhosen, die ihren Sitz in der Taille mit einem Gürtel betont wissen wollen, heben eine natürliche, bequem gehaltene Taillenlinie hervor. Das Lieblingsmaterial dieses Jahrzehnts, das den weichen Look optimal unterstützte, war „Seidenjersey", der allerdings recht häufig aus Kunstfasern hergestellt wurde. Die fließenden feinen Falten dieses Materials wurden an Kleidern gerne mittels eines Gummibandes in einem Tunneldurchzug zusammengehalten. Selbst *Abendkleider* wurden aus diesem favorisierten Material hergestellt.[21]

Auch das *Oberteil* wurde bequemer (weicher) geformt, indem man es blusig gestaltete und im Ärmelbereich eine Lockerung anstrebte (Textabbildung 12). Mäßig aufgebauschte Ärmel führten schlussendlich auch zu einer Erweiterung des knappen Armloches der 60er Jahre und zu einer langsam fortschreitenden Schulterverbreiterung.

Bleibt noch anzumerken, dass selbst der *Unterbau* die weichen Linien der Oberkleid-

Textabbildung 12
Die klare Linie der 60er wird nun von weichen, fließenden Tendenzen abgelöst. Als Lieblingsmaterial taucht in allen Bereichen „Seidenjersey" u. Ä. auf. Auch die Kälte der harten Kontraste ist verschwunden. Man greift wiederum zu pastelligen Farben (siehe Kapitel „Kleidung und Farbe") und sogar zu Blumen- und Blümchenmustern. Anregungen aus fernen Ländern, sofern sie in diesen Rahmen passen, sind willkommen.
Petra. 1975 (Heft 4)

silhouette durch Weglassen der Absteifungen und Verstärkungen unterstützte: Wer es sich leisten konnte, ließ einfach den BH weg. Die einschlägigen Branchen versuchten dieser Tendenz mit hauchdünnen Büstenhaltern oder auch so genannten Bodystockings[22] in Hautfarbe zu entsprechen.

Die *Frisuren* verloren ebenfalls ihre aufgeplusterte Steifheit – man kehrte zu einem sehr reduzierten Volumen zurück. Unattraktiv zusammengesteckte Knoten oder lang und glatt hängendes Haar zählten zu den Lieblingsfrisuren. Daneben erfreuten sich luftgetrocknete Dauerwellen großer Beliebtheit. Knapp den Kopf umschließende, tief in die Stirn gezogene (gestrickte oder gehäkelte) Häubchen oder Hüte[23] ergänzten die Frisur.

Die *Schuhe* der 70er zeigten sich anfangs – speziell zu den besonders kurzen Minis – eher voluminös. Schwere Blockabsätze und extreme Plateaus waren anzutreffen. Mit dem Rückgang der Minis verschwanden auch die Plateauschuhe. Nach der Mitte der 70er wurden die Sohlen dünner und die Stöckel vergleichsweise schlanker.

1980–1990

Die 80er versuchen die Kratzer, die das Image der technischen Fortschrittseuphorie abgekriegt hat, auszubessern. Doch es fällt nicht immer leicht, die Dinge in den Griff zu bekommen und den Problemen aktiv entgegenzutreten, da sich neue Schwierigkeiten zeigen. Andere Schreckgespenster tauchen auf: Tschernobyl, das Challenger-Unglück, Aids, Steigerung der Arbeitslosigkeit, um nur einige Fakten zu nennen. Die Zukunftsangst bekommt Namen und wird dadurch greifbarer. Wirkungsvolle Gegenmittel können daher gezielter eingesetzt werden. Friedensbewegung, Bürgerinitiativen etc. stärken das Selbstbewusstsein. Persönlicher Ehrgeiz und materielle Ziele wurden wiederum als Heilmittel angesehen. In diesem Zusammenhang sind die „starken" Frauen zur Selbstverständlichkeit geworden und der Karrierefrau stand nun – vordergründig betrachtet – nichts mehr im Wege (große Abbildung 6). Man kann an sich arbeiten, man kann etwas aus sich machen, man kann erfolgreich sein, wenn man nur will, und das auch als Frau.

Frauen waren nun nicht mehr die zierlichen, grazilen Geschöpfe der 50er oder die schlank gehungerten Twiggy-Kindchen der 60er oder die bisweilen konturlosen, weichen, schwammigen Silhouetten der 70er, die in Zitaten jeglicher Art ihre Authentizität suchten – auch in der bequemen asexuellen Verkleidung, welche die Frau vom Lustobjekt zum Menschen verwandeln sollte –, sondern die

weibliche Erscheinung mutierte in den 80ern vielmehr zur selbstsicheren Powerfrau. Die Grundlage dieser Erscheinung bildete ein extremer Körperkult, dessen Ziel ein durchaus kraftvoller, sportlich durchtrainierter Körper war, der mit Bodybuilding, Aerobic u. Ä. erreicht werden sollte. Muskeln – jedoch ohne Fettauflage – waren nun plötzlich erstrebenswert geworden. An dieser Stelle muss erwähnt werden, dass die nun massenweise benötigte Sportkleidung auch in die Mode Eingang fand. Die sportliche, energiegeladene, erfolgreiche Businessfrau – wobei das Business sehr unterschiedlich gesehen werden konnte – war also einzukleiden.

Das auffallendste Merkmal der *Silhouette der 80er* waren wohl die breiten Schultern, denen alles andere untergeordnet werden musste. Mehrfach übereinander getürmte Schulterpolster waren um die Mitte des Dezenniums keine Seltenheit. So paradox es klingt, waren doch diese Schulterpolster oft die einzige Fixierung des Kleidungsstückes am Körper, sie verhinderten das Verrutschen der Schulternaht und hielten diese in der richtigen Position. Am Ende des Jahrzehnts tritt trotz der noch immer breiten Schulterlinie die anatomische Körperkontur wiederum markanter in Erscheinung (Textabbildung 14).

Große Abbildung 6
Die Powerfrauen der 80er ließen sich immer häufiger in Hosenanzügen sehen, die sich dem Sakkoanzug der Männer annäherten. Auf diese Weise fühlten sie sich ernst genommen. Die unumgänglichen Schulterpolster halfen diese Erscheinung zu untermauern.
Modell: Armani.
Vogue, italienisch, 1980 (Heft 2)

Textabbildung 13
Als Alternative zu den Sakkoanzügen eroberten sich in den 80ern die halblangen, seidig fließenden Röcke eine gewisse Position. Die leger verdeckte Taille und die in Falten angesetzten Ärmel waren nun schon alltäglich geworden. Selbst die Farben hatten wiederum mehr Power bekommen. Blau, Pink und Türkis in satten Tönen – oft akzentuiert durch Schwarz – erwiesen sich als Dauerbrenner (siehe Kapitel „Kleidung und Farbe"). burda. 1985 (Heft 8)

Die *Röcke* wurden von den Powerschultern gleichsam überstrahlt. Für die Rocklängen zeigte man daher wenig Interesse, wobei, im Nachhinein betrachtet, die halblangen und langen Röcke zu überwiegen scheinen (Textabbildung 13). Ein weit verbreiteter Rock-Hosen-Zwitter entstand mit den sehr weiten Hosenbeinen, die in unterschiedlichen Längen anzutreffen waren. Das *Oberteil* mit seinen Schulterpolstern brachte eine noch nie da gewesene Bequemlichkeit bezüglich des Armloches und des Ärmels. Die Schulterverbreiterung drang selbst bis in die *Abendmode* vor: Zum großen Dekolleté kreierte man aufgebauschte Riesenärmel, für die sich die Designer phantasiereiche Strukturen einfallen ließen.

Den Platz der weggelassenen Unterbauten begann nach und nach der Body zu erobern, der – wie auch Badeanzug und Bikini – sukzessive mit einem seitlich hochgezogenen Beinausschnitt versehen wurde.

Die *Frisuren* entfernten sich generell wiederum mehr vom Kopf. Das Haar wurde mit Gel, Wachs u. Ä. in Form gebracht. Das Ziel war allerdings nicht eine „frisierte" Frisur, sondern eher eine „Unfrisur". Unlogische und unorganische Machwerke entstanden unter den Händen der Friseure, deren Ursache im allgemein zu beobachtenden Bestreben, die Körperform zu verlassen, lag. Ausgelöst wurde dieser Trend schon durch die Schulterpolsterungen.

Vergleichsweise zeigten sich die *Schuhe* in diesem Jahrzehnt anatomisch normal. Neben den eleganten Stöckelschuhen standen auch flache Schuhe zur Wahl. Die Expansion der Sportschuhe und ihr kontroverser Einsatz kündigt sich in den 80ern bereits an.

Textabbildung 14
Als Gemeinsamkeit in der Körperkontur lässt sich noch immer die gepolsterte Schulterlinie erkennen, während man im Übrigen bestrebt ist, die Silhouette wieder körpernäher zu gestalten. Modelle: Escada Margaretha Ley.
Vogue, italienisch, 1990 (März)

Die zeitliche Nähe *zum letzten Jahrzehnt des 20. Jahrhunderts* lässt aufgrund einer wesentlichen Eigenschaft der Mode – nämlich die Lust, das immer wieder Neue zum Selbstzweck zu erheben und den Nutzen der

Kleidung auf ein notwendiges Minimum einzudämmen – eine richtige und definitive Beurteilung nicht zu. Trotzdem sollen einige Aspekte angeführt werden, die allerdings nichts Endgültiges über die typische Silhouette der 90er aussagen können.

Man ist des *Zitierens* noch immer nicht müde geworden. Der Originalität zuliebe werden die Zitate oft stark bearbeitet und in einen überraschenden und verwirrenden Kontext gestellt. Vordergründige Authentizität ist nun nicht mehr gefragt. In dieser Beziehung sind die Zitate die 70er, die sich oft nur in der Übernahme oberflächlicher Details niederschlugen, außer Mode gekommen. Trotzdem muss zur Ehrenrettung der 70er erwähnt werden, dass man sich mit dieser direkten Übernahme fremder Kostümteile oder ganzer Kleidungsstücke vom Flohmarkt oder von außereuropäischen Standorten von der exakten schneidertechnischen Anpassung an eine individuelle Körperform immer mehr entfernt hatte. Es ist verständlich, dass gerade die Konfektion, die sich der allgemeinen Tendenz zur Globalisierung nicht verschließen wollte, die Abschaffung der individuellen exakten Passform gierig aufgenommen hat, wo immer diese aufgetaucht ist.

Die Schulterpolster der 80er haben den Weg für eine neue *(Ver-)Formung* des Körpers gewiesen, die nicht einengt wie in historischen Zeiten, sondern der Bequemlichkeit und den heutigen Anforderungen von Bewegung (annähernd) gerecht zu werden trachtet. Dieser Trend ist hauptsächlich von den „Japanern" gefördert worden. Hier sei angefügt, dass eine mehr oder weniger außerhalb des Körpers angesiedelte Gewandform auch einen Verzicht auf individuelle Maße bedeutet und von der globalen Konfektion begrüßt wird.

Die Mode der letzten Jahre scheint von einer Vielfältigkeit geprägt zu sein, die keinen speziellen Trend erkennen lässt. Es gibt viele Trends, die nicht selten gegenläufig in Erscheinung treten, so z. B. *das unverfälschte Nachaußendringen* von *Körperform und Körperoberfläche* durch hochelastische Materialien hindurch, die erst durch die biologische Form des Menschen ihre Kontur erhalten. Diese Kreationen scheinen im Gegensatz zu den oben genannten skulpturalen Äußerungen der 90er zu stehen.

Die Vielfalt, die uns heute zu umgeben scheint, hat immer mehr oder weniger ausgeprägt und in unterschiedlichen Erscheinungsformen zu den Eigenschaften der Mode gezählt.

Es versteht sich, dass die eben zitierten hochelastischen Materialien auch der Konfektion sehr willkommen erscheinen müssen, da sie auf unterschiedliche Konfektionsgrößen „auszudehnen" sind.

Damit wäre ein wesentlicher Akzent der 90er angesprochen: die *innovative Materialgestaltung* (Textabbildung 15). Den Stoffherstellern scheint es um einen noch nie da gewesenen Verfremdungseffekt im textilen Genre zu gehen. Auf diese Weise findet eine Konzentration auf das Material statt: Die De-

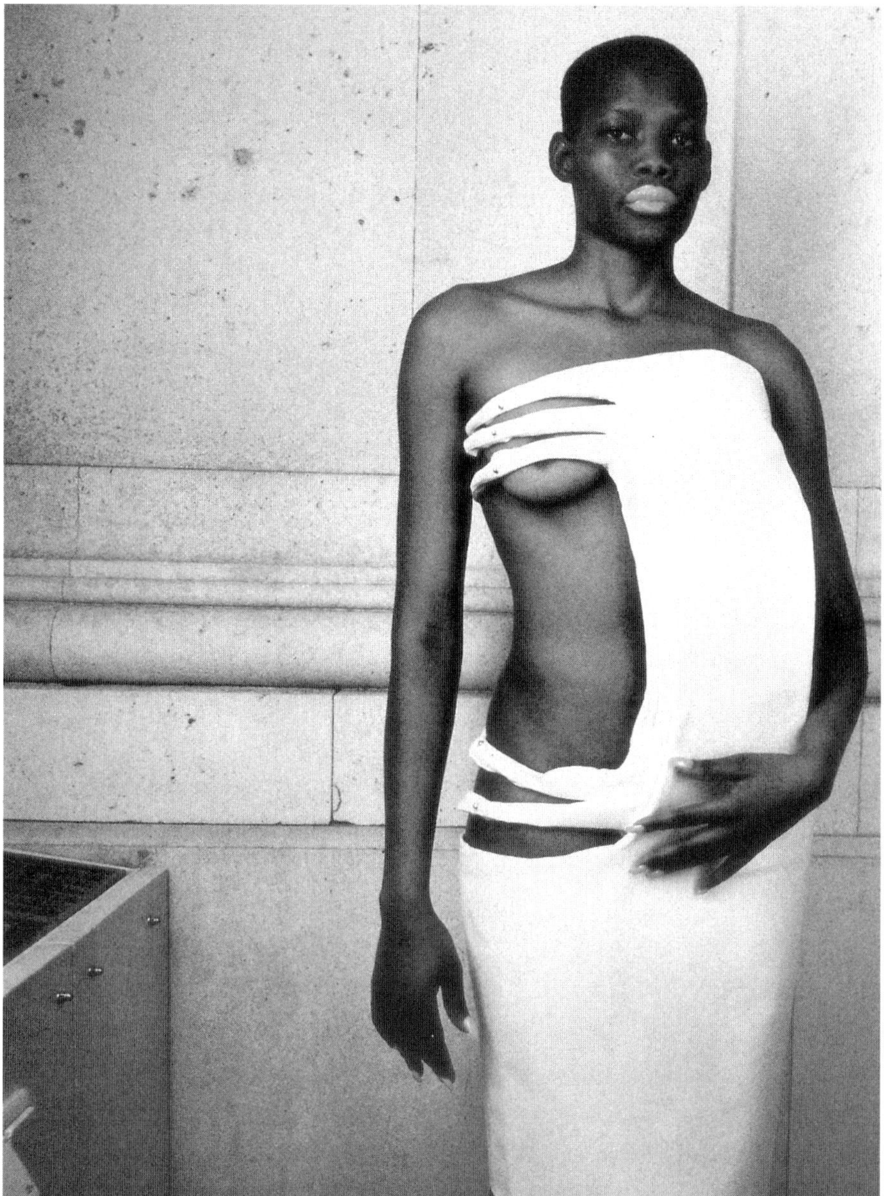

signer setzen nicht selten ihren Schwerpunkt im Stoffbereich. Bislang war diese Vorgangsweise in außereuropäischen Bereichen, in europäischen Trachtengebieten oder auch in noch nicht „modisch" dominierten Zeiten der europäischen Vergangenheit anzutreffen. Mit der dreidimensionalen, schneidertechnischen Nachbildung eines ganz bestimmten menschlichen Körpers, dessen Kleidung genauso unverwechselbar zu sein hatte wie seine Persönlichkeit, scheint man allerdings die „Materialsprache" – zumindest in der so genannten westlichen Mode – verlernt zu haben. Die westliche Mode ist offensichtlich dabei, mit teilweise recht spektakulären Mitteln neue Sichtweisen in dieser Beziehung einzuüben: vielleicht eine Methode, um die Globalisierung in den Griff zu bekommen. Einen Teil der Lektion bildet mit Sicherheit die eben beschriebene gesteigerte Vorliebe zu innovativen Materialen, die andere Aspekte der modischen Gestaltung notwendigerweise unwichtiger erscheinen lässt.

Textabbildung 15
Erfindung von neuen Materialien, die sehr oft den textilen Charakter verleugnen (das Oberteil wurde aus einem Tarnnetz des Bundesheeres geschnitten), ungewöhnliche Kombinationen derselben sowie unübliche Verarbeitung zeigen sich als ein Aspekt der 90er Mode.
Design: Anna Aichinger
(Dolores Deluxe.) 2000.
Ordinariat für Mode am Institut für Design, Universität für angewandte Kunst, Wien.
Foto: Bernd Preiml

Große Abbildung 7
In Abwandlung der Schulterpolster ergeben sich weitere Verformungsvisionen.
Design: Petra Galogaza. 2000.
Ordinariat für Mode am Institut für Design, Universität für angewandte Kunst, Wien.
Foto: Marcus Rössle

Männerkleidung im 20. Jahrhundert (Überblick)

Die Weichen für die Männermode waren mit dem Sakkoanzug schon im 19. Jahrhundert gestellt worden. Die Änderungen sind wenig spektakulär und entsprechen zumeist nicht unseren Vorstellungen von „Mode". Die Wandlungen sind klein, aber fein und oft nur für Insider nachvollziehbar. Für die absolute Richtigkeit des zu Tragenden waren die englischen Herrenschneider und ihre Kundschaft zuständig. Zumindest bis zum Ersten Weltkrieg ließ sich der Herr – auch derjenige der Mittelschicht – seinen Anzug maßschneidern. Die kriegsbedingte Materialknappheit, die sich besonders bei den teuren Herrenstoffen zeigte, wirkte sich auf den Fortgang der Herrenmode zusätzlich hemmend aus.

Beim Sakkoanzug fällt nach 1910 eine leichte Veränderung der Fasson auf. Das Revers wird – im Gegensatz zu den früheren sehr kurzen Formen – lang gezogen (große Abbildung 8). Etwa zur selben Zeit wird die Hose mit hohen Stulpen versehen und zeigt sich etwas bodenscheu. Um die Kürze der Hose zu kompensieren, trägt der Herr Gamaschen, die in Wien als „Flohdackerl" bezeichnet worden sind. Der *Gehrock* galt noch immer als offizielle Tageskleidung. Die Gehrockweste musste zweireihig sein und mit Revers versehen. Als korrekte Hose galt eine gestreifte, dunkel gehaltene Ausführung ohne Stulpe. Eine ebensolche Hose wurde zum *Cutaway* (Cut) getragen. Im Gegensatz zum Gehrock ist der Cut als privater formeller Anzug einzustufen, was auch seine vereinzelte Verwendung als Hochzeitsanzug bis in die heutige Zeit deutlich macht.

Da der *Smoking* auch heute noch sehr beliebt ist, soll dieser Herrenanzug etwas genauer dargestellt werden. Seit 1894 fand dieser „kleine Abendanzug" auf dem Kontinent Eingang, in England jedoch unter „Dinnerjackett" geläufig. Aus den englischen Clubs stammt denn auch dieses Kleidungsstück. Nach dem Dinner (im Club) vertauschten die Herren den Frack mit dem bequemeren Dinnerjackett, mit dem sie sich schließlich in den Rauchsalon begaben. In Amerika, wohin der Smoking zuerst übernommen wurde, nahm dieses Dinnerjackett auch den Namen Tuxedo an. Dieser Name stammt von einem fashionablen Erholungsort im Südosten von New York, der ein Zentrum an Exklusivität bedeutete. Auf dem europäischen Kontinent wird dieser Anzug bis heute als Smoking bezeichnet. Das Sakko folgt der herrschenden

Große Abbildung 8
Bis 1910 erschienen die Revers des Sakkoanzuges auffallend kurz, ab nun zieht man die Revers bleibend tief hinunter. Die Hosen zeigten sich auch weiterhin bodenscheu und eng am Saum. Die elegante Variante des Herrenoutfits benötigt noch immer den Zylinder und die stulpenlose Hose. Die Taillenmarkierung befindet sich etwas über der natürlichen Taillenlinie, wohl in Parallelausformung zur Frauensilhouette. Die Herrenwelt. Wien 1917 (Februar)

Modelinie, nur werden die Revers mit Seide belegt. Steigende Revers waren jahrzehntelang in Mode, bis man sich in den 50ern für den seidenbelegten Schalkragen – der allerdings schon einmal um die Jahrhundertwende aufgetaucht war – entschied. Schon nach dem Ersten Weltkrieg ersetzte der Smoking häufig den Frack. Als typisches Smokingkennzeichen wären noch die im Gegensatz zur Frackhose schmäleren Galons zu nennen; weiters die schwarze Schleife – ursprünglich trug man nämlich das weiße „Frackmascherl" – und die Hemdbrust. Letztere ähnelte sehr der Frackbrust, nur waren die Klappen des Kragens und auch die Manschetten abgerundet. Schließlich wurde auch der letzte Rest der Unbequemlichkeit ausgetilgt: Man trug das „weiche" Hemd mit Umlegekragen nun auch zum Smoking.

Die höchste Steigerung des formellen Gewandes, der Fulldress, ist bis heute jedoch der *Frack* geblieben. Es versteht sich, dass das Zeremonielle in diesem Fall ernst genommen wird und eine gewisse unbequeme Steifheit diesem Kleidungsstück bis heute zu eigen ist. Der modische Wandel besteht lediglich in der Anpassung an die jeweilige Silhouette. Das Frackhemd unterstützt mit seinem starren Klappenkragen, ebensolchen Manschetten und seiner brettartigen Brust, die mit zwei Perlen oder Goldknöpfen geschlossen wird, das steife Erscheinungsbild. Desgleichen gestattet die weiße Frackschleife (Mascherl) keine modischen Variationen. Die Hose wird selbstver-

Textabbildung 16
Noch in den frühen 20er Jahren war die hohe Taillenmarkierung und die füllige Hüfte zu finden (analog zur Silhouette der Frau, vergleiche Textabbildung 3). Erst passend zur Garçonne von 1925 (vergleiche große Abb. 3) überspielen die Herrenschneider die Taille und gestalten das Sakko um die Hüfte körpernah anliegend.
Der Junggeselle. 1925

ständlich, wie alle eleganten Hosen, ohne Stulpe gearbeitet. Um sich von der Smokinghose zu distanzieren, besitzt die Frackhose breitere Galons.

Mäntel, Schuhe, Hüte und selbst die Spazierstöcke wurden in den ersten zwei Jahrzehnten des 20. Jahrhunderts den Situationen und Anlässen angepasst. Als Herr war es unmöglich, ohne *Hut* auf die Straße zu gehen. Zum Sakkoanzug, zu den Alltagsmänteln, wie Raglan oder Ulster, wurde der weiche (meist dunkle) Filzhut getragen. Während der schwarze Sakkoanzug oder der als elegant geltende Paletot den steifen Filzhut, die Melone, erforderten. Als eleganteste Va-

Textabbildung 17
In den 30ern wird die Hose weiter und länger. Die Hüftpartie bleibt zwar schlank, jedoch greift man wiederum auf eine hoch sitzende Taillenmarkierung zurück (vergleiche die entsprechende Frauensilhouette in Textabbildung 4 und 5).
Adam. La Revue de l'homme. 1939 (Juli)

Textabbildung 18
Die unfassonierten Sakkos amerikanischer Konvenienz bekamen schon bald durch die genialen italienischen Schneider (Savini-Brioni, Litrico, Coccoli, Datti, Piatelli u. a.), die eher zum englischen Stil tendierten, eine konventionelle und doch modische Note, die – mehr oder weniger gelungen – nahezu weltweit Nachahmer finden sollte.
Mayfair Fashions. 1952 (Mai)

riante wurde der Zylinder, der vor dem Ersten Weltkrieg auch noch nachmittags getragen wurde, angesehen. Im Sportbereich sowie in den Urlaubsorten war größere Bequemlichkeit (Funktionalität) gestattet.

Als Beispiel für die absolute Dominanz der englischen Herrenmode zu Beginn unseres Jahrhunderts sei ein Beispiel aus der Sportmode zitiert, die Geschichte der „Plustwos" (plus zwei, gemeint sind Inches). Es handelt sich hierbei um eine Knickerbockerabart. Gegen Ende des 19. Jahrhunderts, als die Knickerbockers als praktische Sporthosen aufgekommen waren, wurde der Kniebund vom Überfall der Hose kaum abgedeckt. Die Plustwo-Verlängerung genügte den englischen Schneidern nicht, da man beim Sitzen den unschönen Kniebund zu sehen bekam. Auf diese Weise verpassten sie ihrer golfenden, Bewegungsfreiheit fordernden Kundschaft die „Plusfours", die mit ihrem Überfall nun schon bis zur Mitte der Wade herunterreichten, damit büßten sie auch (vermutlich wegen Unzweckmäßigkeit) ihre Beliebtheit ein und man spielte eben gleich in langen Hosen (etwa 1934). Erst 1952 gelang es, die Popularität der auf Plustwo reduzierten Knickerbocker im Rahmen einer international ausgerichteten Herrenmodewerbewoche in London wieder zurückzugewinnen. Allerdings fällt auf, dass man sich von der Vorherrschaft der englischen Bezeichnungen schon distanziert hatte und schlicht und einfach von Kniebundhosen zu sprechen begann.

Die Grundlinie der Herrenmode war demnach zu Beginn des Jahrhunderts festgelegt worden. Der Sakkoanzug veränderte seine Konturen geringfügig (siehe große Abbildung 8). Zu Beginn der 20er bevorzugte man etwa das so genannte Stehbrustsakko, das eher schmal, mit hochgeschobener Taillenlinie, aber mit verstärkter Brustpartie gearbeitet war, während die Hüftpartie leicht abgerundet und körperfern erscheint. Die Parallele zur gleichzeitigen Damensilhouette ist unverkennbar. Auch hier hält sich der Rock von der anatomischen Gegebenheit fern, eine Stoffschale umgibt die Hüfte. Oder Mitte der 20er rutschte die Taillenlinie wiederum an ihre natürliche Stelle und man polsterte die verbreiterten Schultern stärker. Die Hüftweite entsprach ungefähr der Taillenweite (Textabbildung 16), sodass sich ein Vergleich mit der Röhrensilhouette der Garçonne aufdrängte. Der Körperkontakt von Gewand- und Körperoberfläche war in beiden Fällen hergestellt worden. In den 30ern wurde die Taillenlinie – ähnlich wie in der Damenmode – stärker herausmodelliert und abermals höher gelegt (Textabbildung 17).

Fallweise wagt man es schon, die englische Vorherrschaft zu durchbrechen. Um die englische Herrenmode allerdings als konservativ und altmodisch nicht mehr ernst nehmen zu müssen, hatte man noch das Ende des Zweiten Weltkrieges abzuwarten. Die Nachkriegsgesellschaft wollte sich mit den Reglementierungen der englischen Schneider endgültig nicht mehr abfinden.

Die ersten Nachkriegsjahre brachten in der Herrenmode notbedingt keine Neuerungen. Die traditionelle Herrenschneiderei ließ sich nicht improvisieren, da sie ohne qualitätvolle Materialien nicht arbeiten konnte. Ohne die entsprechenden Stoffe sah ein Herrenanzug eben nicht wie ein Herrenanzug aus, sodass Männer, die noch im Besitz ihrer alten qualitätvollen Anzüge und Mäntel waren, sich glücklich schätzen konnten. Hinsichtlich der modischen Linienführung war man deshalb vorerst auch froh, dass nicht die Franzosen, sondern die konservativen Engländer für die Herrenmode zuständig waren. Auf diese Weise konnte man die alten Anzüge ohne aufzufallen auftragen. Das amerikanische, mit großer Propaganda betriebene Zwischenspiel nach dem Krieg, das darin bestand, den Engländern mit saloppen, breitschultrigen, V-förmigen, taillenlosen Sakkos den Rang ablaufen zu wollen, endete mit einem Rückzieher der Erfinder. Nachdem die Riesenreklame mit dem Hollywoodstil verheizt war, ließ sich selbst in Amerika kein besonderes Geschäft damit machen. Dies war genügend Grund, sich mit der Sache (in Amerika) nicht mehr weiter zu beschäftigen. Nun war die englische Herrenmode, der die erstarkten Italiener zu dieser Zeit kräftig auf die Sprünge halfen, wieder im Kommen. Die Italiener hatten um 1950 den New-Edwardian-Stil aufgegriffen, mit Nachdruck weitergeführt und schließlich echte Männermode daraus gemacht. In den stark kriegsgeschä-

Textabbildung 19
In Harmonie mit der weiblichen Silhouette (vergleiche Textabbildung 11) zeigt sich der Mann der ausgehenden 60er ebenfalls schmalschultrig und engbrüstig.
Modell: Nativo.
Sir. Men's International Fashion Journal. 1969 (März)

Textabbildung 20
Als Parallelunternehmen zu den Powerfrauen bauen nun auch die Männer ihre Sakkos mit gewaltigen Schulterpolstern auf. Oversize zeigen auch Pullover und Hemden. Was nicht durch Bodybuilding erreicht werden kann, wird durch die Gewandkontur ergänzt.
Sir. Men's International Fashion Journal. 1985 (Oktober)

digten Gebieten führte das vielfach dazu, dass viele Männer sich mit ihren alten Anzügen bis in die englisch-italienische Phase retten konnten. Die junge Generation hingegen wendete sich stärker der Freizeit- und Sportkleidung der Amerikaner zu, wobei anzumerken bleibt, dass auch in diesem Genre der italienische Touch nicht zu übersehen ist. Ein Beispiel sei dazu herausgegriffen: das „T. T."-Hemd, auch Titi-Hemd, ein Hemd mit horizontaler Öffnung von Schulter zu Schulter kombiniert mit einem nach vorne übergreifenden Rückenteil, das den Kragen trägt. Der Zuschnitt an der Schulter ähnelt den heute üblichen Babybodies. T. T. steht für „Trasformazioni Tessili" (damals ein führender Herrenbekleidungserzeuger in Italien). McGregor, das riesige amerikanische Textilunternehmen, hat die Produktionsrechte für die USA erworben und dieses Freizeithemd, das salopp über der Hose getragen werden konnte, mit großer Propaganda (in italienischem Ambiente) erfolgreich verbreitet. Trotz aller Freizeitsteigerung – man denke an den Siegeszug von Jeans, T-Shirt, Sweater etc. – blieb der Sakkoanzug bis heute erhalten. Schulterbreite und Taillenmarkierung sowie Hosenform zeigen sich parallel zur Frauensilhouette. Auch hier sind die schmalen Schultern und die „harte" Verarbeitung der 60er (Textabbildung 19), die Aufweichung der 70er – beim Herrenanzug allerdings mit einer aus heutiger Sicht

Textabbildung 21
Die Designer sehen den Mann der 90er in einer körpernäheren Silhouette, wie sie schlussendlich auch die weibliche Mode mit der Verwendung hochelastischer Materialien gleichsam als zweiter Haut als einen extremen Aspekt der Gestaltung anbietet.
Vogue. Hommes (Automne/Hiver 95–96). 1995/96

unbequemen gesäßengen, tief sitzenden, aber fußweiten Hose in Verbindung – und der Oversize-Look der 80er (Textabbildung 20), der wiederum die bequemeren Bundfaltenhosen bescherte, anzutreffen. Zu den Eskapaden der Frauenmode der jüngeren Vergangenheit denken sich die Designer zwar bisweilen auch passend gekleidete Männer aus, die jedoch den Sakkoanzug nicht zu verdrängen vermögen (Textabbildung 21). Eine Stärkung seiner Position erfährt diese „konservative" Facette der Männermode noch durch die Übernahme ebendieses Anzugs durch die Frauen. Wenn Frauen ein formelles, ernst zu nehmendes Outfit benötigen, wählen sie den Hosenanzug.

Die Ansprüche der modernen Gesellschaft haben der Männermode zwar eine nie da gewesene Vielfalt beschert, wobei das Terrain des Sakkoanzuges – bedingt durch die Vergrößerung des Freizeit- und Sportbedarfes – eingeengt worden ist, der Anzug aber trotzdem das einzige wirklich ernst zu nehmende Kleidungsstück des Mannes geblieben ist.

Textabbildung 22 und 23
Zwei Sportanzüge, einer vom Beginn und der andere vom Ende des 20. Jahrhunderts, zeigen die unterschiedlichen Standpunkte, die sich in der entsprechenden modischen Formulierung abzeichnen.
Links: „Gehsportanzug" aus der „Herrenwelt" vom April 1917.
Rechts: Jogginganzug aus einer Werbung (Unique. Fitness Dept. Issue one. Spring Summer '99)

Bild-Anmerkungen

1 Wiener Mode, 1913 (7)

2 „Moderne Turbanfrisur", Wiener Mode, 1910 (13)

3 Wiener Mode, 1910 (8)

4 „Besuchstoilette", Wiener Mode, 1913 (21)

5 „Abendmantel, Abendkleider", Wiener Mode, 1915 (2)

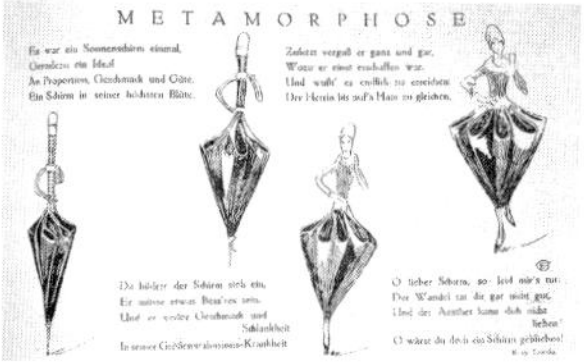

6 „Metamorphose", Wiener Mode, 1920 (11)

7 Die Dame, 1920 (18)

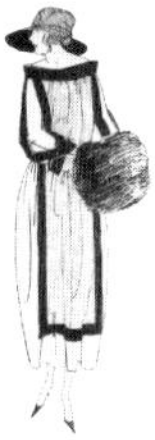

8 „Konzert- und Theaterkleid", Wiener Mode, 1922 (2)

9 Wiener Mode, 1925 (4)

10 Wiener Mode, 1925 (15)

11 Wiener Mode, 1930 (9)

12 Wiener Mode, 1930 (1)

13 Die Dame, 1935 (10)
Foto: d'Ora

14 Modell: Lucien Lelong,
Foto: Steichen,
Vogue, 1935 (Feb.)

15 Vogue, N.Y., 1946

16 Modell: Christian Dior, L'Officiel, 1948

17 Dior, Boutique, Vogue, 1955

18 Modell: Pierre Cardin, 1958, Abbildung: Abteilung Kostümkunde an der Universität für angewandte Kunst, Wien

19 Modell: Jeanne Lanvin, Vogue, 1964

20 Modell: Dorothée Bis, Vogue, 1970

21 burda, 1975 (11)

22 „Bodystocking", Vogue frz., 1970

23 Brigitte, 1975 (18)

9 20. Jahrhundert

Kostümkundliche Literatur

Aspesi, N.: Il Lusso & l'autarchia. Storia dell ' eleganza italiana 1930–1944. Milano 1982

Battersby, M.: Art Déco Fashion. French Designers 1908–1925. London, New York 1974

Bowman, S. / Molinare, M.: A Fashion for Extravagance. Art Déco Fabrics and Fashions. New York 1985

Butazzi, G.: Vent'anni die moda italiana 1922–43. Ausstellungskatalog: Museo Poldi Pezzoli. Mailand 1981

Delpierre, M.: Le Costume. La Haute Couture de 1940 à nos Jours. La grammaire des styles. Paris 1991

Deslandres, Y. / Müller, F.: Histoire de la Mode au XXe Siècle. Paris 1986

Dorner, J.: Fashion in the Twenties and Thirties. Shepperton 1973

Dorner, J.: Fashion in the Forties and Fifties. London 1975

Drost, J.: Mode unter dem Vichy-Regime. Pfaffenweiler 1998

Ewing, E.: History of 20th Century Fashion. London 1975^{2}

Feldman, E.: The Forties in Vogue. London 1985

Günther, I. V.: Nazi „Chic"? German Politics and Women's Fashion, 1915–1945. In: Fashion Theory. The Journal of Dress, Body & Culture 1 (1997)

Günther, I. V.: Fashions of a Decade – The 1990's. London 1992

Herald, J.: Fashions of a Decade – The 1970's. London 1992

Lehnert, G.: Frauen machen Mode. Dortmund 1998

Lehnert, G. (Hrsg.): Mode, Weiblichkeit und Modernität. Dortmund 1998

Loschek, I.: Mode im 20. Jahrhundert. Eine Kulturgeschichte unserer Zeit. München 1990^{4}

Mueller-Stindl, E.: Mode, Macher, Märkte. Von der Haute Couture auf die Straße. 50 Jahre Mode von 1946 bis 1996. Frankfurt 1997

Musée de la Mode et du Costume, Palais Galliera: Robe du Soir. 1850–1990. Ausstellungskatalog. Paris 1990

Museum für Kunst und Gewerbe, Hamburg: déjà vu. Moden 1950–1990. Bearb. Ursula Strate. Ausstellungskatalog. Hamburg 1994

McDowell, C.: Forties Fashion and the New Look. London 1997

Rennolds Milbank, C.: Couture. Glanz und Geschichte der großen Modeschöpfer und ihrer Creationen. Köln 1986

Robinson, J.: Fashion in the Thirties. London 1978
Robinson, J.: Fashion in the Forties. New York 1980
Steele, V.: Women of Fashion. Twentieth-Century Designers. New York 1991
Steele, V.: Fifty Years of Fashion. From New Look to Now. New Haven 1997
Steele, V.: Paris Fashion. A Cultural History. Oxford, New York 1998[2]
Strizenova, T.: Soviet Costume and Textiles 1917–1945. Moskau, Paris, Verona 1991
Uchalová, E. / Zeminova, M.: Czech Fashion 1918–1939. Prag 1996
Uchalová, E. / Zeminova, M.: Paris Fashion. A Cultural History. Oxford, New York 1998[2]
Vinken, B.: Mode nach der Mode. Kleid und Geist am Ende des 20. Jahrhunderts. Frankfurt 1993
Völker, A.: Wiener Mode + Modefotografie. Die Modeabteilung der Wiener Werkstätte 1911–1932. München, Paris 1984

Modejournale

La Mode Parisienne. Paris, Wien 1900–1948
Les Modes. Paris 1901–1937
Fémina. Paris 1901–1956
Women's Wear Daily. New york 1910ff.
La Femme Chic. Paris 1911–1971
Gazette du Bon Ton. Arts, Modes & Frivolités. Paris 1912–1925 (unterbrochen)
Die Dame. Berlin 1912–1943 (Weiterführung der Illustrirten Frauenzeitung, erschienen seit 1874)
Elegante Welt. Berlin, Stuttgart 1912–1969 (seit 1970 Fusionierung mit Madame)
Vogue. Amerikan. Ausgabe seit 1892, engl. Ausgabe seit 1916., frz. Ausgabe seit 1918, ital. Ausgabe seit 1969, dt. Ausgabe seit 1979
Revue des Modes. Paris, Wien 1920–1939
La Mode du Jour. Paris 1921–1977
L'Officiel de la Couture et de la Mode de Paris. Paris 1921 ff
Le Jardin des Modes. Paris 1921ff (1971–1977 unterbrochen)
Der Modediktator. (Herrenmodejournal). Hrsg. Baron von Eelking. Berlin, London, Paris. Wird von 1931 bis 1981 als „Das Herrenjournal" (Köln) fortgesetzt.
Marie-Claire. Paris 1937ff
Constanze. Hamburg 1948–1970. Seit 1970 Brigitte mit Constanze (Brigitte seit 1954, vorher – seit 1886 – als „Dies Blatt gehört der Hausfrau" erschienen)
burda Moden. Offenburg 1949ff
Mode. Hrsg. Modeinstitut der DDR. Leipzig 1958–1990

Literaturhinweise, allgemein

Bibliographien

Colas, R.: Bibliographie générale du costume et de la mode. 2. Bde. Paris 1933

Hiler, H. & M.: Bibliograpy of Costume. New York 1939. Nachdruck 1967

Katalog der Lipperheideschen Kostümbibliothek. Bearb. von Eva Nienholdt und Gretel Wagner. Berlin 1965[2]

Sichel, M.: Costume Reference. 1950 to the Present Day. 10 Bde. London 1977–79

Nachschlagewerke (größtenteils lexikalisch)

Arnold, J.: A Handbook of Costume. London 1973

Hofer, A.: Textil- und Modelexikon. Frankfurt 1997[7]

Kybalová, L. / Herbenová, O. / Lamarová, M.: Das große Bilderlexikon der Mode. Gütersloh 1966

Leloir, M.: Dictionnaire du costume et de ses accessoires, des armes et des étoffes des origines à nos jours. Paris 1951

Loschek, I.: Reclams Mode- & Kostümlexikon. Stuttgart 1999[4]

McDowell's Directory of Twentieth Century Fashion. London 1987[2]

O'Hara, G.: The Encyclopedia of Fashion. London 1986

Remaury, B.: Dictionnaire de la Mode au XXe Siècle. Paris 1994

Schierbaum, W. (Hrsg.): Bekleidungslexikon. Berlin 1978

Wilcox, R. T.: The Dictionary of Costume. London 1969

Kostümgeschichte, allgemein

Boucher, F.: Histoire du costume en occident de l'antiquité à nos jours. Paris 1965

Die Falte. Ein Konstitutivum menschlicher Kleidung? Ausstellungsbuch des Instituts für Kostümkunde an der Universität für angewandte Kunst in Wien. Wien 1987

Mackrell, A.: An illustrated History of Fashion. 500 Years of Fashion Illustration. London 1997

Ribeiro, A. / Cumming, V.: The Visual History of Costume. London 1989

Rolf, E.: Entwicklungsgeschichte des Kostüms. Wien 1979

Thiel, E.: Geschichte des Kostüms. Die europäische Mode von den Anfängen bis zur Gegenwart. Berlin 1997[6]

Tilke, M.: Kostümschnitte und Gewandformen. Eine Übersicht der Kostümschnitte und Gewandformen aller Zeiten und Völker vom Altertum bis zur Neuzeit. Tübingen 1945

Waugh, N.: The Cut of Men's Clothes. 1600–1900. London 1964

Waugh, N.: The Cut of Women's Clothes. London 1968

10 | Kleidung und Farbe

Kleidung und Farbe

Vom heutigen Standpunkt betrachtet, stellt die Farbe zweifellos den spektakulärsten Anteil an der Kleidung dar. Die Textilfarbenchemie bietet eine unbegrenzte Palette an. Die Anzahl der Nuancen steigt nahezu ins Unendliche. Im Dschungel der Farbtöne hat der Anwender zwar seine Farbsicherheit verloren, aber die trügerische Freiheit gewonnen, sich jeder möglichen und unmöglichen Farbe bedienen zu können. Die Modebranche benützt diese Vielfalt in Form von hektisch wechselnden Modefarben. Das Spiel mit der Mannigfaltigkeit der Farben bleibt trotz der subjektiven Aufdringlichkeit ein untergeordnetes Element des Silhouettenwandels. Der Symbolwert, die Ausdruckskraft und subjektive Empfindungen können den Formenwandel zwar unterstützen, aber nicht bestimmen.

Der Reichtum der textilen Farbpalette wurde erst möglich durch die Entwicklung der Teerfarben, besser bekannt unter Anilin- und Azofarben. Was zaghaft Anfang des 19. Jahrhunderts begonnen hatte, wurde mit der Indigosynthese, die 1897 gelungen war, zu einem gewaltigen Industriezweig. Auf diese Weise wurden die synthetischen Farben zu einem Wegbegleiter des Demokratisierungsvorganges in der Mode.

Vor dem Synthetisierungszeitalter hatte man allerdings im Bereich der Naturfarben bereits eine bewundernswerte Perfektion erreicht. Fallweise schätzt man auch heute wiederum die Individualität der Naturfarbtöne im Gegensatz zu den abstrakten Farbtönen. Tatsache ist, dass die Naturtöne dem menschlichen Auge durch ihre individuelle Note eine Sicherheit in der Anwendung vermitteln. Als Beispiel dafür können Trachten gelten, die in der Naturfarben-Ära perfekte Farbkompositionen zeigen, während nach Annahme der synthetischen Farben lediglich Buntheit übrig bleibt.

Vor der Massenware des synthetischen Zeitalters und damit vor der demokratisierten Mode wiesen gefärbte Textilien im Allgemeinen auf den Reichtum des Trägers hin. Die Farbstoffe waren teuer und aufwendig in der Herstellung, sodass naturbelassene Stoffe in jedem Fall billiger waren. Die unteren Gesellschaftsschichten mussten daher oft mit ungefärbten, erdfarbenen oder schmutzig anmutenden Gewändern Vorlieb nehmen – einerseits aus Armut, andererseits aus ständischem Bewusstsein.

Die Farbe der Kleidung erscheint bezüglich der kostümkundlichen Quellenlage besonders problematisch, denn „Malerfarbe" ist nicht gleich „Textilfarbe". Ob nun die Kleider in mittelalterlichen Handschriften, in Gemälden, in kolorierten Kupferstichen, in Farblithos, in Fotos oder Farbdrucken überliefert sind, es findet in jedem Fall eine Verfälschung der textilen Farbsituation statt. Hinzu kommt noch der gestalterische Faktor, der durch die Ausführenden (Maler, Colorateure, Lithographen etc.) entsteht. Textile Wahrheit muss nicht selten künstlerischen Ansprüchen weichen. Die folgenden Farbseiten sollen daher nicht nur einen Hinweis auf bevorzugte Farben der europäischen Kleidungsgeschichte geben, sondern vor allem die Problematik der dargestellten Farben aufzeigen.

Weiterführende Literatur

Ploss, E. E.: Ein Buch von alten Farben. Technologie der Textilfarben im Mittelalter mit einem Ausblick auf die festen Farben. München 1986[6]

Nixdorff, H./Müller, H.: Weiße Westen – Rote Roben. Ausstellungskatalog. Berlin 1983

Bildlegenden zu den Farbabbildungen

Seite 349

Farbabbildung 1

15. Jahrhundert

Girart de Roussillon, burgundische Handschrift vor 1448. Handschriftensammlung der Österreichischen Nationalbibliothek, Codex-Nummer 2549, fol.97r

In der Palette der Buchmaler Textilfarben erkennen zu wollen, wäre verwegen.

Hier lässt sich unschwer erkennen, dass der Künstler für die Blumen der Randgestaltung dieselben Farben einsetzt, wie er sie auch für die Kleiderfarben anwendet.

Beispielsweise konnte das strahlende Kornblumenblau der Buchmalerei tatsächlich aus Kornblumen gewonnen werden. In der Dunkelheit zwischen den Buchblättern erhielt es sich über Jahrhunderte. Schon für die Maler war es ungeeignet, und erst recht für die Textilfärberei, wo Waschwasser und Licht es sofort zerstört hätten.

Dem (adeligen) mittelalterlichen Menschen erschienen leuchtende, klare Farbtöne als ideal. Rot, Blau, Grün, Gelb, Braun, Weiß und Schwarz mit deutlicher Bevorzugung von Rot galten auch für die Textilien als erstrebenswert.

Seite 350

Farbabbildung 2

1. Hälfte 16. Jahrhundert (1528)

Wolfgang Krodel (um oder vor 1500, bis 1561 nachweisbar): Lot und seine Töchter. Im Hintergrund: Lot und seine Töchter fliehen aus Sodom. 1528 (datiert). Kunsthistorisches Museum, Wien

Golden wirkende glatte Stoffe werden zur Kontrastierung der durch samtige Oberfläche satter erscheinenden Hauptfarben eingesetzt. Als Lieblingsfarbe der Patrizierinnen, vielfach auch als Hochzeitskleid in Verwendung, tritt wiederum die rote Farbe, meist in vollen tiefen Tönen, auf. Die differenzierende Bordierung dient der markanten Betonung der neuzeitlichen Schnittform und unterstützt gleichzeitig die neue Silhouette der Renaissance in ihrer Vorliebe für die Horizontale. Schwarz erscheint nicht selten als Begleiter der dominanten Farben und wird speziell in der Männerkleidung bevorzugt getragen.

Seite 351

Farbabbildung 3

2. Hälfte 16. Jahrhundert (1571)

Alonso Sánchez Coello (1531/32–1588): Anna von Österreich, Königin von Spanien. 1571 (datiert). Kunsthistorisches Museum, Wien

Schwarz als führende Farbe der Spanischen Mode bietet für die Hervorhebung der neuen Schneiderkunst die kongeniale, in den Hintergrund tretende Basis. Die perfekte Linienführung erweckt auf dem neutralen Farbhintergrund, durch Borten und Stickereien akzentuiert, die Aufmerksamkeit des Betrachters. Schwarze, samtige Oberflächen bieten außerdem einen idealen Hintergrund für die Präsentation von kostbarem Schmuck ab. Das Interesse an der Farbigkeit ist eindeutig zugunsten der neu kreierten Schneiderkunst zurückgedrängt worden. Lediglich matte Oberflächen in weiß-gelblichen Tönen oder auch zarte Rotnuancen können neben Schwarz bestehen.

Seite 352

Farbabbildung 4

1. Hälfte 17. Jahrhundert (1633)

Pieter Codde (1599–1678): Fröhliche Gesellschaft. 1633 (datiert). Gemäldegalerie der Akademie der bildenden Künste, Wien

Schwarz wird allmählich zur bürgerlichen Repräsentationsfarbe. Vorbildlich in dieser Richtung erweisen sich die calvinistisch bestimmten Niederlande, welche die allgemein protestantische Neigung zu Schwarz noch verstärken. Als modisch gekleidet hingegen zeigen sich die Figuren der linken Gruppierung in ihren hellen pastelligen Farben. Glänzende Oberflächen an unversteiften Kleidern geben jedoch insgesamt den (barocken) modischen Ton an. Glanz erscheint wichtiger als Farbe. Bewegung und Lichtreflexe werden nun nicht mehr durch harte Ornamente oder scharfe Konturierung gestört. Auch die Farbe tritt in den Hintergrund.

Seite 353

Farbabbildung 5

2. Hälfte 17. Jahrhundert (1684)

Benjamin von Block (1631–1689): Erzherzogin Maria Antonia. 1684. Kunsthistorisches Museum, Wien

Die Beweglichkeit der glänzenden Stoffe hat sich in der zweiten Hälfte des 17. Jahrhunderts etwas verhärtet und macht einer Vielzahl von Materialien Platz, die an die Oberfläche der Kleider geholt werden. Farben dienen nun dazu, die einzelnen Stoffe voneinander zu unterscheiden. Zusätzlich hatte sich eine Vorliebe für Gold und Silber etabliert. Gelb als Glanzfarbe, die den Eindruck der goldenen Oberfläche suggerieren konnte, war daher sehr willkommen. Mit Gold- und Silberspitze belegte Stoffe entwickeln sich zu einer Spezialität dieser Zeit. Eine ähnliche Üppigkeit ist an den Goldbrokaten zu beobachten, die man zusätzlich mit Gold- und Silberstickereien verziert hat. Es sei noch erwähnt, dass die Erzherzogin ein Hofkleid trägt, das besonders im Ärmel- und Ausschnittbereich antiquierte modische Details bewahrt hat, die lange Zeit als Kennzeichen des Galakleides Geltung haben.

Seite 354

Farbabbildung 6

1. Hälfte 18. Jahrhundert (1737)

Nicolas Delobel (1693–1763): Herzog Louis-Philippe von Orleans (die Bestimmung des Dargestellten ist unsicher). 1737 (datiert)

Rot als die Königin der Farben zu bezeichnen erscheint im Kleidungsbereich durchaus legitim. Die Herrschenden haben Rot zu ihrer formellen Lieblingsfarbe erkoren. Mode und Tracht haben sich dieser bevorzugten Farbe ebenfalls bedient. Selbst die katholische Kirche konnte den Verlockungen dieser Farbe nicht widerstehen. Für Uniformen sollte sich Rot als nahezu unentbehrlich erweisen.

Neben Hochrot tauchen Schattierungen von bläulichem Rot bis hin zu gelblichem Rot auf, und dies in zahllosen Intensitäten.

Régence und Rokoko bevorzugen generell pastellige Nuancen und fügen ein zartes Rot in diese Palette ein. Der Justaucorps von Louis-Philippe passt sich dieser Tendenz mit Hilfe einer Ton-in-Ton-Musterung an, der es gelingt, die Intensität der roten Farbe zu brechen.

Seite 355

Farbabbildung 7

2. Hälfte 18. Jahrhundert (1763)

Martin van Meytens (1695–1770) und Werkstatt: Serenade im Redoutensaal anlässlich der Vermählung Erzherzogs Joseph mit Prinzessin Isabella von Parma. 1763 (Ausschnitt) Kunsthistorisches Museum, Wien (wandfest Schloss Schönbrunn im Zeremoniensaal)

Die zarten Nuancen der Damenkleider zeugen von der exquisiten Handhabung der Farben im Rokoko. Die Wirkung wird erhöht durch die kräftigere Farbgebung der Männerkleidung, wobei die starken Farben der Uniformen und die Livreen der Hofmusikanten besonders auffallen.

Erwähnenswert erscheint das zarte Grün der Braut, das an das mittelalterliche Maiengrün erinnert und junge Liebe zum Ausdruck bringen sollte.

Als bemerkenswertes Kostümdetail darf nicht übersehen werden, dass die Damen in der ersten Reihe ihre langen Schleppen über die Rückenlehne ihres Stuhls gelegt haben.

Seite 356

Farbabbildung 8

2. Hälfte 18. Jahrhundert (1778–1787)

Galerie des Modes et Costumes français. 1778–87
Linke Abbildung: Galerie des Modes et du Costumes français. Réimpression accompagnée d'une préface par M. Paul Cornu. Paris 1911–14
Rechte Abbildung: Weigert, R.A.: Galerie des Modes et du Costumes français. 1778–1787. Texte par R. A. Weigert. Paris (1956)

Der Quellenwert der Modekupfer bezüglich der Farben ist anzuzweifeln, wie diese Gegenüberstellung zeigt. Die beiden Faksimiledrucke sind ebenso handkoloriert wie die Originale und zeigen markante Farbunterschiede. Bisweilen führt die Farbgebung sogar zu kostümlichen Fehlinterpretationen.

Seite 357
Farbabbildung 9 (1–4)
(von links oben nach rechts unten)
1. Hälfte 19. Jahrhundert

Wiener Zeitschrift für Kunst, Literatur, Theater und Mode
9.1: 1826/4, Modebild XLI – 9.2: 1834/3, Modebild XXVIII – 9.3: 1840/1, Modebild IX – 9.4: 1848/2, Modebild XXXVIII

Die Farben und Muster des Biedermeier werden vielfältiger. Neben den meist anlassgebundenen zarten Farben und den nach wie vor beliebten weißen Kleidern zeigt sich eine freudige Üppigkeit in der Farbgebung als Ausdruck der bürgerlichen Emanzipation in der Mode. Kariert, geblümt, gestreift in zu Buntheit neigenden Zusammenstellungen sind bis gegen 1840 zu beobachten. Danach beruhigen sich die Farben. Kontraste werden abgeschwächt. Einfarbigkeit in satten Tönen ist wiederum gefragt (9.3). Flächiges Grün, das sich gleichsam über die gesamte Oberfläche eines Kleides ausbreitet (9.4), kann seine Position als speziell städtische Farbe behaupten und auch für die Zukunft festigen. Mit ganzheitlich grüner Kleidung ließ sich eine Abgrenzung gegen ländliche Kleidung festlegen. Der grüne Hintergrund der umgebenden Landschaft hat auf dem Lande nie eine Begeisterung für total grüne Gewänder aufkommen lassen. Nur in kleinen Mengen, als Komplementärfarbe zu Rot etwa, war Grün willkommen. Zum städtischen Grün hat sich Violett als zweite Standardfarbe hinzugesellt – in Kombination (9.4) oder auch in selbständiger Verwendung.

Die handkolorierten Modebilder der Wiener Zeitschrift haben einen relativ hohen Quellenwert, da sie nach „Originalen", von Wiener Kleidermachern gestaltet sind.

Seite 358
Farbabbildung 10 (1–4)
(von links oben nach rechts unten)
2. Hälfte 19. Jahrhundert

Spécialités en Modes par Adolf Studnitzka, Wien
10.1: 1885/November „Toilette de Soirée" –
10.2: 1885/Dezember „Toilette de Danse" –
10.3: 1885/Juni „Toilette de Voyage" –
10.4: 1886/Juni „Toilette de Campagne"

Der Quellenwert der Farben in diesem Modealbum, das in Einzelblättern erschienen ist, darf als sehr hoch eingeschätzt werden. Adolf Studnitzka hat nämlich eine Malerausbildung an der Akademie der bildenden Künste in Wien absolviert und hat sich dann erst der Modebranche zugewandt. Für die Richtigkeit der Farben in den handkolorierten Lithographien hat wohl sein geschultes Malerauge gesorgt. Studnitzka war nicht nur Redakteur und Verleger, sondern auch die Anfertigung der Entwürfe und die Nachbearbeitung der Lithos fanden in seinem Modeatelier statt. Zusätzlich bürgt für die Realität der Farben die exakte Angabe der Stoffqualitäten und die Nennung der Bezugsfirmen. Seine Entwürfe sind vermutlich für die Maßanfertigung im gehobenen Milieu der Kleidermacher gedacht gewesen, als Orientierungshilfe sowohl für die Kundin als auch für den Hersteller.

Die subtilen Farbgebungen sind auf das Alter der Trägerin ebenso abgestimmt wie auf den Anlass und die Jahreszeit. Schwere Farben auf „englischem Peluche" kennzeichnen beispielsweise die Soiréetoilette für die Dame (10.1), während die lichtblaue Tanzrobe (10.2), aus Musseline gefertigt, eher für junge Mädchen gedacht ist. Hellblau und Rosa wurden bereits im Biedermeier zum Kennzeichen jugendlicher Festkleider und sollten diese Zuordnung bis weit in das 20. Jahrhundert hinein behalten. Das Reisekostüm (10.3) gibt sich nicht nur sportlich, sondern auch schmutz-und staubunempfindlich in Struktur und Farbe. Die Toilette für die Sommerfrische (10.4) passt sich der ländlichen Umgebung in Stil und Farbe des Stoffes an. Blaudruck in „Foulard"-Charakter empfiehlt Studnitzka für den Landaufenthalt. Neben dieser beliebten blau-weißen Farbstellung behaupten sich auch grellrote Stoffe mit kleinen weißen Punkten oder Blümchen im typischen Blaudruckdessin.

Seite 359
Farbabbildung 11
1903/04

Paul Joanowich (1859–1957): Die Wienerin. 1903/4. Österreichische Galerie, Belvedere. Wien

Die Maler als Berichterstatter der Mode werden immer seltener. Joanowich hat sich unter vielem anderen in seinem langen Leben auch als Porträtist der vornehmen europäischen Gesellschaft betätigt. Das realistisch gemalte Kleid könnte in Form und Farbe tatsächlich ähnlich ausgesehen haben. Das Kleid vermittelt einen sommerlichen, informellen Eindruck, der die Neugier des Betrachters erweckt, da die Dame vor einen schweren, üppigen Hintergrund gesetzt erscheint.

Seite 360
Farbabbildung 12
1930

Ernst Dryden (1887–1938): Titelblatt der „Dame", 1930 zweites Septemberheft, Berlin.

Dryden demonstriert hier nachdrücklich die immer wieder geübte Anpassung der Kleiderfarben an die Jahreszeiten.

Seite 361
Farbabbildung 13
1935

Le Jardin des Modes, November 1935. Paris

Schwarz wird im 20. Jahrhundert zu einem Lieblingsthema in der Mode. Nach modischen Akzenten, die bereits im 19. Jahrhundert gesetzt wurden, wird Schwarz förmlich zur Basisfarbe erklärt. Ob als Kontrast oder Akzent – Schwarz bringt die anderen Farben zum Leuchten. Schwarz lässt die Persönlichkeit des Trägers stärker hervortreten, was schon Philipp der Gute (1419–1467) zu nützen verstanden hatte.

Schwarz verliert im 20. Jahrhundert als Trauerfarbe langsam an Bedeutung, wobei anzumerken wäre, dass es im Trauerfall prinzipiell als unerlässlich galt, den Oberflächenglanz zu vermeiden. Schon seit dem 17. Jahrhundert verwendete man schwarze, gekreppte seidene Gazegewebe, um den Glanz der schwarzen Trauerkleider zu dämpfen. Mit der Emanzipation der Frau war es auch mit den formellen langen Trauerzeiten zu Ende. Schwarz wurde auf diese Weise von seinem Trauerinhalt befreit und stand somit gänzlich dem modischen Gebrauch zur Verfügung.

Auch Weiß wird im Laufe des 20. Jahrhunderts immer wieder ins modische Spiel geworfen, kann aber die Beliebtheit von Schwarz niemals erreichen.

Seite 362
Farbabbildung 14
1963

Gertrud Höchsmann (1902–1990): Kollektionsskizze mit Stoffmustern, Frühjahr/Sommer 1963

Selbst die in der Farbwahl sehr zurückhaltende klassische Wiener Couturière ließ sich in den 60ern zu Schockfarben hinreißen. Die scharfe Leuchtkraft dieser Farben wurde zu einem Lieblingsthema dieses Jahrzehnts. Milderung brachte die häufige Verwendung von Weiß. Eine weitere Alternative ergab sich in schwarz- weißen Gestaltungen.

Seite 363
Farbabbildung 15 (1–9)
(von links oben nach rechts unten)
1898–1991

Farbbeispiele – 20. Jahrhundert
15.1: Wiener Mode, 1898 (Beilage: Sommermodenpanorama)
15.2: Moderne Welt, 1923/5, Wien (Bachwitz)
15.3: Wiener Mode, 1939/9 (Zeichnung: Elli Rolf)
15.4: La Mode Parisienne, 1946/6
15.5: burda, 1969/8. 15.6: burda, 1969/2.
15.7: burda, 1975/4. 15.8: burda, 1986/12,
15.9: burda, 1991/5

Hochrot wird schon zu Beginn des Jahrhunderts immer wieder aufgegriffen, ob neben zarten Pastelltönen (15.1) als Farbklecks oder später in den 50er Jahren in den Vordergrund drängend als Zeichen der Wiederbelebung nach dem Zweiten Weltkrieg.

Fahle, abgestandene, ungewöhnliche Nuancen in ungewohnten Kombinationen sind das Markenzeichen der 20erJahre (15.2).

Weinrot (15.3), oder wie immer diese Farbe auch bezeichnet wird, zählt schon in den 30ern zu den beliebten Farben, mutiert jedoch besonders in den Kriegsjahren förmlich zu einer Grundfarbe der Damengarderobe. Nicht nur Kleidung, sondern auch Hüte, Schuhe, Handtaschen und Handschuhe in diesem beliebten Rotton gehören in den Kleiderkasten jeder Frau.

Dunkelblau und ein sehr direktes Grün (15.4) sind daneben anzutreffen. Der New Look bringt keine großartigen Änderungen in die tradierte Farbpalette. Stahlblau, oft in Verbindung mit dem alten Weinrot oder mit weißen Aufhellern, und das erwähnte Hochrot stellen eine gewisse Erweiterung dar. Erst die 60er bringen mit den Schockfarben nahezu eine Farbrevolution in die modische Gestaltung (siehe Farbabbildung 14). Weiß pur oder Schwarz-Weiß verstärken die Wirkung der grellen Nuancen (15.5). Strahlendes Sonnengelb oft in Begleitung von Orange, schrillem Grün oder auch Weiß (15.6) ergänzen die neuen Farbgebungen.

Die 70er gefallen sich in zarten, pudrigen Farbschattierungen und lieben Blumenmustern in allen Größen, die ebenfalls kontrastarm abgetönt erscheinen (15.7). Die Power der 80er drückt sich in der Vorliebe für starke Farben aus: kräftiges Pink, Königsblau, grelles Türkis zählen lange Zeit zu den Favoriten (15.8). Die Wirkung wird nicht selten durch schwarze Kontrastierung erhöht. In den 90ern gibt man die harten Effekte auf, man entscheidet sich gerne für Ton-in-Ton-Gestaltungen (15.9). Daneben steigert sich der Griff zur schwarzen Farbe gleichsam zu einer Alltagsgeste.

Seite 364

Farbabbildung 16

Farbeindrücke aus der Show des Ordinariats für Mode an der Universität für angewandte Kunst in Wien, 31. Mai 2001.

Streifenkleid – Design: Agnès Bernet, Foto: S. Gundhacker/ R. Krauss; Plissevariationen – Design: Peter Holzinger, Foto: S. Gundhacker/R. Krauss; Kontrastkapuze – Design: Karin Krapfenbauer, Foto: S. Gundhacker/R. Krauss;

15. Jahrhundert

Farbabbildung 1

Farbabbildung 2 1. Hälfte 16. Jahrhundert (1528)

2. Hälfte 16. Jahrhundert (1571) Farbabbildung 3

Farbabbildung 4 1. Hälfte 17. Jahrhundert (1633)

2. Hälfte 17. Jahrhundert (1684) Farbabbildung 5

354

Farbabbildung 6 1. Hälfte 18. Jahrhundert (1737)

Farbabbildung 8 2. Hälfte 18. Jahrhundert (1778–1787)

1. Hälfte 19. Jahrhundert Farbabbildung 9 (1–4)

Farbabbildung 10 (1–4) 2. Hälfte 19. Jahrhundert

Farbabbildung 12 1930

361

1935 Farbabbildung 13

Farbabbildung 14 1963

TODSCHICKE DRUCKE MIT TIGERSTREIFEN

8170 Ensembles sind aktueller denn je (zumal sie zwischen Sommer und Herbst ungemein praktisch sind). Hier ein Modell à la Ungaro mit kurzer Jacke und raffinierten Tigerstreifen. Stoffverbr. f. Gr. 38/40: 1,75 m, Garniturstoff 1 m, je 130 cm br. Hut: AG Hut; Schmuck: Bijoux Christian Dior.

8171 Das große Thema der Herbst- und Wintersaison heißt: Tunika. Ob mit oder ohne Hose. „Mit" macht ideal schlank, „ohne" ist dagegen mehr für grazilere Figuren. Sie können dieses Modell aber auch etwas länger — als Kleid — haben. Als Material schlagen wir Doppelkrepp vor, für die Blende Ripsband. Stoffverbr. für Gr. 44 auf der Beilage. Schuhe: Mariol; Strümpfe: Ergee.

Diese Stoffe erhalten Sie bei HERTIE, KaDeWe/Berlin und Alsterhaus/Hamburg.

11

Farbabbildung 16 2001

Personen- und Sachregister

A

B

C

D

E

F

G

H

I/J

K

L

M

N

O

P

R

S

T

U

V

W

Y/Z